● 2021年福建省社会科学基金一般项目（项目编号：FJ2021B008）成果

● 厦门城市职业学院云顶职教名师培养对象建设成果

空间正义的历史唯物主义研究

基于大卫·哈维的理论视角

张文树　著

厦门大学出版社
XIAMEN UNIVERSITY PRESS

国家一级出版社
全国百佳图书出版单位

图书在版编目（CIP）数据

空间正义的历史唯物主义研究 ：基于大卫·哈维的理论视角 / 张文树著. -- 厦门 ：厦门大学出版社，2023.12

ISBN 978-7-5615-9179-6

Ⅰ．①空… Ⅱ．①张… Ⅲ．①历史唯物主义-时空观-理论研究 Ⅳ．①B016.9

中国版本图书馆CIP数据核字(2023)第221463号

责任编辑　高　健
美术编辑　蒋卓群
技术编辑　朱　楷

出版发行　厦门大学出版社
社　　址　厦门市软件园二期望海路 39 号
邮政编码　361008
总　　机　0592-2181111　　0592-2181406(传真)
营销中心　0592-2184458　　0592-2181365
网　　址　http://www.xmupress.com
邮　　箱　xmup@xmupress.com
印　　刷　厦门市明亮彩印有限公司

开本　720 mm×1 000 mm　1/16
印张　13.75
插页　2
字数　230 千字
版次　2023 年 12 月第 1 版
印次　2023 年 12 月第 1 次印刷
定价　66.00 元

本书如有印装质量问题请直接寄承印厂调换

厦门大学出版社
微信二维码

厦门大学出版社
微博二维码

目 录

第一章　空间正义理论研究的基本问题 ……………………………… 1

第二章　哈维空间正义理论的缘起 …………………………………… 21
　第一节　哈维空间正义理论产生的时代背景 ……………… 21
　第二节　哈维空间正义理论产生的思想渊源 ……………… 29
　第三节　哈维理论研究的空间正义转向 …………………… 43

第三章　哈维对空间正义的一般理论阐释 ………………………… 56
　第一节　空间正义的基本内涵 ……………………………… 56
　第二节　空间生产与空间正义 ……………………………… 64
　第三节　空间政治与空间正义 ……………………………… 72

第四章　哈维对资本主义空间生产非正义性的批判 ……………… 81
　第一节　资本主义空间生产非正义性的表现 ……………… 81
　第二节　资本主义空间生产非正义性的后果 ……………… 98
　第三节　空间生产的资本主义矛盾 ………………………… 105
　第四节　化解资本主义矛盾的空间革命 …………………… 113

第五章　哈维对构建空间正义社会的理想设计 ·················· 122

　　第一节　构建空间正义社会的基本目标 ·················· 122

　　第二节　构建空间正义社会的基本原则 ·················· 129

　　第三节　构建空间正义社会的行动方案 ·················· 135

第六章　哈维空间正义理论的评析及启示意义 ·················· 143

　　第一节　哈维空间正义理论的现实影响 ·················· 143

　　第二节　哈维空间正义理论的消极成分 ·················· 150

　　第三节　拓展空间正义的当代中国实践 ·················· 160

参考文献 ··· 199

后记 ··· 214

第一章
空间正义理论研究的基本问题

　　资本过度积累和新自由主义的全球推进,引发了当代资本主义空间生产和空间扩张的全球普遍化趋势,致使传统中以时间维度为主导的"正义"思想已无法满足当代人们对空间正义的迫切追求。"空间正义"是社会正义的空间表现形式,是我们在空间生产时代对于正义的基本价值取向。作为当代西方新马克思主义空间批判理论代表人物,大卫·哈维开创性地将"社会正义"纳入其空间分析视域,把社会进程和空间形式统一起来,深刻阐明了当代社会现实生活的复杂图景和内在矛盾,开拓了正义的微观视角,开启了空间正义实践的新视野。

一、空间正义理论研究的提出和意义

　　自 20 世纪 70 年代以来,随着资本主义弹性生产方式的确立与灵活积累体制的转变,借助信息技术和交通技术的发展,人类迈进了一个空间生产实践的新纪元。从表面上看,"空间转向"直接提出了包括历史唯物主义在内的现代性哲学话语的"时间优于空间"的偏好问题,突然发现了空间维度的缺失。由此,人们似乎只有通过空间化路径才能够重申现代性话语的自我反思和批判。

　　然而,从更深层次上看,空间话题的凸显不仅是一个学术问题,更是空间维度在当代日常生活中的地位与日俱增的缘故。空间生产进程对人们的生活方式、社会地位、生命理想等具有决定性的影响。资本主导的城市化、全球化进程构成了当代人类生存最重要与最直接的"生活世界背景"。空间生产本身既带给人们希望和自由也留给人们焦虑和困扰,比如,全球化问题凸显、城市社会危机、环境日益恶化、空间发展失衡、社会主义运动遭遇挑战和困境、意识形态冲突加剧……如何以空间公平与正义为根本指针反思资本、权力,如何建构公正的空间生产生活路径,这些空间发展实践中的困惑促动着人们的理性思考并呼唤着理论的创新。由此,在西方学界涌现出一批空间批判理论学者,比如,亨利·列斐伏尔(Henri Lefebvre)、米歇尔·福柯(Michel Foucault)、大卫·哈维(David Harvey,又译为戴维·哈维)、爱德华·W.苏贾(Edward W. Soja,又译为爱德华·W.索亚)、弗雷德里克·詹姆逊(Fredric Jameson,又译为弗雷德里克·杰姆逊)……他们对空间理论的研究已经深刻地影响并改变当代西方批判理论的叙事视野以及理解当代社会的新范式,并且"改变了传统历史叙事时间相对于空间的优先性偏好,并把测度知识的权力条件纳入人文社会研究旨趣,把知识社会学推进到知识政治学方向上,从而为左派理论摆脱传统困境提供了一种路向"①。这种"空间转向"支持着社会理论的自我更新和新的政治学(空间政治学)的形成。在当代西方众多空间批判理论学者中,哈维以其坚定的马克思主义立场和独特的地理学想象占据社会空间批判理论的重要位置。

哈维出生于英国肯特郡,曾就读于英国剑桥大学地理学系,1961年以《论肯特郡1800—1900年农业和乡村的变迁》一文获哲学博士学位。随后赴瑞典乌普萨拉大学访问进修一年,回国后任布里斯托大学地理系讲师(1961—1969)。在这期间,他曾于1965—1966年到美国宾夕法尼亚州立大学讲述地理学方法论。1968年,美国著名黑人民权运动领袖马丁·路德·金(Martin Luther King)遇刺引起巴尔的摩城市暴动,受此事件的触动,为直接探究城市正义问题,1969年哈维正式移居美国巴尔的摩市并长期担任位于该城的约翰·霍普金斯大学地理系教授(1969—1986)。除了短暂返回英国担任牛津大学地理系教授(1987—1993),哈维又于1993年再度返回约翰·霍普金斯大学地理系任教(1993—2001),直至退休。哈维为纽约市立大学(CUNY)研究生院教授,继续开展其教学和科研工作,仍然活跃在学术舞台上。哈维是当代西方新马克思主义地理学派的代表人物,其治学以地理学之长,见人文社会之短。但其研究领域已大大超越了地理学,在他身上见证了早期地理学家那种博大、无所不包的情形,他在哲学、城市规划理论、政治经济学、全球化、社会理论、文化研究、激进政治学、后现代主义等多个论域中都颇有建树,并显著推动了空间理论研究的深化发展。

迄今为止,哈维出版了20多部专著,其中《社会正义与城市》(1973)的出版,标志着他摆脱实证主义的束缚开始转向马克思主义。此后,哈维潜心研读马克思的《资本论》,运用"历史—地理唯物主义"新视角深入探究当代资本主义社会的空间正义问题。他认为当代资本主义正是通过空间生产实现

---

① 胡大平:《"空间转向"与社会理论的激进化》,《学习与探索》2012年第5期。

自身的空间重组,由此带来了深刻的社会变化,"资本积累不但因社会差异和异质性而茁壮,更积极生产了社会差异和异质性"①。一方面资本与空间、空间与政治、空间与权力之间相互作用、相互塑造,空间生产使资本家的财富急剧增长,进而巩固其统治地位;另一方面资本主义空间生产又引发新的社会空间不平等,加剧了空间占有和分配的非正义性,导致了空间资本化、空间殖民化和空间非人性化。因此,哈维强调要将"空间正义"作为"反资本主义斗争能够坚持的最好的评价地形"②,力图揭示当代资本主义社会现实生活的复杂图景和内在矛盾,以化解空间生产的资本主义内在矛盾,消除现实困惑,走出现实的危机。

哈维运用空间正义的价值规范和视角,对当代资本主义社会展开了积极的批判与反思,探求了超越资产阶级统治的非正义性的社会主义行动方案,以构造一个建立在多元文化基础上的公平正义的替代性社会。无疑,哈维的空间正义理论开拓了社会批判理论研究的新视野,为处于困境中的人们带来了新的希望。同时,当下中国正面临着如何应对百年未有之大变局和如何实现中华民族伟大复兴战略全局,我们既要通过空间的改造实现城市化、现代化,又要通过实行更加积极主动的开放战略,推动共建"一带一路"高质量发展,开拓新的发展空间,承担更大的国际责任。在这个重要的历史节点上,我们从哈维理论出发,探讨空间正义的历史唯物主义问题无疑具有重要的理论和现实意义。

1. 理论意义

第一,有助于推进马克思主义的社会批判理论研究。面对当代资本主义新变化,哈维创新性地发展了马克思社会批判理论,注重从传统马克思主义对工厂车间的关注转向对城市日常生活的关注,将分析范围由生产领域扩展到消费领域,从而扩展了马克思主义的问题域。哈维还从空间正义视角来理解当代资本主义发展进程中的社会问题和人类社会实践中出现的新问题,如全球化、后现代主义文化、新自由主义、生态环境、身体政治、空间意识形态等,开启了多元化的资本批判新路径,提出了许多独具创新性的见解。无疑,哈维的理论探索对于我们了解当代资本主义新变化、实现马克思

---

① [美]戴维·哈维:《资本的空间:批判地理学刍论》,王志弘、王玥民译,台北群学出版有限公司 2010 年版,第 181 页。

② [美]戴维·哈维:《正义、自然和差异地理学》,胡大平译,上海人民出版社 2015年版,第 13 页。

主义哲学同生活世界的有机联系具有重要的启示意义。

第二,有助于建构中国特色社会主义空间正义理论。从功能方面来看,正义的所有原则都具有道德评判、实践指导、对人的塑造以及推动社会进步发展等功能。空间正义是社会正义在空间维度的深刻体现,社会的发展为我们建立普遍有效的正义原则提供了现实的动力。面对新时代我国社会主要矛盾变化引发的新一轮"实践—价值"空间思考,特别是"中国式现代化"提出后,人们对"美好生活"乃至"美好世界"与日俱增的"治理空间"呐喊和"价值空间"吁求,使得中国特色社会主义空间正义的理论建构和实践创制,成为逻辑之必然,现实之必需。对哈维的空间正义理论的研究,丰富了历史唯物主义的空间正义理论,为构建中国特色社会主义空间正义提供重要参照和学术资源。

第三,有助于深化当代西方马克思主义空间理论研究。伴随着城市化全球化的实践发展和20世纪60年代"空间转向"凸显的理论趋势,空间理论已成为当代西方新马克思主义学术研究的一个热点问题。当代西方新马克思主义空间理论立足于一个明显异质于马克思所处时代的全球资本主义时期,他们更注重于理论与实践的动态关联及二者的辩证关系,注重对经典马克思主义的资本批判思路的分析和超越,进而寻求一种立足于资本主义空间生产时代下的思想对话,突显了马克思主义哲学的当代性。在21世纪的今天,当代西方空间理论研究的相关论题已经同我们身边的现实发生关联,其理论探索本身对于当下我们创新马克思主义研究具有重要的启示意义。作为当代最著名的西方新马克思主义理论的代表人物,哈维始终基于马克思主义立场来展开空间理论的研究与创新,其研究成果逐渐增多并且日益受到学界的关注。总的来说,哈维的空间理论带给我们辩证性的思维与视野,对哈维空间正义理论的研究,有助于我们深化对当代西方马克思主义空间理论的认识,丰富和扩展了历史唯物主义的空间正义研究视野。

第四,有助于增强全球化和全球治理理论研究。伴随着资本主义世界市场体系的扩张,全球空间一体化迅速发展。全球化带来了一系列全球性的问题,而解决全球性的问题,一个重要的思路就是加强全球治理。完善全球治理理念有助于引导国际社会客观面对全球治理难题,共同解决全球性问题。当今世界,全球化、全球性问题以及全球治理之间更加紧密地关联起来,身处全球化时代,哈维准确地把握了全球化时代的特征和本质,从关注"普遍主义"全球正义转向关注全球化过程中各种地方空间、边缘空间和日趋多元化的身份政治,并就构建全球空间正义的社会提出了一套方案。哈维的空间正义理论对我们认识全球化的本质和提升全球治理能力具有一定的理论启示。

2. 现实意义

第一,有助于正确认识当代资本主义新变化,坚定"四个自信"。哈维认为空间正义问题根源于资本主义制度本身,空间正义问题就是资本批判问题。哈维的空间正义理论研究,有助于我们正确认清当代资本主义的新变化及其本性,有利于我们辩证地看待资本空间化问题,从而积极利用资本促进经济社会发展,尽力克服资本逻辑的负面影响。当前我国正处于经济社会转型时期,存在许多社会矛盾,出现了一些有违正义的现象。新时代,我们深入研究空间正义问题,对深入理解新理念、新思想、新战略,推进中国特色社会主义事业"五位一体"的总体布局具有重要意义。今天,我们比历史上任何时期都更为接近"空间正义"的社会,研究空间正义问题,有助于坚定中国特色社会主义道路自信、理论自信、制度自信、文化自信。

第二,有助于寻求当代中国城市发展新道路。从城市空间维度来看,长期以来中国城市化很大程度上借鉴了西方城市化的发展模式,存在片面地追求效率与扩大城市规模的倾向,带有很大的盲目性、风险性和破坏性,存在严重的价值缺失问题,空间矛盾日益激化。哈维强调要以马克思主义政治经济学批判为基础对城市现象及城市问题进行辩证的分析。马克思恩格斯的著作本身业已隐含被遮蔽的、被历史视域所湮没的空间正义维度,需要对此加以梳理、揭示、发挥和系统化。哈维对城市空间正义的考察,为认识当前中国城市化进程中的空间矛盾提供了一面镜子,启发人们要运用马克思主义原理去考察现实变化,在选择走向现代化、城市化的进程中,尽量减少和避免西方社会曾出现的种种异化、失调和危机,促进城市社会和谐发展。

第三,有助于推进当代中国生态文明建设。当前我国生态问题和正义问题交织,环境恶化会对人与自然和谐发展构成严峻挑战,影响到中华民族的长远发展。哈维将正义维度嵌入环境和空间变迁过程中,提出我们要从那种原子论和机械论的观点中解放出来,坚持自然与社会、历史与地理相互作用、有机整合的思想和原则。生态问题本质上是人与人、人与社会的关系问题,解决生态问题从根本上说是人与人的关系的处理,是人自身更加理性认识和把握自身的问题。通过对空间正义问题的研究,我们能够科学认识和把握当前我国生态非正义现象及其成因,认识和把握当前我国生态正义的现实需求和实际状况,同时,也为解决具体环境问题提供了一种可资借鉴的新思维。

第四,有助于当代中国参与全球治理,促进"人类命运共同体"建设。全球化时代人类面临着全球治理难题,即如何正确认识全球空间生产及其正义问题,如何有效缓解全球性问题带来的新挑战。而中国作为最大的发展中国家,如何应对西方发达资本主义全球范围内资本空间转移和扩张,如何改变我国在全球劳动分工中的劣势地位,是摆在我们面前的重要课题。哈维从空间视角研究全球资本主义现状,并对全球空间生产的资本积累方式及其政治经济实践进行了深刻的阐释和批判。面对全球化的挑战与机遇,哈维的空间正义理论无疑具有启示意义。中国提出构建人类命运共同体理念超越了西方以自我为中心的全球治理理念,推动全球治理迈向和谐共生、公正合理和平等参与,为重塑新型国际秩序提供了新思路。

第五,有助于加强主流意识形态建设。"空间是政治性的、意识形态性的。"①资本自诞生以来,创造了文明的逻辑和自我增殖的内在逻辑,这也决定了资本必然会在全球空间内疯狂扩张的霸权逻辑。资本全球空间范围内自由流动和"野蛮增长",看似一种纯粹的生产要素资源跨国性配置的经济逻辑,实质上其背后隐藏着深层的意识形态逻辑。哈维从空间正义出发对新时期资本主义意识形态展开批判,揭示了资本主义社会意识形态虚假性、掩蔽性,并对空间意识形态属性、时空体验与意识形态转变关系、空间革命与争取空间正义等方面提出了独到的见解。这有助于我们立足国际秩序大变局,认清国家安全形势,不断提高维护国家意识形态安全的能力。为我们如何应对当下意识形态领域更加隐蔽和复杂的斗争、如何加强主流意识形态建设提供启示。

当然,如何在社会正义的目标之下集合各种差异性力量以对抗强大的资本力量,实现正义的社会秩序,仍然是哈维所面临的理论和现实难题。同时,哈维在具体的理论论证过程中也存在着一些未能解决的问题。比如,哈维并没有把矛盾分析方法在实践中贯彻到底,更缺乏从发展中国家的具体实际出发来阐释理论。哈维所提供的一套构建空间正义社会的方案,也只是露出解放政治的微光而已,还远没有触动资本主义生产和政治经济制度体系本身。这些都制约着哈维空间正义理论的理论价值和现实意义,需要

---

① [法]亨利·列斐伏尔:《空间与政治》,李春译,上海人民出版社2015年版,第37页。

我们辩证地展开分析。

二、空间正义理论研究的国内外现状

（一）国内研究现状

总体上,国内关于哈维理论的研究大致可划分为三个时期。

由于早期哈维的实证地理学底色,我国学者最初关注的是哈维地理学方面的立场和革新意义。多数学者认为,我国最早研究哈维理论的是 1990 在北京大学地理学做博士后的蔡运龙,他率先对哈维的论文《论地理学的历史和现状:一个历史唯物主义宣言》(1984)进行了翻译,同时还为哈维《地理学中的解释》(1969)一书撰写了书评,并发表在当年的《地理研究》杂志。此后,华中师范大学科学史与科学哲学研究中心的张祖林 1994 年发表《当代西方地理学中的马克思主义学派》一文,对哈维的"人民地理学"思想进行了系统的介绍;1996 年他与孙爱军在《结构主义与结构主义地理学》一文,对结构主义地理学进行了比较全面和系统的说明,并关注到了哈维《社会正义与城市》一书的结构主义方法论色彩。顾朝林等在《西方"马克思主义"地理学——人文地理学的一个重要流派》(1999)一文中,认为哈维构建了一种政治经济学与地理学相结合的空间理论。

伴随着我国从高度集中的计划经济体制向社会主义市场经济体制转变,工业化、城市化迅速推进,城市社会问题突出,我国学者开始关注哈维的城市社会学思想。1998 年,中国人民大学社会学系夏建中在《社会学研究》上发表了《新城市社会学的主要理论》一文,明确把哈维划归为"新城市社会学"的奠基人,标志着社会学界开始关注哈维其人其书。并把哈维在《资本的限度》《资本的城市化》《意识与城市经验》等一系列著作中所体现的"资本积累"和"阶级斗争"相联系,展开对哈维城市空间思想的研究。同济大学建筑与城市规划学院韩丽桃的《城市中的"冲突"——"新马克思主义"与西方现代城市规划》(2000)一文,则把哈维看作新马克思主义城市社会学的代表人物之一。

21 世纪以来,伴随着中国现代社会的转型、新型社会空间的重塑,国内兴起了空间理论研究的热潮,并对哈维的空间理论开展了专题性研究。大致可以分为如下几个方面:

第一,围绕哈维历史—地理唯物主义的研究。国内学者对哈维历史—地理唯物主义理论的学术价值和实践意义给予了肯定。南京大学的胡大平认为哈维是新马克思主义空间理论研究最为突出的代表性人物,"一方面,借助马克思主义,哈维把地理学提升为空间政治学;另一方面,借助城市化经验,他把历史唯物主义发展成历史地理唯物主义"①。强乃社认为,哈维的历史—地理唯物主义是马克思主义理论的重要补充,有利于我们理解空间在社会历史理论中的重要性、理解当代资本主义社会的新发展。② 张佳在《大卫·哈维的历史—地理唯物主义理论研究》(2014)一书中系统考察了哈维的历史—地理唯物主义理论的起因、方法和路径。车玉玲基于对历史唯物主义的当代反思与建构的思考,指出历史—地理唯物主义遵循了马克思主义对资本主义本质和内在矛盾的批判逻辑,认为"历史地理唯物主义的建构,不仅回应了当代对于历史唯物主义的种种质疑,而且坚持了马克思主义学说中生产的基础性地位,同时使社会批判理论再次转向对于'原本'——政治经济学的批判、资本的批判"③。

第二,关于哈维新帝国主义理论的研究。段忠桥认为,哈维的新帝国主义理论代表了当前英美马克思主义研究的重要成果,给马克思理论提供了强有力的辩护。④ 崔丽华认为,哈维试图寻求一种"新政帝国主义"替代方案,就是"要想在经济上实现资本主义的掠夺,同时又能不激发大规模性的反抗运动,就应该在内部采取大规模的建设项目,这既能激发经济的快速增长,又能吸收大部分的资本剩余,归根结底就是要采取一种'新政'"⑤。魏海燕的博士学位论文《大卫·哈维新帝国主义理论研究》(2012)紧扣哈维的历史—地理唯物主义整体视域,系统探讨了哈维新帝国主义的形成发展过程及其特性。文章认为,哈维从空间理论分析入手将新帝国主义成因及特性的寻求回溯到对资本主义生产方式的探索,由此,哈维揭示了当代新帝国主义全球扩张正是在新自由主义意识先锋以及新保守主义军事主张的利刃下展开的一种新的"剥夺性掠夺"。

---

① 胡大平:《从历史唯物主义到历史地理唯物主义——哈维对马克思主义的升级及其理论意义》,《南京大学学报(哲学·人文科学·社会科学)》2004年第5期。

② 强乃社:《历史—地理唯物主义及其意义》,《现代哲学》2011年第3期。

③ 车玉玲:《历史唯物主义的当代反思与建构》,《苏州大学学报(哲学社会科学版)》2015年第4期。

④ 段忠桥:《资本帝国主义视野下的美国霸权——戴维·哈维的〈新帝国主义〉及其意义》,《中国社会科学》2009年第2期。

⑤ 崔丽华:《寻求政治解放的新可能性——论大卫·哈维空间正义理论》,《教学与研究》2016年第5期。

第三，关于哈维地理不均衡发展理论的研究。刘怀玉认为，对于历史唯物主义如何面对全球化、城市化与区域化这些重大而现实的空间化问题，以哈维为代表的地理学马克思主义关于资本积累的地理不平衡发展理论，集中体现了当代空间化转向的复杂形成过程；马克思主义哲学的当代基本形态之一正是以空间化地解构资本不平衡发展逻辑为己任的历史空间辩证法。① 李秀玲认为，哈维的不平衡空间发展理论显现出理论分析研究与现实社会批判相结合来构建新的理论研究框架，体现了哈维对历史唯物主义及唯物辩证法的灵活运用。② 刘鹏飞的博士论文《大卫·哈维空间政治哲学中的地理不均衡发展理论研究》(2017)指出，哈维以马克思主义历史唯物主义和辩证唯物主义为方法论，提出了具有元理论诉求的"统一场论"即资本逻辑与权力逻辑在地理空间上的辩证交互关系，开创了不均衡发展理论空间研究之先河。

第四，关于哈维空间生产理论的研究。李春火认为，在对当代资本主义生产方式的批判上，哈维继承了马克思的资本批判理论和列斐伏尔空间生产理论而开辟了空间资本批判理论新路径，哈维论述了后现代状况的时空背景、资本的"过度积累"和"空间修复"以及"希望的空间"的可能性的未来愿景等问题。③ 尤作欣认为，哈维始终围绕"资本主义是怎样生产它自己的地理学"这一问题，最终形成了自己的关于资本主义空间结构的批判性分析框架，其研究视域是在狭义唯物主义范围内的，但在面对当今资本主义全球化过程时，哈维又强调"历史唯物主义必须升级为历史地理唯物主义"，探索出一条朝社会主义方向发展的道路，无疑具有宽广的视野和现实意义。④ 徐力冲的博士论文《大卫·哈维空间理论研究——基于当代资本主义经济危机批判》(2017)，以空间理论为逻辑主线对当代资本主义经济危机的空间表现形式和空间生产机制进行深入剖析，并将哈维的空间理论以及政治与社会理论贯穿起来进行系统的梳理。

第五，关于哈维空间正义理论的研究。最近几年，关于空间正义理论的研究成为学界的一个研究新热点，并把它纳入空间政治哲学研究视野中。任平是国内最早研究空间正义问题的学者之一，他指出："所谓空间正义，就

---

① 刘怀玉：《不平衡发展的"现在"历史空间辩证法》，《学习与探索》2011年第6期。

② 李秀玲：《大卫·哈维不平衡空间发展理论及其意义》，《哲学论丛》2013年第7期。

③ 李春火：《大卫·哈维空间视域的资本批判理论》，《学术界》2010年第12期。

④ 尤作欣：《资本主义的空间批判——从晚年列斐伏尔到大卫·哈维》，《学习与探索》2010年第1期。

是存在于空间生产和空间资源配置领域中的公民空间权益方面的社会公平和公正,它包括对空间资源和空间产品的生产、占有、利用、交换、消费的正义。"①目前,任平对空间正义内涵的界定为国内学者广泛引用,不仅因其概念自身的逻辑和周延性,而且因其概念的外延囊括了当代中国城市空间生产过程中的众多问题。但我们通过梳理国内学界有关"空间正义"方面的研究,发现基于历史唯物主义视野全面系统地研究"哈维空间正义"的成果并不多,鲜有专著。国内学界的有关研究主要体现为以下四个方面:

其一,关于空间正义基础理论的研究成果。基于不同社会历史情境,中西方空间正义拥有各自的出场背景、问题语境、理论品格和实践方位。马克思主义经典作家的空间正义思想,是构建空间正义社会的基本遵循和指导思想,而当代西方马克思主义学者对空间正义的研究也丰富和扩展了马克思主义空间正义理论。刘红雨的《论马克思恩格斯空间正义思想的三个维度》(2013)一文指出,马克思恩格斯当年对资本主义进行了宏观的全球、中观的区域以及微观的城市内部空间全方位的空间批判,揭示了资本积累造就了断裂式和碎片化的空间关系。乔洪武、师远志的《经济正义的空间转向——当代西方马克思主义的空间正义思想探析》(2013)一文认为,以列斐伏尔、苏贾、马尔库塞为代表的当代西方马克思主义学者将地理学与社会科学相互交叉,从社会地理角度对1968年法国"五月风暴"进行分析和解说,由此推动了对经济公平和经济正义的研究向空间领域的转向,提出了著名的空间正义理论。胡潇的《空间正义的唯物史观叙事——基于马克思恩格斯的思想》(2018)一文指出,对空间正义的理解与诠释,必须遵循马克思恩格斯创立的唯物史观原则,以生产方式为基底,从社会经济立论,澄明制约空间正义的人权与产权关系;在人与自然、空间生产与物质生产的互动中,深入探讨、阐释空间连续性和间断性的内在统一,以及由此决定的空间价值的整体性、普遍性和局域性、特殊性的辩证关系。孙全胜的《马克思"空间正义"的三重批判维度》(2023)一文指出:马克思"空间正义"体现着政治经济学批判、人本学批判和伦理学批判的三重维度,政治经济学批判是马克思"空间正义"的着力点,人本学批判是马克思"空间正义"的重要理论动力,伦理学批判是马克思"空间正义"的理论目的。马克思"空间正义"对于批判资本主义空间非正义现象,建构和谐的正义空间有重要价值。李武装的《中国

---

① 任平:《空间的正义——当代中国可持续城市化的基本走向》,《城市发展研究》2006年第5期。

特色社会主义空间正义论》(2023)一文指出,马克思主义经典作家的空间正义批判,既是我们研究中国特色社会主义空间正义的基本遵循和指导思想,又是当代中国空间正义的重要话语构成。中国特色社会主义空间正义的科学内涵与价值意蕴,不仅是对马克思主义空间正义思想的继承发展,是对中西方社会文明的历史镜鉴,更是对改革开放以来特别是新时代我国社会建设与发展实践的现实把握。任政的《空间正义论——正义的重构与空间生产的批判》(2018),系统论述了正义的内在构成与问题域,并立足于资本空间逻辑阐明了空间正义问题的根源、本质和走向,提出了空间正义的实现必须由抵抗空间的资本化走向空间政治的反抗。王志刚的《社会主义空间正义论》(2016),基于"主体—实践"的解释范式,从空间的社会关系入手,赋予城市空间以主体视角和生活意义,指明空间生产的矛盾并反思当代中国城市化的空间问题、解决路径。

其二,关于城市化进程中空间正义问题的讨论。城市现代化过程是一个空间生产的过程,包含资本的逻辑,是物质性空间同非物质性空间整合与建构的过程。而城市规划需要考虑空间的合理运用与空间权益的维护,也就是说,城市空间生产除了考虑效率,即经济合理性,还需考虑正义,即理论的合法性、正当性与合理性。伴随着改革开放的推进和我国都市化进程的加快,大众文化、消费文化兴起,城市化进程中的空间正义问题凸显。有关"城市空间正义"的研究也就逐渐成为学界关注的热点领域,罗岗、汪民安、包亚明、陆扬、强乃社、董慧等学者成了这方面研究的先行者。比如,车玉玲的《空间修复与"城市病":当代马克思主义的视野》(2017)一文认为,在当代西方马克思主义学者看来,"城市病"的根源在于资本化空间对日常生活空间的侵占,因此,围绕着城市空间的控制权而展开的抗争将成为未来革命的焦点,即"城市权利";如果说"城市病",必须反思使其致病的文明病根,我们认为,到一定程度之时,以新的文明理念为指导构建的城市将替代今天的城市样态;从根本上看,对于"城市病"的批判应该是对现代性文明形态及未来可能的新文明形态的反思。胡毅、张京祥的《中国城市住区更新的解读与重构——走向空间正义的空间生产》(2015)一书,通过对空间生产理论的深入挖掘,用理论检视中国的住区更新问题,并结合新马克思主义的社会—空间辩证法与空间生产理论,提出了城市更新实践的对策建议。董慧的《基于空间正义的城市治理研究》(2022)一书,立足于马克思主义理论,以空间正义为价值原则与目标导向,从基础理论、现实问题及构建对策三大部分,系统回答了城市治理问题。

其三,关于空间资源分配与空间正义的讨论。随着中国社会大规模且快速的城市化发展,不仅城乡面貌日新月异,而且人口结构、社会结构以及政府职能也发生巨大转型。空间正义是社会正义的空间表现形式,当代中国城市可持续发展应坚持空间正义的取向,解决空间非正义问题要注重空间规划、空间治理、空间修复、空间主体的价值关怀等路径,其核心是兼顾公平与效率、市场与政府,实现整体效率与长远利益的最大化。陈忠、李秀玲、李春敏、王志刚、钱振明、曹现强、袁超、上官燕等学者对此都有论述。比如,袁超的《空间正义论纲:逻辑起点、理论特质及问题视域》(2023)一文强调,空间正义的出场与发展是理论转向和城市化现实推进的结果,空间正义的研究既要关注"分配"问题,更要站在城市主体尊严的角度关注"承认"问题,以及研究空间自身的价值性和情境性问题。上官燕的《空间正义与城市规划》(2017)一书,借助马克思主义理论和当代西方文化理论,围绕城市规划中的空间问题展开论述,一方面将空间正义这一理论术语应用于分析和解读中西方历史上经典的城市规划案例以及当代具有代表性的城市规划实践,另一方面将空间正义内化为一种批判视野和思考理路,强调其对中西方城市规划案例和实践的检验与反思,以期激发一种为所有城市居民创造出功能性、包容性和参与性更好的城市的意识。

其四,关于"哈维空间正义理论"的研究成果。哈维作为当代西方空间理论的领军人物,其空间正义理论成为学术界关注的新动向,产生了系列论文,比如尹才祥的《论大卫·哈维的环境正义思想》(2012),任政的《资本、空间与正义批判——大卫·哈维的空间正义思想研究》(2014),吴红涛的《他者之痛与空间正义——大卫·哈维空间理论的"人"之关照》(2014),张佳的《大卫·哈维的空间正义思想探析》(2015),董慧的《空间、生态与正义的辩证法——大卫·哈维的生态正义思想》(2011),崔丽华的《寻求政治解放的新可能性——论大卫·哈维空间正义理论》(2016),包庆德、刘雨婷的《哈维的历史—地理唯物主义与空间正义理论》(2018)。学者纷纷对哈维的空间正义思想内涵、地位和作用等方面进行了探讨。

总之,国内学界对大卫·哈维学术思想及其所形成的丰富研究成果的关注热度处于提升阶段,这为本书研究提供了重要基础。但就空间正义理论研究而言,其本身并未形成一个自觉的理论形态,而且哈维本人的许多思想还处于延展中。加之,我国空间哲学研究长期以来较多的是关注一般哲学问题的阐释,而较少介入关涉人类命运的重大问题,导致空间哲学缺少批判性的反思和富有时代感的超越。"从世界范围看,全球秩序、经济一体化、全球公正、生态和环境、文化多样性等普遍问题越来越紧迫,越来越需要从理论和政策的角度加以研究;从国内来看,随着改革开放的深入和中国社会转型的加速,无论是狭义层面的城市和乡村问题,还是广义层面的社会空间重组和文化变迁,都需要深入的研究。"①

由此,有关哈维的"空间正义"理论越来越受到学术界的关注,但学术界对这一理论的研究缺乏系统性和完整性,仍有可拓展的研究空间,这不仅需要理论方面的深入探讨,也需要以问题为导向的对策研究。

(二)国外研究现状

总的看来,国外学术界对哈维理论的研究涉及更为宽广的领域、取得更为丰富的成果,同时更加注重比较研究和学理上的反思。但具体到哈维空间正义理论方面的研究,主要体现在哈维这方面的代表性著作出版以后对西方学术界的巨大影响和西方学者的众多书评。

第一,围绕《社会正义与城市》进行的述评。杰出的后现代地理学家、洛杉矶学派的领军人物爱德华·W.苏贾在《寻求空间正义》(2010)一书中指出,哈维是城市空间的领袖理论家,在推进自由平等的正义理论方面作出贡献,在《社会正义与城市》(1973),大卫·哈维成为最初揭示城市地理中深藏的非正义和差异性的学者之一。同时,"在其'社会主义的构想'中,哈维从根本上转到一个马克思主义的框架下,重新构建城市社会正义的辩论,这是知识分子的一个行动,它促进了马克思主义地理学独特领域的发展"。② 但爱德华·W.苏贾认为哈维并未使用"空间正义"这一词,因此需要致力于建构一种空间本体论。③

第二,围绕《正义、自然和差异地理学》进行的述评。美国纽约城市大学地球和环境科学教授辛迪·卡茨(Cindi Katz)对《正义、自然和差异地理学》

---

① 胡大平:《空间生产:当代人文社会科学新的理论生长点》,高翔主编:《社会科学蓝皮书:中国社会科学学术前沿(2008—2009)》,社会科学文献出版社2009年版,第112页。

② [美]爱德华·W.苏贾:《寻求空间正义》,高春花、强乃社等译,社会科学文献出版社2016年版,第45、46、83页。

③ 笔者认为,这其实是苏贾对哈维理论的一种误解,哈维空间研究的基本取向不是致力于构建纯粹的空间本体论,而是旨在对现实空间的非正义批判中寻找一种正义的理想社会的替代方案。哈维始终坚持马克思主义立场,他所讲的空间正义指向的是一种社会正义,而苏贾所致力于构建的空间正义元理论,则使他远离社会现实而陷入一种纯粹的思辨致思中。

这部著作给予了高度的评价,他认为该书旨在理解"时间、空间和自然"与差异地理生产的内在关系,这些辩证的交互关系既是一个社会生态过程,也是一个政治经济过程。① 可以说,该书的出版标志着哈维构建历史地理唯物主义体系的完成,哈维以马克思的辩证法为工具分析了资本主义社会中诸如"地方—全球""时间—空间""自然—社会"等一系列范畴和矛盾,并坚持将劳资对立、阶级斗争作为认识和分析资本主义社会的重要工具。

第三,围绕哈维学术影响的述评。面对哈维空间理论成果所取得的巨大贡献,大多数学者给予了充分的肯定。德雷克·格利高里(Derek Gregory)和约翰·厄里(John Urry)在他们的论著《社会关系与空间结构》中将哈维作为考察对象,分析出了哈维的思想发展脉络。他们认为,尽管哈维的思想涵盖多个领域,但空间理论一直是他思想的主线和脉络,哈维的思想发展保持一贯性,他并没有抛弃实证主义,只是从逻辑演绎转换到马克思主义,也可以说是向马克思的辩证法中引入了地理学研究。当前,为何哈维的著作愈发受到学界的赞誉,奈格尔·思瑞夫特(Nigel Thrift)教授曾列举了七个理由:他在一个不确定的世界里为读者提供了一个理论上的确定性;他显示出了一个鲜明的批判立场;他还活着,而且精力旺盛;他代表了一个特殊的历史转折点,这个转折点的坐标便是1960年;他是学院中激进分子的代表;他的学术生涯本身具有强烈的戏剧性;他非常擅长而且有意识地揣测到了潜在读者的兴趣所在。②

当然,一些学者在对哈维理论成果作了充分肯定的同时,也对其理论的局限性提出了批判。美国城市社会学者艾拉·卡茨纳尔逊(Ira Katznelson)在《马克思主义与城市》(1992)一书中指出,哈维始终坚持马克思主义的立场,将资本主义当作现代性的起因方面作了卓越的理论分析,但哈维始终坚持的是一种封闭的马克思主义;在哈维那里,国家作为一个独立的宏观结构没有任何不受限制的或自我激发的地位,因而它不是理论建构的一个有价值的对象,国家在哈维看来总是被动的角色,总是被其他力量决定。③ 当代

---

① Cindi Katz, Political and Intellectual Passions: Engagements with David Harvey's Justice, Nature and Geography of Difference, *Annals of the Association of American Geographers*, Vol.88, No.4, 1998, pp. 706-707.

② Noel Castree, Derek Gregory, *David Harvey: A Critical Reader*, London Blackwell Publishing Ltd, 2006, pp. 225-227.

③ [美]艾拉·卡茨纳尔逊:《马克思主义与城市》,王爱松译,江苏教育出版社2013年版,第124~126页。

英国马克思主义女性主义者多琳·马西(Doreen Massey)在其论著《空间、地方与性别》(2018)中指出,哈维虽然运用马克思主义的分析方法剖析了当代资本逻辑为主导的"空间修复"理论,但哈维预设了事物变化发展都是由资本追求剩余价值推动,哈维的资本逻辑理论具有片面性。同时,马西还从后现代主义角度强调了空间的性别属性,进一步抨击哈维是一位形式上的后现代主义者,实质上仍然延续着现代主义者的保守、均质、威权的"男性至上主义"作风。在美国南加州大学地理学教授米歇尔·J.迪尔(Michael J. Dear,2001)看来,哈维的著作中充满了霸权,只不过是一个过了时的马克思主义的贫民窟。1989年以来,哈维发表了一些文章,以此来回答人们对他的批评,继而转向公正和环境问题。他最新出版的《正义、自然和差异地理学》,几乎没有涉及后现代主义,"后现代主义"这个词虽然也频繁出现,但常加着引号。①

综观当代西方学术界,诺埃尔·卡斯特里(Noel Castree)对哈维的学术发展及影响作了最为全面的评价,他专门写了《大卫·哈维》一文,他认为哈维是一位"赫赫有名的马克思主义思想家",其贡献有三:其一,他奠定了马克思主义地理学的知识基础;其二,他开创性地引领年轻人类地理学家大胆关注诸如女性、同性恋、有色人种等议题;其三,他通过大量著书立说向马克思主义者阐明:空间和地点对资本主义很重要。然而,自《后现代的状况》(1989)出版以来,特别是随着马克思主义如今被年轻激进学者视为相当过时的批评理论,哈维的著作遭到越来越多(尤其是来自人文地理学家)的批评,突出表现为如下三类:一是他一直因其理论思想的"肌肉"(muscular)本质而备受女权主义者谴责;二是他的马克思主义不能容纳差异;三是一些学者担心哈维的宏大抽象理论不能够有效处理现实世界的混乱复杂性。②

由此可见,哈维的理论在西方学术界的确产生了巨大的反响,但也存在种种误解和缺乏有深度的解读,特别是哈维空间正义理论还有待深化。据高鉴国考察,就西方学界来说,在所有论述新马克思主义城市研究的著述中,几乎都要涉及曼纽尔·卡斯特(Manuel Castells)和大卫·哈维这两个代

---

① [美]米歇尔·J.迪尔:《后现代都市状况》,李小科等译,上海教育出版社2004年版,第114～115页。但笔者认为,米歇尔·J.迪尔情绪有余,说理不足,他在环境、女权、同性恋、差异、他者等方面对哈维进行指责的同时,而忽视了哈维在新的论著中所做出新的努力。

② [英]诺埃尔·卡斯特里:《戴维·哈维》,潘纯琳译,曹顺庆《中外文化与文论》(34),四川大学出版社2016年版,第150～151页。

表人物。相关著作包括:约翰·L.佩特森(John L. Paterson)的《大卫·哈维的地理学》(1984),艾拉·卡茨纳尔逊的《马克思主义与城市》(1992),彼得·桑德斯(P. Saunders)的《社会理论与城市问题》。虽然这些研究活动推动了马克思主义城市理论的深入发展,但西方学界研究中存在着一些问题:一是大部分作品只是年轻学者所作的一般性的介绍,缺乏深刻的和比较性的研究;二是不少评论带有明显的自由主义色彩,攻击有余而说理不足。①也有评议者认为,哈维与列斐伏尔、米歇尔·德塞图(Michel de Certeau)、米歇尔·福柯、安东尼·吉登斯(Anthony Giddens)、苏贾等人存在着深刻的一致性,这种一致性不是对景观、空间问题的重视,而是根本上承认日常生活的必然的空间性,并且努力地解除这一空间所受传统权力的困扰,使之朝着公正、平等、尊严的方向发展。②

以上综述难免有所遗漏,近年来哈维论著不断,其思想也正处于丰富中。但具体到学界关于"哈维空间正义理论"研究而言,仍然存在不足之处并有待开拓,主要表现为以下三个方面:

其一,缺乏对哈维空间正义理论系统的梳理和完整的论述。由于翻译不全面和研究视野局限,学界对哈维空间正义理论的研究还缺乏系统的梳理和完整的论述。特别是对哈维理论的消极成分关注不足,实际上,哈维理论存在一些对马克思主义理论的误解,在"刻意"提升空间维度的同时又弱化了时间维度应有的地位,他的理论隐含着思想张力的保守性与体系建构的无序性,并没有提出能够付诸现实的更好的应对策略。为此,需要我们以历史唯物主义总体性的视野,深入解读和剖析哈维空间正义理论的生成、理论内涵及理论价值,辩证地分析哈维空间正义理论的现实影响和消极成分。

其二,缺乏深入解读和剖析哈维空间正义的"在场性"。正如马克思主义正义理论是以一种"潜隐"形态体现其"在场性"一样,正义在哈维的视域中不是"显"的思想,而是"隐"或"潜"的思想。哈维在对资本空间化和空间资本化批判过程中蕴含着正义的诉求。为此,我们需要深入马克思主义经典文本中来理解哈维的空间正义理论观点、立场和方法,又需要从西方传统正义理论和后现代主义正义理论的比对中来把握哈维的空间正义理论的建构过程和理论特质。

---

① 高鉴国:《新马克思主义城市理论》,商务印书馆2006年版,第39~41页。
② [美]大卫·哈维:《希望的空间》,胡大平译,南京大学出版社2006年版,译序第14页。

其三,缺乏对哈维空间正义理论本土化运用方面的探讨。正义相对于一定的历史语境才具有价值和意义,对空间正义的历史唯物主义研究必须从当代中国的具体历史语境出发才有意义。但在当下空间正义研究方面,学界对空间主体及日常生活实践等微观方面的研究有所忽视,更忽略了我们如何将哈维空间正义理论进行本土化的创造性运用,尤其对于当下我国的空间正义理论研究以及解决我们面临的空间矛盾有何启示意义,还研究不够。此外,哈维对资本主义的非正义批判仍延续了西方马克思主义学者的传统"政治解读"思路,对"中国道路"的解读存在许多误读成分。对此,需要我们加以辩证地分析和批判性运用。

三、空间正义理论研究的基本思路

作为当代西方新马克思主义空间批判理论的代表人物,哈维以空间正义为理论支点对当代资本空间化问题进行了整体性的批判与思考,揭示了资本主义空间生产的非正义性,探寻解放政治理论的空间维度。本书通过对马克思主义经典著作的研读,阐发了马克思主义空间正义理论的理论特质和当代指向,进而立足于马克思主义理论立场、观点和方法,从历史唯物主义视野出发深入解读和系统剖析哈维空间正义理论的时代背景和思想渊源、内在逻辑与核心范畴、理论诉求及其时代价值。而如何推进当代中国的空间正义实践则是我们进行理论研究的落脚点。

(一)研究方法

鉴于哈维学术风格的综合性和空间正义理论的复杂性,本书研究方法具有多样性。整体来说,本书主要研究方法概括如下:

第一,历史唯物主义的方法。哈维空间正义理论的形成发展是一个历史运动的过程,是在批判传统"普遍主义"正义理论和后现代主义的"特殊主义"正义理论的基础上而提出的"基于过程的正义理论"。哈维始终坚持马克思主义理论立场,对资本主义展开"历史—地理唯物主义"批判,这就要求我们在研究时要注重历时性和共时性相结合,将哈维的空间正义思想放置于其所处的历史和理论背景中来考察。基于以上因素,本书从空间、正义与空间正义这一基本问题开始,深入哈维空间正义理论的生成、核心内容和理论诉求,最后落实到面向我国的空间正义价值的探讨,这正是历史唯物主义方法的具体运用。

第二,辩证思维的方法。哈维强调要以辩证思维的方法探索开放的马克思主义。基于"关系辩证法"和"历史—地理唯物主义"视角,哈维把差异性、身份和他性等后现代诉求植入资本主义空间正义问题的分析中,试图在辩证时空生产格局下复兴社会正义的解放诉求。由此,本书以辩证思维的方法为指导,注重总体考察与具体问题相结合、逻辑与历史相统一,以期系统地揭示哈维空间正义理论的内容、特质和价值。

第三,理论与实践相结合的方法。理论与实践相结合是我们从事学术研究的一项基本原则,也是哈维一以贯之的理论旨趣。哈维是一位坚定的马克思主义者,他继承了马克思"改变世界"的实践传统,他的空间正义理论并不仅仅停留在解释世界层面和伦理道德批判,更重要的是通过对现实世界的非正义批判,为迈向未来正义社会找到一条实践道路。同时,当今中国在快速推进城市化和全球化发展过程中暴露出一系列矛盾和问题,这也是本书研究的一个重要的现实背景。无疑,空间正义的历史唯物主义研究为解决当下中国空间发展中所面临的矛盾和问题提供了启示。因此,理论与实践相结合的方法是本书展开研究必须遵循的基本方法。

第四,跨学科研究的方法。哈维从早期实证主义地理学研究转向马克思主义空间理论研究,他的学科背景非常复杂,在他身上见证了早期地理学家那种博学,广泛涉及地理学、哲学、社会学、政治经济学、城市规划学、文化研究、信息科学等多门学科,显著推动了空间理论研究的深入发展。因此,对其空间正义理论的探讨就必然涉及这些相关学科的知识,由此去把握哈维空间正义理论的发展历程、核心内容和相关特点。

此外,在具体行文过程中还运用了比较研究与述评相结合、谱系梳理与文本解读相结合、归纳与演绎以及分析与综合相结合等方法。

(二)研究特色

1. 视界、方法的特色

第一,注重整体性的研究视野。哈维运用马克思主义理论对西方传统的正义概念进行了整体性的解构或重构,由此开启了历史唯物主义的空间视域,为反思当代空间正义问题提供马克思主义话语权。同时,哈维的空间批判理论又是对西方马克思主义传统在后工业时代的继承与发展,他的理论与传统西方马克思主义理论和后现代主义正义理论都不相同,独树一帜。由此,研究哈维空间正义理论,既需要我们深入马克思主义经典文本中来理解哈维的空间正义理论立场、观点和方法,又需要我们从西方传统正义理论和后现代主义正义理论的对比中把握哈维的空间正义理论的建构过程和理论特质。

第二,注重运用历史辩证法。正义的生成和重构问题是当代正义理论所面临的一个极其重要的问题。哈维运用"历史—地理唯物主义"方法,推动了当代正义理论由单一的时间、历史叙事转向时间—空间的辩证的多维叙事,具体来说,哈维从时空辩证统一的关系视野出发,从关注建构空间理论到更为具体地关注全球、城市、自然等空间正义问题,从关注宏观空间正义到关注微观日常生活空间正义问题,由此开启了正义的微观视角和日常生活回归。

2. 研究内容的特色

第一,从一般理论阐释深入资本主义非正义性的具体批判。在历史—地理唯物主义框架内,哈维对空间正义进行了辩证的多维阐释,主要围绕着空间与正义、空间生产与空间正义、空间政治与空间正义的辩证关系展开。哈维认识到空间正义问题源于资本主义制度本身,空间正义问题就是资本批判问题。由此,哈维批判了根植于空间生产过程的非正义性,并展开了未来理想社会的替代性方案、历史变革主体和可能性路径的探讨,这也使得哈维空间正义理论具有其内在的现实批判要求和哲学的时代精神特征。

第二,从对哈维理论的探讨深入当代中国空间正义实践。实践是理论发展之源,推进当代中国的空间正义实践,是我们进行理论研究的出发点和落脚点。只有置于人类文明的历史背景与历史实践之中进行系统的审视,展开哈维空间正义理论的研究才有时代价值,以一种积极的"空间正义"视角来把握当下,明确中国特定的新发展理念、城市建设、生态文明建设、全球治理,以厘清本土发展模式和公平正义问题。

3. 学术观点的特色

(1)空间与正义的辩证统一性。空间与正义互相建构、互相生成,二者辩证统一。正义具有空间性,正义需要扩展其空间维度;空间具有正义性,空间生产应符合正义价值。我们对空间正义的研究主要围绕空间生产和空间政治两个维度。

(2)"空间正义"的概念界定。"空间正义"是社会正义的空间表现形式,是空间主体通过根植于空间和空间生产过程的不正义性批判,在尊重不同空间人群的文化差异性要求的前提下追求一种相对平等、动态地享有的空间权利,逐步实现特定空间范围的社会公平和公正,最终实现人的自由而全面的发展。

(3)以历史的辩证的眼光看待资本的空间扩张与转移。资本逻辑乃是资本在自身矛盾运动中呈现出来的一种内在动力机制和外在发展趋势,资本创造文明与自我增殖的内在逻辑决定了资本在全球空间内疯狂扩张的霸权逻辑。在资本逻辑主导下的空间生产必然导致空间正义问题,但对于还不富裕、法治机制还不够健全的中国,我们要以辩证的眼光看待资本的空间扩张与转移,注重规范、引导空间化资本为社会服务,最大限度地发挥资本的文明逻辑,推进我国的空间正义实践,这是我们理论研究的落脚点。

第二章
哈维空间正义理论的缘起

哈维空间正义理论的形成有其深刻的社会根源和理论逻辑。伴随当代资本主义生产和资本积累形式的巨大变化,资本与空间的关系日益被拉近,整个社会呈现出普遍的空间化趋势,空间的性质发生变化、地位凸显,当代西方理论界的"空间转向"应运而生。当代资本主义新变化为建构普遍而有效的正义原则提供了现实的动力。面对当代资本主义空间生产的非正义性的客观现实,哈维以坚定的马克思主义信念,批判地继承了马克思恩格斯的空间正义思想,逐步建构了其空间正义理论。

第一节　哈维空间正义理论产生的 时代背景

"时代是思想之母,实践是理论之源。"①任何思想都是一定时代状况的反映,时代为新的思想的产生与发展提供了历史空间,哈维空间正义理论的产生也是特定时代的产物。历史唯物主义认为,全球化是由现代工业和市场经济的生产方式向全球扩张的过程和结果。哈维继承了这一思想,用以分析当代资本主义生产方式的新变化,他认为,全球化"是资本主义空间生产这一完全相同的基本过程的一个新的阶段"②。全球化也是资本主义的一个特定政治规划过程,在全球生产时代,我们要反思全球资本积累方式及其蕴含的空间政治。

---

① 《习近平谈治国理政》第 2 卷,外文出版社 2017 年版,第 34 页。
② [美]大卫·哈维:《希望的空间》,胡大平译,南京大学出版社 2006 年版,第 53 页。

一、从"福特主义"到"后福特主义"

20世纪后半叶资本主义最大的变化之一就是其生产方式由"福特主义"向"后福特主义"的转变,资本主义正是通过这一基础性的生产方式的自觉调整,改变了它的权力结构和控制方式,这既给资本主义带来了活力也造就了新的激进环境。

第一,"后福特主义"使资本主义发展进入了一个崭新的历史阶段。1913年,美国人亨利·福特发明了一条机械化汽车生产流水线,大大提高了生产效率,由此兴起了工业生产制度的革新浪潮。第二次世界大战后,伴随着资本主义国家在经济上大力推行凯恩斯主义,使"福特主义"(Fordism)的生产方式在发达资本主义国家逐步确立起来,生产方式的创新也促进理论研究的发展。安东尼奥·葛兰西(Antonio Gramsci)最早使用"福特主义"一词,阐述一种美国式的新型工业生产模式和国家管理组织制度。20世纪70年代末,法国的调节学派则从社会的、经济的和政治的角度对"福特主义"做了整体性的研究。

西方激进学者普遍认为,福特主义作为一种资本主义生产组织方式,主要特征包括:其一,流水线作业、大规模生产,提高标准化产品的劳动生产效率;其二,集体谈判形成基于生产效率的工资增长机制,促使工人大规模消费,劳资关系得以大大缓和;其三,资本主义国家大力推进国家干预政策与福利制度,促进有效需求与大规模生产相协调,经济社会稳定发展。不过,福特主义在20世纪60年代末达到鼎盛之后,开始衰落,一方面由于激烈的国际竞争以及一系列事件的冲击(如石油危机、社会动荡等)扰乱了福特主义生产方式正常运行的环境,另一方面随着全球的市场饱和和消费多样化需求的发展,福特主义那种标准化、规模化、长周期的生产模式日益难以适应,资本主义的生产效率和利润率大大下降,同时,不断增加的财政支出也使福利国家制度越来越难以为继,劳资矛盾日益尖锐。由此,出现了空前的"福特主义的危机",致使西方发达资本主义国家陷入了近20年的经济结构调整过程,这种调整与第三次科技革命一道推进了当代资本主义生产方式的革新,以重构资本生产和积累的新模式。

自20世纪80年代起,西方发达资本主义企业生产组织开始了一场变革,与原来的福特制决裂,进入一个崭新的历史发展新阶段,即"后福特主义"(post-Fordism)①阶段。由此,在政治领域,新保守主义崛起,伴随着东欧剧变、苏联解体、冷战结束以及西方资本在国际化全球化进程中飞跃发展。在社会生活领域,整个社会生活从现代化向后现代化转变,原有的资本主义工厂规训模式被消解,出现了全新资本主义的非物质积累模式,由此创造出资本对劳动的全新实质性吸纳,并在强大的资本和国家力量主体性强调下,整个社会成为一个规训化的工厂社会。②

第二,"弹性生产方式"的确立使资本的空间意义凸显。"后福特主义"是以网络信息技术为基础而组成的灵活单元或团体,在生产过程和劳动关系上呈现出一种灵活(或弹性)的生产形式,以有效克服传统大福特主义规模生产和僵化的技术分工形式,从而适应多元发展、满足个性化需要。主要特征包括:其一,大规模定制。面对日益激烈的竞争压力,企业纷纷选择大规模定制以降低成本和满足个性化需求,即企业生产模块化的构件通过组合并装配成可定制的产品或服务。其二,水平型组织形式。与传统大规模的、僵化的生产方式不同,新生产体系分工更为细化、企业生产更为专注(即专注于生产某一部件或产品的某一部分),传统中大企业的垂直管理被扁平化的网络管理所代替,企业间通过相互协调和优势互补形成竞合型的市场结构,有力地提升了企业的竞争实力。其三,弹性生产。在当今资本主义全球化时代,资本主义生产凸显出更大的"弹性",这种"弹性"使资本主义更具有灵活性和适应性,使资本占据越来越多的全球性空间,在全球范围内最大限度地榨取别国工人阶级的剩余价值,从而形成资本霸权、实现利润的最大增长。

"弹性生产方式"的确立加速推进了资本在全球空间的扩张和"弹性积累",从更广泛的历史空间来说,它是资本主义适应能力的一种自我发展。资本主义的灵活生产和积累方式使资本的空间意义凸显出来,"那些支配着空间的人可能始终控制着地方的政治,即使对某个地方的控制要首先控制

---

① "后福特主义"主要指以信息和通信技术为基础,满足不同用户个性化需求,以追求降低不变资本成本为目标的生产模式,其主要特征是大规模定制、水平型组织形式、消费者主权论、弹性生产和竞合型市场结构等新特征。由于新的生产方式更加注意弹性生产,哈维往往从生产方式的角度以"弹性生产"来界定。

② 张一兵:《全球规训与走向资本帝国的全球布展——奈格里、哈特〈帝国〉解读》,《福建论坛(人文社会科学版)》2018年第4期。

空间,这是一条至关重要的定理"①。一方面以进步为尺度的现代性,正是资本主义通过"时间消灭空间",不断征服空间、拆毁一切空间障碍,把空间变成规训的对象并纳入历史进步本身;另一方面由于资本、商品和劳动力的灵活流动又促使地理不均衡发展,现代生活的转瞬即逝、变动不居的体验越来越明显,催生出西方社会那种强调差异性、多样性、去中心化的后现代主义思维方式。

在这种复杂、多变的"弹性生产"和灵活积累的"后福特主义"时代,马克思主义理论展现出比以往更加耀眼的光芒。同时,现代辩证性思维和空间批判呼唤着马克思主义理论的创造性发展。因为,"从福特主义向灵活积累的转变已经为各种理论造成了严重的困难。凯恩斯主义的、货币论的、新古典主义的偏袒平均的理论家们,看来就像其他每个人一样都被迷惑住了。这种转变也给马克思主义者造成了严重的困惑"②。总体上,哈维对资本主义社会的认识从一般理论形态上继承了马克思的问题,如果说在马克思的分析中更为关注的是时间和历史问题,而哈维在当下的历史情境中更为关注的是资本的空间布局,由此强调的是一个更具社会性、辩证性的历史—地理唯物主义理论。

二、城市成为资本积累的主要形式

城市发展的历史源远流长,然而直到 19 世纪,近代机器大工业在城市中的聚集才出现了具有现代性意义上的大都市,城市的快速发展和大规模扩张便成为现代社会的一个突出特质,从而也引发了复杂的城市矛盾和危机。

第一,城市的快速发展促成现代社会的产生。20 世纪尤其是第二次世界大战结束后,随着西方经济社会的快速发展,西方国家进入一个高速发展的城市建设阶段,与此相适应的是早已确立的政治、经济和文化实践以各种不同的形式,被选择性地解构和大规模地重组。正如汪民安所指出的:"都市,是现代性的生活世界的空间场所。也可以说,现代性,它累积和浮现出来的日常生活只有在都市中才得以表达。现代性必须在都市中展开,而都市一定是现代性的产物和标志,二者水乳交融。"③工业化和城市化是相辅相

---

① [美]戴维·哈维:《后现代的状况:对文化变迁之缘起的探究》,阎嘉译,商务印书馆 2013 年版,第 292 页。

② [美]戴维·哈维:《后现代的状况:对文化变迁之缘起的探究》,阎嘉译,商务印书馆 2013 年版,第 221 页。

③ 汪民安:《现代性》,南京大学出版社 2012 年版,第 26 页。

成的,工业化推动了城市化,城市化巩固和提高工业化,并加速了工业的生产方式占据统治地位的进程。城市化的过程会带来人口、产业的聚集效应,从而扩大工业化的发展空间,提升工业化的水平和层次,形成以大城市为中心的城市体系。城市化改变了社会的生产方式,也必然会重塑社会结构,进而创造新的空间格局,改变人们的行为方式、生活方式。大城市对周围的地区形成巨大的吸引力和辐射力,从而带动整个地区的发展和繁荣、激发人们的消费需求,但又造成了城乡二元差距拉大,公平正义问题凸显。

第二,城市是资本积累的主要形式。城市化是吸收过剩资本的重要途径,房地产开发往往成为生产和吸收过剩资本的一个重要渠道。随着时间的推移,打造"城市"的活动和资本积累过程密切交织在一起,很难把它们再分开。特别是在经济全球化的推动下,城市日益纳入资本增殖的主要空间形式,成为全球空间生产网络中的控制中心。那些处于劣势的发达国家中的穷人或是广大发展中国家,其生存空间在资本的强势逻辑下不断被挤压和剥夺,城市化成为资本实现剩余价值的空间,被资本有目的地塑造成为一个创造、榨取和集中剩余产品的装置。可以说,在资本主义生产条件下,城市这个被创造出来的空间形式,只不过是为获得更大的剩余价值服务的,城市化就是资本积累的过程。城市空间是哈维空间思考的起点,他认为城市空间生产之所以实现,是因为资本积累,资本积累需要获得资本利益,城市是获得利益的关键场所和平台,在资本积累的推动下,城市空间不断发生深刻的变革,这是城市发展的根本动力。哈维对城市空间生产领域的分配进一步拓展到全球化空间、日常生活空间等,成为新马克思主义城市学派研究领域的代表性人物。

第三,当代西方社会城市危机凸显。20世纪60年代以来,西方发达资本主义城市出现了各种各样的矛盾、冲突以及各种政治斗争和社会反抗运动。城市地区的发展和衰亡都是资本积累和资本循环的结果,并由此带来城市空间资本主义的殖民化和城市阶级斗争。空间不是被动的人活动的"容器",而是人类生活实践能动的对象。城市空间已不再是传统意义上的中立的物理场所,城市空间改造的背后是权力的介入、资本的渗透和利益的竞争。资本主义城市化无疑是某种已经对象化了的欲望、知识和实践的力量,构成了资本主义再生产的基本条件。"简言之,资本主义能否存续取决于能否按照与一定的经济复合增长率相称的速度进行基础设施投资并为其融资。"①城市中各利益主体为获得城市空间中最大利益而展开斗争,必然引发复杂的城市矛盾和危机,非正义和不公平的地理问题逐渐凸显。城市问题是社会矛盾的空间体现,由城市空间引发的矛盾使工人为了争取生活、居住等生存条件和成本而进行斗争,由此,工人为了解决住房、学校、医疗保健、交通、环境保护等问题的斗争成为城市社会运动的核心内容。哈维强调我们要运用马克思政治经济学理论揭示城市空间生产矛盾和非正义根源,以唤醒工人阶级夺取城市权利的重要性。

三、全球化运动中的空间正义问题凸显

当今资本主义正是通过全球地理的扩张和重组获得新的发展。全球化意味着空间障碍的不断消除、资本与空间联盟的不断加强,全球化的过程就是资本主义通过空间生产而呈现出的特定的政治经济规划的历史进程。全球化形成了以资本逻辑为主导的全球性的空间生产和空间分配;全球范围内的政治经济不平等和贫富分化加剧,形成了诉求空间正义的现实出场。

第一,全球化本质上是资本逻辑在全球的演绎过程。在一个全球化的社会中,不同地理空间会产生极大差异的利润率和经济效益,致使资本全球空间的激烈竞争和流动。为寻求获取剩余价值最大化空间,资本在空间交往和博弈中塑造出一个等级化的空间秩序。少数发达国家控制着经济全球化的发展方向和进程。由于它们对资金、技术等因素的垄断而主导着全球规则的制定,处于全球化进程中的"中心"地位,更多地分享了全球空间发展带来的利益。相反,广大发展中国家和地区是在不平等的条件下被动参与到全球性市场,在一定程度上它们往往沦为经济发达国家和地区的附庸和转嫁风险的对象。由此,形成了资本逻辑主导的"中心—边缘"性的、极度不平等和非正义性的全球结构关系。

第二,全球新自由主义空间生产实质是以资本的积累和扩张为核心的经济理论与意识形态。基于马克思政治经济学批判理论,哈维认为:"新自由主义是指19世纪70年代的经济危机以来形成的一股经济思潮,它标榜私有制,反对公有制;主张自由化,反对政府干预,提倡自由市场和自由贸易;制定严苛的政策以重塑或巩固资本所有者阶层的权力。"②在占有一切形式

---

① [美]大卫·哈维:《资本之谜:人人需要知道的资本主义真相》,陈静译,电子工业出版社2011年版,第88页。

② [美]大卫·哈维:《资本之谜:人人需要知道的资本主义真相》,陈静译,电子工业出版社2011年版,第9页。

的剩余劳动上,资本从未给自己套上任何意识形态的限制,如此被称为自由主义,它唯一的目的是占有更多的剩余劳动及价值,市场私有化和自由化是新自由主义的核心。西方资本主义国家为了达到资本转移和增殖的目的,必然会通过新自由主义政体的机器(如跨国公司、国际货币基金组织、世界贸易组织、世界银行体系等)向全球范围输出新自由主义的生产体制。在这一过程中,资本逻辑与权力逻辑相互配合共同对全球空间资源进行最大限度的剥削和掠夺,从而引发更加深刻的社会矛盾和全球性问题。如贫困和经济不平等、能源枯竭、经济危机、生态环境、恐怖主义、传染性疾病、大规模杀伤性武器的扩张等问题。哈维指出:"新自由主义是一种政治—经济形式,它的矛盾将迅速演变成一种'准危机'的状态。这些危机会是:经济性的(特别是全球性的失衡,例如美国与中国之间的失衡,美国巨大的公共和私人债务);政治性的(阶级统治变得脆弱,甚至开始引起动乱,特别是在拉丁美洲);或意识形态性的(对个人自由作出的许诺得不到尊重,而且民主体制状况令人悲哀)。"①新自由主义本质上是一种意识形态,其目的就是维护资本主义私有制和实现资本主义国家的世界霸权,而并非它所标榜的追求人类的自由和幸福。

第三,资本全球化时代凸显空间正义诉求。资本主导的全球化正日益打破民族国家的边界而呈现出"世界是平的"的趋势,人们之间的交往也正通过无限扩展的途径展开,人的活动空间、利益关系和生产生活模式必将发生巨大的变化,而作为调整人际关系和社会关系准则的正义原则也将会产生根本性的变化。在资本逻辑主导的全球化背景下,资本积累总是以"正义"的面目实现资本对"边缘"性空间的剥削,从根本上说,资本主义的全球化就是资本对全球空间正义状况的一种异化。新自由主义主导下建立的国际政治经济秩序,正是利用空间生产和空间控制手段为资本家获取更大的利润服务的,由此,导致了当今不平等和不公正的全球空间框架与区域结构。事实上,"全球化"时代正逐渐演变成"全球不平等"的时代,资本主义在全球生产着剥削、贫穷和非正义,全球化既是资本逻辑的现实需要和必然结果,也是资本主义国家重塑全球政治格局以实现阶级权力的过程。由此,哈维强调我们要从构建当前全球空间秩序的资本逻辑及其内在矛盾入手,把空间正义问题置于全球不平衡地理发展格局中,从差异性地方重构中探讨

---

① [美]乔万尼·阿瑞吉等:《新自由主义的性质和前途》,丁骥千摘译,《国外理论动态》2007年第6期。

推进全球正义的可能性路径,我们才能找到一种避免人类冲突和战争的有效途径,才能通向人类平等而自由的生产生活空间。

四、社会主义运动在现代社会的新挑战

随着当代西方资本主义新科技革命的兴起和产业结构的调整,传统产业中存在的那种大规模的工厂劳动的无产阶级已经不复存在。同时,西方发达资本主义国家也能够在更大的空间范围内,采取更多的措施来应对经济危机和缓和阶级矛盾,致使资本主义能够度过危机从而获得新的发展。社会主义运动反而遭遇到更大的挑战,当代西方激进左派面临着"工人阶级为何不革命"这一巨大困惑,促使他们从更广阔的空间视域中对这一问题展开积极的思考。

第一,工人阶级的"阶级意识"日益淡薄。随着当代西方生产的巨大发展和产业结构的重大调整,工人阶级和劳动者日益分化为复杂的阶层和利益集团,其"阶级意识"日益淡薄。西方国家普遍重视社会再分配和福利机制的构建与完善,以遏制社会贫困化、缓和阶级矛盾。比如,通过全员持股来打造一种所谓的集体资本家,进而给工人营造出一种"主人翁"的感觉;通过一定程度的"让利",改善城市环境、提升工人工资水平,营造和谐的劳资关系。随着科技的进步和社会财富的增加,资本主义社会进入一个高生产、高工资和高消费的阶段。"消费主义"的生活模式日益形成,消费日益成为目的本身并使工人阶级沉溺于"为消费而消费"的"虚假需求"之中,引领广大工人盲目地追求和占有新的消费品。由此,资本主义成功地转移了人们对政治和社会矛盾的注意力,产生了非政治化倾向。同时,当代资产阶级还通过意识形态机器操纵并规划了整个社会空间,无产阶级逐渐丧失了批判精神和反资本主义的内在动力。

第二,新社会运动逐步成为传统"阶级政治"的替代方案。伴随着东欧剧变和苏联解体,代表着垄断资产阶级的利益、愿望与要求的新自由主义意识形态逐渐占据西方主流意识形态阵地,它力图将国际垄断资本在全球范围实现增值的要求理论化、制度化和合法化。新自由主义主张私有化、个人主义、自由放任的市场经济,实质上是对公有制、集体主义、社会主义社会的攻击和消解,在新自由主义意识形态的影响下,当代西方工人阶级被资产阶级所鼓吹的自由、尊严、幸福和虚假承诺所迷惑。西方激进左派理论家断言,当代工人阶级已无法担当起社会主义革命的历史任务。他们主张以激进的多中心的文化抗争和民主建构取代传统意义上的阶级斗争,把革命主

体的希望寄托于各种打破传统固定政治身份的大众,并认为当代新社会运动将逐步成为传统"阶级政治"的替代方案,诸如地方自治斗争、社群斗争、女权运动、种族冲突、环境保护运动……

第三,无产阶级内部"分化与竞争"趋势加剧。当代全球化进程中发生的各种地理转型造成了工人阶级在地理空间上的阻隔,这使得马克思所说的"工人阶级的大联合"遇到了强大的阻碍,资产阶级在地理上凭借空间生产进程中的空间分散和分裂,从整体上瓦解了工人阶级的反抗力量。随着资本在全球空间范围内寻找廉价劳动力,劳动力在全球范围内高度流动从而产生一波波不可抑制的移民浪潮,移民运动所产生的种族和文化差异对工人阶级建立起反抗资本主义的统一政治带来了极大困难和挑战。伴随着全球化、城市空间的推进,越来越多的不同种族、语言文化、宗教信仰的人口聚集在世界各地的大都市,这也使全球空间范围内形成更加碎片化和分散化的工人阶级群体。可以说,全球化背景下无产阶级运动在学会如何对抗资产阶级支配和生产空间的权力、学会如何塑造新的生产地理学和社会关系之前,无产阶级的力量一直是虚弱的。

当然,空间绝不是绝对的真空区域,当资本空间化一路高歌猛进时,正义的力量已经超越了地方、种族和性别层面,渗透到社会生活的方方面面,从而增强了反抗资本主义的集体行动意识。事实上,面对当代无产阶级自身的困境和社会主义运动的挑战,哈维并没有陷入悲观和失望之中,他从马克思辩证法出发积极审视了当前资本逻辑及其内在矛盾。空间正义是"反资本主义斗争能够坚持的最好的评价地形"①,我们只有跨越不同视界的差异,重新定义和解释正义的概念才能更好地解释、分析和矫治资本空间化所造成的非正义现象,从而塑造全新的社会进程,重塑人类美好的生活家园。

第二节　哈维空间正义理论产生的思想渊源

从理论的思想渊源来看,马克思恩格斯的空间正义思想无疑构成了哈维空间正义理论研究的逻辑起点和方法论基础。正义是人类社会具有永恒

---

① 　[美]戴维·哈维:《正义、自然和差异地理学》,胡大平译,上海人民出版社2015年版,第13页。

29

价值的基本理念和基本行为准则,但长期以来西方理论界鲜有对正义的空间性问题展开直接的讨论。20世纪70年代,面对实践和理论的困境,西方社会批判理论出现了"空间转向",引发了西方学界有关"空间正义"的讨论和"空间正义运动"的实践展开。在此背景下,哈维运用马克思主义理论对当代西方自由主义正义概念进行了整体性的解构或重构,由此开启了历史唯物主义的空间视域。

一、马克思恩格斯空间正义思想

"空间正义"思想有着非常深厚的历史底蕴。早在18—19世纪,在空想社会主义者傅立叶的"法郎吉"和欧文的"共产村"里就呈现出"空间正义"生产和生活原则。马克思恩格斯在批判空想社会主义抽象化的、至善的普遍正义原则思想的基础上,展开了通向历史唯物主义的空间正义理论和现实问题的讨论。从马克思的《1844年经济学哲学手稿》《资本论》,恩格斯的《乌培河谷来信》《英国工人阶级状况》《论住宅问题》,以及他们合著的《德意志意识形态》《共产党宣言》等经典文本中,我们都可以发现马克思恩格斯"空间正义"的一系列基本思想。

第一,马克思恩格斯揭示了资本是空间正义问题产生的根源。马克思恩格斯注重从人类社会空间的现实生产过程的探讨中把握空间正义问题。人类社会空间的现实生产过程是复杂的、多维度的,不同的社会形态以及同一社会形态的不同阶段,社会空间生产往往呈现不同的特征。与以往一切社会形态相比,资本主义社会无疑是最发达的和最多样的历史的生产组织。资本主义的空间生产关涉多个层面,马克思恩格斯重点抓住了三个主要维度:全球空间生产、城市空间生产和微观空间生产。全球空间生产、城市空间生产是作为与微观空间生产相对应的"宏观空间生产"两个主要类型。微观空间生产主要关注资本主义空间生产的几个微观领域,包括资本主义工业生产过程中"空间"的角色、城市居住空间的生产与消费以及资本主义工业城市功能规划等。无论是全球空间生产、城市空间生产,还是微观空间生产,关涉的不仅是"物理—地理空间"的变革,更是"社会—经济空间"和"文化—心理空间"的重组与变迁。马克思主义对资本主义空间生产的分析始终与对资本主义的现实批判结合在一起,资本对社会空间的重塑是资本主义社会空间的重要特征,它使不同层面的社会空间生产都服从资本的逻辑,是人类社会空间出现多重矛盾和危机的症结之所在。

其一,资本对全球空间的统治。"全球空间生产"与资本主义"世界历史"进程紧密联系在一起,它跨越了资本主义的民族国家体系,是资本全球积累的必然结果。资本在其逐利本性的推动下必然会摆脱产品的地方的、自然的和个体的界限并走向世界,开辟世界市场,即资本在全球范围的扩张。这种扩张使得全球日益呈现出一个普遍物化的"同质"空间,最终造成全球空间发展的不平衡趋势,造成发达国家和广大发展中国家断裂性结构的空间体系("中心—边缘")。"正像它使农村从属于城市一样,它使未开化和半开化的国家从属于文明的国家,使农民的民族从属于资产阶级的民族,使东方从属于西方。"①资本主义无法克服固有的矛盾和生产过剩问题,为了延续资本主义的生存和发展只能选择空间扩张和空间剥夺,这一点无论过去还是现在都没有改变,只是形式不同而已,即当今以经济为主的全球化形式取代传统野蛮的以武力为主的殖民统治形式。全球经济越向前发展,资本就越注重对全球贸易规则的控制,全球空间的统治就越加强,而弱小民族国家要么被资本控制要么被排挤在全球体系之外,致使空间地理不平衡问题加剧。

其二,城市对乡村的空间剥夺。城市空间生产是资本主义民族国家体系社会空间变迁的核心,这个过程伴随着城乡社会关系的重组以及城市优势地位的确立,城市成为资本大工业的主要基地。工业革命促进了现代性大城市的形成,"它建立了现代的大工业城市——它们的出现如雨后春笋——来代替自然形成的城市。凡是它渗入的地方,它就破坏手工业和工业的一切旧阶段。它使城市最终战胜了乡村"。② 这表现在工业化对劳动力的吸引使得大批农民转变为城市中的雇佣工人,工业也逐渐成为经济发展的主导,这也是生产力发展的必然。随着大量的农村人口的涌入,凸显了城市的聚集效应,在巩固城市地位的同时,也导致乡村日益衰落。而那些进入城市的工人,他们依然处于社会底层,被资本家压榨剩余价值后,为避免流离失所被迫租赁房屋。从本质上说,城市是人类对象化活动的产物,是一种"人化"空间。在资本推动的工业生产大道上,原来的城乡关系发生了突变,乡村成为工业城市发展的蓄水池和原料基地;城乡分离对立的趋势加剧,乡村从属于城市并形成城乡二元对立的空间格局。由此,城市对乡村进行强势空间介入导致的城乡之间的两极分化和不平衡的空间关系,最终演变成城市居住空间非正义、城市空间生产的空间异化。

---

① 《马克思恩格斯选集》第1卷,人民出版社2012年版,第405页。

② 《马克思恩格斯选集》第1卷,人民出版社2012年版,第194页。

其三,城市居住空间的分异与隔离。马克思恩格斯批判了资本主义城市居住空间的非正义性,他们通过调查研究,以翔实的资料剖析了城市社会居住空间的分异与隔离、居住空间与人的身份和尊严的背离。"最勤劳的工人阶层的饥饿痛苦和富人建立在资本主义积累基础上的粗野的或高雅的奢侈浪费之间的内在联系,只有当人们认识了经济规律时才能揭露出来。"①总体而言,资本就其不断增殖的本性而言,"资本一方面要力求摧毁交往即交换的一切地方限制,征服整个地球作为它的市场,另一方面,它又力求用时间去消灭空间,就是说,把商品从一个地方转移到另一个地方所花费的时间缩减到最低限度。资本越发展,从而资本借以流通的市场,构成资本流通空间道路的市场越扩大,资本同时也就越是力求在空间上更加扩大市场,力求用时间去更多地消灭空间"。② 当然,资本也会遭遇它自身的限制,资本最终将成为它自己的"掘墓人","资本主义生产的真正限制是资本本身"③,空间资本必然也符合这一规律。

第二,马克思恩格斯在阐述社会正义的一般原理的过程中进一步揭示了空间正义的基本内涵。马克思恩格斯的正义理论与空间正义理论是一般与个别的关系,他们在阐述正义理论的一般过程中揭示了空间正义这个特殊领域的问题、实质和路径。作为社会正义的形塑,空间正义表达同时也创生着社会正义。空间正义与唯物史观创立是一致的。马克思恩格斯出于对无产阶级苦难状态的巨大同情和关切,在对英国工人的栖居惨境及城市空间权益格局进行了大量实证考察与分析的基础上,他们把资产阶级压榨工人的社会不公与城市空间的工业化生产、资本化经营结合起来深入进行社会批判。正是从社会生产方式考察空间生产和栖居的正义性,促成了马克思恩格斯世界观由人本唯物论向实践唯物论转变。为此,我们对空间正义的理解与诠释,必须遵循马克思恩格斯创立的唯物史观原则。

其一,从空间生产实践出发解释空间正义观念。马克思恩格斯并没有过多探究一般的正义论问题,他们真正关心和主要思考的是对资本主义社会的非正义性的揭露与批判,基于历史唯物主义视角,他们提出了基于平等、自由、自我实现和社会共同体所构成的价值追求。公平、正义,从来是生成于社会主体之多数人与少数人、普遍性权益与特殊性权益的关系中,并通

---

① 马克思:《资本论》第 1 卷,人民出版社 2004 年版,第 757 页。

② 《马克思恩格斯文集》第 8 卷,人民出版社 2009 年版,第 169 页。

③ 马克思:《资本论》第 3 卷,人民出版社 2004 年版,第 278 页。

过对它们的正当处理而得以实现的。空间正义的客观基础,是自然空间给予人类利用的普遍可能性与人类个别主体开发利用的特殊性之间存在的对立统一关系。人类对包括生存空间在内的自然界之能动开发和利用,是以人的特殊生命活动方式及其利益诉求,与自然界提供的普遍性生命保障及其对人类的普惠性实践结合起来的过程。历史唯物主义中的所谓的历史是特定时空下具体的、感性的物质生产生活的现实。空间正义观念形成的前提和基础是空间生产实践,我们应从空间生产实践来理解空间正义观念。由此,马克思恩格斯强调要推动正义的现实化、实践化,就必须深入时代的具体实际中去,对时代的具体问题作出具体的考察。

其二,把空间正义论域立足于生产方式进步与否的考量上。马克思指出:"只要与生产方式相适应,相一致,就是正义的;只要与生产方式相矛盾,就是非正义的。"①社会的存在和发展不是一种"普遍正义"观念所推动的,而是一定的物质生产活动和生产力状况决定的,正义的产生和存在都根植于社会生产,是生产正义决定分配正义、消费正义,而不是相反。作为一种意识形态,公平正义观念归根到底由经济基础决定,占统治地位的阶级的意识形态决定了这个社会中的主流意识形态。马克思恩格斯对正义的考察始终立足于社会生产方式是否进步来评判,这也为我们提供了看待空间正义问题的根本遵循和方法论原则。

其三,提出实现空间正义的社会主体、任务和路径。马克思恩格斯认为,资本原始积累过程中,一切手工业者和农民原有的生产生活空间都被资本家所摧毁,当这些手工业者、农民被驱进城市(新空间)成为为资本家创造剩余价值的工人时,他们便成为新的空间革命主体。工人阶级在维护和实现空间权利的过程中,便积累了宝贵的革命经验,最终使工人阶级成长为阶级运动的主体。面对当下资本逻辑绑架的空间生产工业化、资源配置市场化和贫苦大众居住环境、空间人权日益恶化等大量非正义现象,时代的根本任务仍旧是要推翻一切使人受奴役和受剥削的社会关系,争取人的社会解放首先是人的经济解放。为此,就要以社会物质生产力的高度发展为前提,以对资本主义的财产制度的扬弃为根本途径,并要依靠工人阶级的力量来完成资本主义社会的改造,以实现真正的正义社会(即"自由人的联合体")。马克思指出:"他们应当懂得:现代制度给他们带来一切贫困,同时又造成对社会进行经济改造所必需的种种物质条件和社会形式。他们应摒弃'做一

---

① 马克思:《资本论》第 3 卷,人民出版社 2004 年版,第 379 页。

天公平的工作,得一天公平的工资!'这种保守的格言,要在自己的旗帜上写上革命的口号:'消灭雇佣劳动制度!'"①可见,空间正义问题的解决路径和实现社会正义的路径是一致的。

第三,马克思恩格斯的空间正义思想构成哈维空间正义理论研究的逻辑起点和方法论基础。马克思恩格斯反对对资本主义作单纯的道德化评价与辩护。他们认为,资本主义的生产的最终限制在于资本本身,资本主义弊端在于生产社会化和生产资料私人占有之间的矛盾,因此,要从政治经济学中寻找解决出路。哈维对于资本主义空间生产方式的论述和分析奠基于马克思政治经济学的一贯打开方式,秉持了历史唯物主义的方法论。哈维坦言:"切断我们与马克思之间的联系,就是切掉我们敏锐的嗅觉以满足现代学术流行的肤浅外表。"②"我无意放弃以转变生产方式作为根本目标的想法,但若因此划地自限,不去在意这在消费、分配和交换世界中的意义,那就错失了某种政治驱动力量。所以,我认为有必要重新引进正义概念,但又不失改变生产方式的基本目标。"③哈维无疑肯定了推动生产方式变革的根本作用,同时也强调了正义的批判力量,其重建正义的目的主要是批判资本主义的空间生产过程与方式。资本空间化不会消除空间正义问题,反而正义问题越来越凸显。"资本积累向来就是一个深刻的地理事件。如果没有内在于地理扩张、空间重组和不平衡地理发展的多种可能性,资本主义很早以前就不能发挥其政治经济系统的功能了。"④空间正义的诉求最为根本的是要从根源上对抗资本主义的空间生产过程。地理学家出身的哈维创造性地提出一系列深刻描述当代空间特征的新概念,如"时空压缩""时空修复""不平衡的地理发展""差异地理学""地域正义"等。

二、当代西方自由主义正义思想

当代西方自由主义正义思想为哈维空间正义理论研究提供了不可忽视的重要学术资源。当代西方自由主义正义思想是在继承传统自由主义正义观的基础上发展起来的政治理论,以个人主义、个体自由和人权概念为基本核心,是当代西方社会政治哲学中影响最大、流传最广的思潮,其正义思想

---

① 《马克思恩格斯文集》第 3 卷,人民出版社 2009 年版,第 77～78 页。

② [美]大卫·哈维:《希望的空间》,胡大平译,南京大学出版社 2006 年版,第 12 页。

③ [美]戴维·哈维:《资本的空间:批判地理学刍论》,王志弘、王玥民译,台北群学出版有限公司 2010 年版,第 28 页。

④ [美]大卫·哈维:《希望的空间》,胡大平译,南京大学出版社 2006 年版,第 24 页。

主张自由优先于平等,自由是人们追求的终极价值。

正义①是人类社会具有永恒价值的基本理念和基本行为准则。在前资本主义社会,在以自然经济为基础的奴隶制和封建等级制社会里,思想家们竭力论证等级制度存在的必要性、天然性和合法性,试图从终极的自然法或上帝那里寻找正义的根源,确立的是一种等级制的"古典正义"②。所以,在柏拉图那里"他的理想国只是埃及种姓制度在雅典的理想化"③。"基督教只承认一切人的一种平等,即原罪的平等,这同它曾经作为奴隶和被压迫者的宗教的性质是完全适合的。"④自启蒙运动以来,西方政治合法性的论证路径从超越性的自然法则和上帝意志回到了理性本身,由此人本主义兴起。"从今以后,迷信、非正义、特权和压迫,必将为永恒的真理、永恒的正义、基于自然的平等和不可剥夺的人权所取代。"⑤随着商品经济发展成为一种社会主导的经济形态,与之相适应的便是一种资本主义的"自由主义正义"观念,强调自由、平等、私有产权是社会正义的核心原则。基于自由主义基本立场,康德一方面确立了"自由主义正义"原则⑥,即正当的法律强调对正义的社会构建(即"文明社会")和神圣不可侵犯的"自由权利"的保护,另一方面他又从先验进路上提出了正义的普遍必然性基础,即人类行为应遵循的普遍必然的道德律令只能限制于纯粹理性的领域。

约翰·罗尔斯(John Bordley Rawls)无疑是当代西方"自由主义正义"论的集大成者。他继承了康德"自由权利"优先的传统并进一步发展了旨在

---

① 关于正义的内涵学术界颇有争议,但总体而言,正义是关于人的正义,是处理人与人、人与社会、群体与群体之间关系的最高价值准则。正义与公平、公正是不同的概念,公平与公正是正义的具体要求和核心要素,而正义则更为抽象和根本,是社会价值观的核心内容。

② 美国当代政治哲学家列奥·施特劳斯(Leo Strauss)在《自然权利与历史》一书中,把由苏格拉底创始,为柏拉图、亚里士多德、斯多葛派和基督教思想家尤其是托马斯·阿奎那(Thomas Aquinas)所发展的正义观,称为"古典正义";把马基雅维利之后,由霍布斯、洛克、卢梭等人所发展的正义称为"自由主义正义"。本书亦采用这种划分,但重点在于简单梳理一下西方自由主义代表性观点及对哈维的影响,并不打算去展开有关正义论学者的具体论述。

③ 《马克思恩格斯文集》第5卷,人民出版社2009年版,第424页。

④ 《马克思恩格斯文集》第9卷,人民出版社2009年版,第109页。

⑤ 《马克思恩格斯文集》第3卷,人民出版社2009年版,第524页。

⑥ 从历史上看,马克思无疑继承了康德那种打破等级特权、追寻人的自由和民主社会的理路,当然马克思与康德的"纯粹理性"正义论根本不同,因为马克思把正义理论奠基于历史唯物主义基础之上并导向一种为实现真正的正义社会的无产阶级革命实践。

维护资本主义制度的"普遍主义正义理论"。1971 年罗尔斯出版了他的政治学巨著《正义论》,此后,"正义"成了政治哲学研究的中心和理论界普遍关注的对象,罗尔斯的"正义论"特别是其正义的两大原则对理论界产生了巨大的影响。罗尔斯指出:"正义是社会制度的首要价值,正像真理是思想体系的首要价值一样。"①"正义的主要问题是社会的基本结构,或更准确地说,是社会主要制度分配基本权利和义务,决定由社会合作产生的利益之划分的方式。"②罗尔斯在"无知之幕"的原初状态论证了社会正义的两个原则:第一个原则被称为自由原则:"每个人对所有人所拥有的最广泛平等的基本自由体系相容的类似自由体系都应有一种平等的权利。"第二个原则称为差别原则:"社会和经济的不平等应这样安排,使它们:①在与正义的储存原则一致的情况下,适合于最少受惠者的最大利益;并且,②依系于在机会公平平等的条件下职务和地位向所有人开放。"③第一个原则主要适用于政治领域,用来确保公民的平等自由,包括公民政治上的自由、言论和机会的自由及思想的自由,这充分显示了罗尔斯正义论中的自由优先原则。第二个原则主要适用于社会经济领域,是针对"社会中如何对待不平等"开出的药方,主张给个人以公平竞争机会,促使人们通过自身努力减少不平等的差别。如果社会出现了不平等,就要从制度设计上进一步优化,以最大限度地保障"最小得利者"。

罗尔斯最终倾向于平等主义的分配正义观。罗尔斯强调公民的平等自由原则的优先性,进而提出机会均等原则的重要性,由此他提出政府应适度扩大职能、注重再分配的功能,并将社会财富向底层最差的人倾斜,以增加总体的社会福利。探讨正义的目的就是寻找一套合理的符合制度正义的分配原则以协调人们的合作达到解决可能出现的冲突,社会就是一个自由、平等的公民之间为了相互利益的合作体系,这样的合作体系就是一种"良序的社会"。罗尔斯的这种平等主义的分配正义观,抓住了正义原则的关键问题是如何使"形式正义"转变为"实质正义",在此基础上提出了完备而高明的"公平的正义体系",这是他最大的贡献和理论特色之所在,也为当代西方左

---

① [美]约翰·罗尔斯:《正义论》,何怀宏、何包钢等译,中国社会科学出版社 1988 年版,第 3 页。

② [美]约翰·罗尔斯:《正义论》,何怀宏、何包钢等译,中国社会科学出版社 1988 年版,第 7 页。

③ [美]约翰·罗尔斯:《正义论》,何怀宏、何包钢等译,中国社会科学出版社 1988 年版,第 302 页。

派理论家所推崇。但罗尔斯正义理论的局限性在于试图构建一套具有普世意义的正义原则,事实上并不存在能够适用于所有时代所有社会的正义方案,罗尔斯的正义体系始终没有超出权益的分配领域,这显得非常狭隘。

罗伯特·诺齐克(Robert Nozick)是当代西方最重要的古典自由主义的代表人物。在诺齐克那里,正义即个人权利,主张个人权利和自由不可侵犯。也就是说,在一个自由的社会里,人有资格分配自己的财产,但任何个人和组织都无权控制与分配社会资源,财产的社会分配格局是众多个人决策的结果。他的持有正义理论包括获取正义、转让正义和矫正正义三个部分:首先,一个按照获取的公正原则而获得某项持有的人,有权利得到这项持有;其次,一个人按照转让的公正原则,从符合持有公正的人那里获得这份持有,是有权利持有的;最后,矫正的公正,即对持有不公正的矫正,凡是不符合上述获取公正和转让公正原则的,均无资格获得一份持有,比如偷盗、欺诈和强买强卖等。正义就是要确保个人权利主要是生命权、自由权、财产权的神圣不可侵犯性,他反对罗尔斯那种"分配的正义"所要求的"功能更多的国家",认为这种国家必然会侵犯神圣的个人权利,因而将被证明为不正当的。国家或政府只能作用于属于个人权利之外的活动空间,"其功能仅限于保护人们免于暴力、偷窃、欺诈以及强制履行契约等等"①。他用"最弱意义的国家"这一概念描述了关于"最小政府"的基本主张。资本主义国家的政府应当是自由市场经济的"守夜人",只有这种"最小国家",才能充分保障并尊重个人的财产、权利和选择的自由和道德自决。诺齐克的自由主义建立在社会各方面制度的完善上以确保"权利优先",即自由主义的选择基于这样的基础,政府能够对违法行为进行严惩,能够保障经济完善运行,否则政府应该提供干预,并作出及时处理。

无疑,诺齐克扩展了人类自由和平等发展问题的探讨,紧扣时代脉搏,极其成功地实现了学术探讨与政治关怀的有机结合。然而,他的这种以历史形成的个人持有权利和个人自由为根本出发点的正义理论,在权利理论的建构进程中不可避免地构成了其理论的困境和内在悖论,仍然是对自亚当·斯密以来放任自由主义的直接继承。其"最弱意义的国家"和个人权利自由仍存在内在矛盾,"最弱意义的国家"并没有跳出古典自由主义理论,本质上为维护资本主义私有制服务。

---

① [美]罗伯特·诺齐克:《无政府、国家和乌托邦》,姚大志译,中国社会科学出版社 2008 年版,前言第 1 页。

当代西方对空间正义的把握不过是当代西方社会正义概念的一种空间化形式。围绕当代西方自由主义正义论的一系列理论和实践,形形色色的正义理论均指向如下的重要目标:其一,从出发点上说,是为了更好地促进和增益资本的利益服务的;其二,从实质上说,是捍卫现代西方资本主义运行体系而创设的一系列自由权利,是一种"形式的"自由;其三,从结果来看,有利于调和劳资之间相冲突的权利和利益、保障资本主义整体政治秩序和社会体制的安全。空间的不正义体现为资本利益最大化的原则和个体基本权利的矛盾,而空间正义则是通过经济和政治斗争,将个体应有的生存权利转化为实际拥有的生存权利的过程。同时,任何一个社会要真正实现公平分配或是获得"个人权利"的普遍尊重,其前提条件还是要有一个"有限政府"即如何限制政府的权力问题,这就必须利用多维的力量制约政府的权力,包括市场的力量、社会的力量和公众的力量,当然最为关键的还是要唤醒公众参与空间治理的力量。为此,如何拓展有关正义的理论视域,使"形式正义"转变为"实质正义",并进一步完善正义权利体系,是需要广大学者继续思考的问题。

20世纪70年代,面对城市冲突的现实以及探究解决冲突所需的哲学和道德基础,哈维研究了在巴尔的摩、马里兰(靠近他随后执教的约翰·霍普金斯大学)不同团体相互冲突的现实主张——这些主张证明了他们立场的正当性,哈维试图为他们相互冲突的信念系统提供解释,并寻求城市社会正义具有包容性的原则。但哈维认识到:"我显然希望通过细心的调查,能从杂乱无章的相对主义和多种多样的话语、利益团体中提炼出社会正义的论点,但是我在此的探询却遭到了挫败。"①理论的困境促使哈维转向马克思主义的立场、观点和方法上。他发现马克思主义在现有的全部理论体系中最具有说服力,而且以实践为基础的马克思主义把改变现实作为自己的理论使命,马克思主义的政治目标定位是激进的、进步和正义的。"这需要应用历史地理学的唯物主义者的理论方法,去理解这些不同力量的出现,不同力量依次派生出不同的正义概念,这些不同的正义概念体现为阶级、种族、民族和政治团体,以及包括性别划分在内的不同力量。"②由此,需要对传统的正义概念进行整体性的解构或重构,即从判定标准的前提入手,而任何一个

① [美]大卫·哈维:《社会正义,后现代主义和城市》,朱健刚:《公共生活评论》第1辑,中国社会科学出版社2010年版,第224页。

② [美]大卫·哈维:《社会正义,后现代主义和城市》,朱健刚:《公共生活评论》第1辑,中国社会科学出版社2010年版,第227页。

社会、任何一种生产方式，都会生产出自身的空间，不同的社会制造出有所差别的时间和空间概念，空间也因此被打上了意识形态烙印，我们必须关注各种抵抗空间、边缘空间的生产和日趋多元化的身份政治。

三、新马克思主义空间正义理论

"新马克思主义"是 20 世纪马克思主义与西方马克思主义理论的总称，是一种以补充和发展马克思主义的面目出现的学术思潮。新马克思主义的发展经历了四个重要的历史时期：第一，初创时期（第一次世界大战前后），卢卡奇、葛兰西、柯尔施是这一时期的主要代表，他们主张用实践经验修正理论，对西方发达资本主义加以分析和对西方无产阶级革命道路进行再思考。第二，形成时期（两次世界大战之间），法兰克福学派是这一时期的重要代表，他们基本上抛弃了传统阶级斗争的革命路线，注重对资本主义展开社会批判和文化批判。第三，兴盛时期（二战后至 20 世纪 60 年代），随着新马克思主义的发展，出现了形形色色的流派与思潮，这一时期较为突出的是以萨特为代表的"存在主义的马克思主义"，形成了人本主义的新马克思主义思潮；与之相对立的是以阿尔都塞的结构主义马克思主义为代表的科学主义新马克思主义思潮。第四，20 世纪六七十年代后新马克思主义进入多元发展时期。伴随着现代性、后现代和全球化的不断发展，各种"批判的马克思主义"兴起，它们主张结合多元的社会政治力量走激进民主道路，以取代传统工人阶级政治和无产阶级革命。

资本主义发展的历史表明空间本身是一个历史的建构过程，但长期以来，空间理论并没有在主流马克思主义传统中得到应有的重视。实际上，早在 20 世纪初，列宁就根据资本主义的广泛殖民空间扩张的现实，在继承了马克思恩格斯对人类历史发展阶段所进行的判断的基础上，提出符合历史发展事实的世界体系理论。列宁把世界联系作为一个具有功能或结构划分的对象进行考察，他认为，帝国主义阶段战争不可避免。"以小业主的劳动为基础的私有制，自由竞争，民主，——所有这些被资本家及其报刊用来欺骗工农的口号，都早已成为过去的东西。资本主义已成为极少数'先进'国对世界上绝大多数居民实行殖民压迫和金融扼杀的世界体系。"[①]这一思想也蕴含着马克思主义空间观，但在战争与革命的时代背景下，马克思主义空间思想并没有被深入挖掘和阐述。直到 20 世纪 60 年代末 70 年代初，西方学

---

① 《列宁全集》第 27 卷，人民出版社 1990 年版，第 327 页。

术界出现一股以马克思主义理论和研究范式为指导,批判资本主义资本积累和城市空间问题的思潮,我们通常称之为"新马克思主义空间理论"或"新政治经济学"学派。

在一批新马克思主义者的参与、介入与推动下,"空间理论"研究在西方已经成为一门"显学"。伴随着西方发达国家城市空间规模的迅速扩展,城市内部阶级矛盾、文化冲突加剧,以1968年法国的"五月风暴"为标志,整个西方国家陷入工人阶级争夺有限的城市资源而展开的城市暴动之中,当代空间问题便凸显出来。当代西方空间理论学者突然发现,从卢森堡的"资本积累论"到当代西方马克思主义的"依附理论""不平等交换论""世界体系论",空间问题其实是以一种非主流的理论形态存在于马克思主义的理论队伍中。

由此,西方社会批判理论出现了"空间转向"(spatial turn)。推动这一理论转向的始于亨利·列斐伏尔和米歇尔·福柯,之后大卫·哈维、弗雷德里克·杰姆逊、曼纽尔·卡斯特、爱德华·W.苏贾、迈克·戴维斯(Mike Davis)等对空间问题都作出了不懈的探索。"空间转向"使人们意识到存在是时间,历史的也是空间的。"特别是,空间转向结束了空间思维从属于历史思维的时代,而走向了空间思维与历史思维平等并相互影响的时代。"①空间概念被带回到社会批判理论当中,着重研讨了空间的形成与发展、资本积累、阶级斗争、日常生活和国家理论等,"空间转向"过程也引发了西方学界有关"空间正义"的讨论和"空间正义运动"的实践展开。

第一,列斐伏尔集中探讨了"空间—时间—社会"三重辩证法的关系,强调了空间的正义维度。列斐伏尔开创了新马克思主义空间理论,他以独特的理论视角和富有原创精神的批判性分析,很好地继承了马克思对资本主义生产方式的分析方法,在对现代资本主义的空间批判中大放异彩。他立足于20世纪资本主义发展的社会历史现实,对空间、都市、国家和日常生活都进行深入的阐释,几乎把资本主义生产方式的所有代表性元素都纳入其空间批判理论中,力图揭示现代社会的空间运行图式和构成机理,以及在此基础上展现"改变世界"可能性的尝试。

马克思认为资本不是物,是体现在物之中人与人的关系。受此启发,列斐伏尔提出,空间不是物,是社会关系的容器。与19世纪资本主义生产方式

---

① [美]爱德华·W.苏贾:《寻求空间正义》,高春花、强乃社等译,社会科学文献出版社2016年版,第14页。

凸显时间的优先性相对立,20世纪资本主义生产方式则凸显出空间的优先性,空间消灭了时间。"今日,对生产的分析显示我们已经由空间中事物的生产转向空间本身的生产。"①空间不再作为自然独创性的产品,而成为可以批量生产与复制的产品和商品。世界市场、劳动分工、计算机科学空间、战略规划空间、建筑空间、都市空间等都充分体现着空间生产的痕迹。而"城市权利"是与空间正义相互交织和密不可分的概念,成为"空间转向"的重要标志之一。列斐伏尔认为,所谓"城市权利"就是城市居民有权拒绝国家和资本力量的单方面控制,具有决定空间处置的权力。他号召所有城市居住者通过"城市革命"为在资本主义国家的区域框架里的城市权利和对日常生活的控制权而战。列斐伏尔《空间的生产》(1974)一书中,还进一步阐明,"城市权利"的目标不仅是公民进入城市空间的权利,更重要的是进入空间生产过程,因为,生产的正义决定分配的正义。列斐伏尔更强调生产领域的正义。之后,列斐伏尔的学生兼同事卡斯特进一步发扬了列斐伏尔"城市权利"思想,他结合阿尔都塞的结构马克思主义理论,探讨了城市作为某个空间区域集体消费中心的特性,进而以集体消费的结构性矛盾重构了马克思的资本主义危机理论和无产阶级革命理论。

第二,福柯探究了"权力—空间—知识"三者之间的辩证关系,揭示了空间与权力的辩证关系。福柯认为相比于时间,空间则是丰富的、多角度的,对空间的运用并非对时间和历史的否定。福柯虽然没有空间的专著产生,但他对空间的思考贯穿于他的所有著作中,如《临床医学的诞生》关注医学实践空间,在《疯癫与文明》开篇的"愚人船"隐喻,在《词与物》中开启城市空间的想象,在《规训与惩罚》中,将感觉和身体从绝对的时空世界观中解放出来,并把身体作为解放策略的中心问题。福柯的其他理论如话语、规训、谱系学、知识—权力等始终包含着对空间的敏感性。值得注意的是,福柯通过空间概念的使用找到了权力与知识之间的关系,他反对西方正义必须通过对权利的追逐而实现;他提出了全景监视主义,将空间视为一种规训身体的技术,身体被规训的空间所包围,成为一系列规训权力的施虐对象;现代西方城市试图通过一系列空间规划、安全技术以满足不同群体的生存与发展权利,本身就是现代权力体系试图宰制个体的一种手段。福柯的这些思想对哈维空间理论的分析和解读产生了直接的影响。据此哈维看到了资本对

---

① ［法］亨利·列斐伏尔:《空间:社会产物与使用价值》,包亚明:《现代性与空间的生产》,上海教育出版社2003年版,第47页。

劳动的剥削和压制,空间的不平衡地理发展,阶级垄断同盟对于处于弱势地位的阶级和群体的剥削与压制。

空间政治正义就是空间政治不正义,空间(不)正义既可以看作结果也可以看作过程。在福柯那里,批判性空间思维化身为"异质拓扑学"。福柯声称,每一个空间都是异质的,是一个对抗得以消除、冲突得以解决的现实和想象的空间,这个空间不仅充满了不公平的压迫,也充满了无数的解放潜能,具体地说,在空间之中,乌托邦与反乌托邦、正义与非正义、压迫与反压迫同时并存。"异托邦"是一种完全不同于西方文化传统中"乌托邦"那种绝对善的空间领域。"由此看来,'异托邦'存在的最大意义,就是打乱以'安全'名义在城市中建立的空间政治秩序,从而激发被规训、排斥和剥夺者的全面反抗,消解以正义面目出现的不正义空间政治体系。"①

第三,马克思空间正义理论的继承和发展。在列斐伏尔、福柯空间理论的影响下,伴随着城市化、全球化的快速发展,空间正义概念快速兴起,越来越多的学者加入该领域的讨论。"空间正义"一词最初起源于 1968 年规划师戴维斯在《社会需求和当地服务资源》一文中提出的"领域正义"一词。基于马克思地理学的空间批判视角,大卫·哈维在《社会正义与城市》(1973)中将"社会正义"的概念描述为"领地再分配式正义",并首次将社会正义与城市空间结合起来。他指出,资本主义城市本质就是产生不公正的机器,因此要消除城市和地区的不正义与不公平,就必须进行结构和制度的变革。② 空间正义主要涉及土地的权益关系,是城市权利的根本价值内涵,需要处理城市权利的主体和权利的对象两个问题。戈登·H.皮里(G.H. Pirie)在《论空间正义》(1983)里,首次阐述了"空间正义"概念化的可能性,如果把空间看作是绝对的,是事物发生和社会关系演变的"容器",那么"空间正义"就是"空间中的社会正义"的简单缩写。③ 2010 年美国地理学家苏贾发表了自己的重要著作《寻求空间正义》,他的基本思路可以概括如下:我们需要一种空间的视野来理解社会,这种视野是直陈性的,不是假言的或者选言性的,空间是社会构成的重要因素。空间与正义内在关联,空间包含正义,不是外在

---

① 上官燕:《空间正义与城市规划》,中国社会科学出版社 2017 年版,第 87 页。

② 张京祥、胡毅:《基于社会空间正义的转型期中国城市更新批判》,《规划师》2012 年第 12 期。

③ G. H. Pirie,On Spatial Justice,*Environment and Planning*,1983,15(4),p.471.

于正义的;正义必然需要空间,否则正义就是一种单纯的理念,不能落地生根。① 他从"第三空间"理论出发,试图构造一个全新的本体论来完成对空间理论的构造,改变生活于第三空间中的人的边缘地位,建构一种空间正义。与苏贾的这种后现代方式追求空间正义不同,哈维在现代大都市的政治经济学分析中,始终从马克思主义立场出发来定位如何凝聚一切反资本主义力量,切实构建空间正义的社会,继承并发展了马克思的空间正义理论。

第三节 哈维理论研究的空间正义转向

学术界著名的"空间转向"情境之下,空间研究逐渐成为"显学",一批"新马克思主义者"纷纷展开空间理论研究。然而,哈维无视变幻无常的学院风尚,他始终立足于马克思主义理论立场,成为当代资本主义的强烈批判者。他超越了传统社会空间理论的元叙事探讨模式,强调空间理论研究要与日常生活实践的变革相统一,社会科学的"空间转向"与"空间正义运动"相促进。通过对资本主导的空间非正义的批判,正义问题置于更为具体、微观的讨论中。同时,正义具有重要的价值引导与批判功能,是一种无形的政治力量,应当把它运用到资本积累"过程"的批判之中。对哈维理论研究的对象和方法的梳理和反思,不仅有利于我们对哈维空间正义理论更深入地理解,也能为当今学界的空间正义研究提供富有价值的思想资源。

一、研究对象上的转向

哈维空间正义理论的形成过程主要体现在他的一系列著作中。他已经出版了 20 多部专著,综观其学术思想历程,我们发现哈维的研究对象不断拓展、延伸。从早期逻辑实证主义转向后期马克思主义空间理论研究,从抽象的正义理论探讨转向对不公正的具体现实问题的分析。其空间正义研究的主题也由城市正义进一步拓展到全球正义和环境正义,从而扩展了马克思主义的问题域。

第一,从逻辑实证主义研究转向马克思主义空间理论研究。20 世纪 60

---

① 强乃社:《城市空间化及空间正义化——一场围绕苏贾〈寻求空间正义〉争论的回顾与反思》,《学习与探索》2016 年第 11 期。

年代,英美地理学界兴起了一场"计量与理论革命"的革新讨论。在此背景下,哈维于 1969 年发表了他的成名之作《地理学中的解释》,成为实证主义地理学的领军人物。同时,哈维又力图打破地理学与科学哲学和整个科学发展的隔膜,为地理学登上人文学科大舞台作了准备,也为他走向马克思主义埋下了伏笔。伴随着他于 1969 年底移居到美国马里兰州的巴尔的摩,他在自己所生活的环境中发现了大量的不公平、种族主义和大量剥削现象,在其批判反思中他发现现存的费边社会主义或实证研究路径缺乏解释力,基于强烈的人本情怀,哈维的理论立场发生了转变,开始转向激进地理学。他说道:"在马丁·路德·金被谋杀一年之后,我来到了巴尔的摩。在美国,反战运动和民权运动真是如火如荼;而我就是在这时的美国,完成了这部似乎多少与时代不相称的大部头著作。我认识到我必须对我在 60 年代认为理所当然的许多事情进行反思。"从 1971 年开始,哈维埋头阅读马克思主义经典著作,特别是组织他的学生们一起阅读《资本论》,他强调:"这个动议是由想阅读《资本论》的研究生们提出的。我是帮助组织这一活动的教工成员之一。当时,我还不是马克思主义者,对马克思的了解很有限。那段时期还不容易找到马克思文献的英文版。参加阅读小组是我的一段美好的经历,但我没有资格指导任何人。作为一个群体,我们共同摸索前进。"①

随后,哈维出版了空间正义理论的代表作,即《社会正义与城市》(1973)一书,提出地理学应置于历史唯物主义视野中,发挥其积极的社会批判功能。该书的出版标志着哈维从逻辑实证主义研究开始转向马克思主义空间理论研究。该书共七章分为三大部分,第一部分为"自由主义的模式"(前三章),阐述了如何在西方国家现存的城市治理和规划中,实现一个更正义的城市社会。第二部分为"社会主义的模式"(第四至六章),主要基于马克思政治经济学思想阐述了如何实现城市革命的问题。第三部分为"综论",即第七章"结论与反思",哈维开始从本体论与认识论的层面反思传统地理学的不足,将社会生产关系与人的活动重新引入地理学之中,同时利用城市这一特殊的地理事物对"社会正义",即马克思主义所讨论的"再分配"问题,进行了详细的探讨。自《社会正义与城市》之后,哈维彻底地转向了激进马克思主义,从学术上展开了对资本主义诸多现象的批判,从而超越了传统人文地理学家研究思考解决城市社会问题的改良主义方式。哈维认为,实证主

---

① 吴敏:《英国著名左翼学者大卫·哈维论资本主义》,《国外理论动态》2001 年第 3 期。

义仅仅满足于解释世界,而马克思主义则要改造世界。换言之,实证主义从现存的客观世界静态得出的范畴和概念,马克思主义的范畴和概念则奠基于对历史发展以及事件和行动的动态辩证分析基础之上。只有自觉地在解决问题的过程中去探求建立全新的地理学理论,我们才有可能发表对解决问题真正有帮助的观点。

站在马克思主义实践论立场上,哈维提出了"关系性空间"(relational space)的观点,并拓展了传统绝对空间和相对空间理论。其核心在于如下三点:其一,以实践立场打破"给定的地理"(即作为物自体的空间)教条;其二,承认空间观点在人类实践中的多维性和多样性;其三,为协调这种多维性和多样性并推动改造世界的统一行动提供统一的理论基础。哈维关于"人民的地理学""历史地理唯物主义""再现社会过程之流的辩证认知图""《共产党宣言》的地理学""作为关键词的空间"等各种不同的提法,都是围绕"关系性空间"的三个中心而形成的各有侧重的理论化框架。① 而在马克思主义政治经济学理论的指导下,哈维从经济的视域对资本主义社会空间进行科学的分析,从政治视域对资本主义社会空间进行深入的政治解读。在哈维看来,从资本逻辑视域的角度分析看,资本主义社会空间实质上就是空间商品堆积的空间,这些空间产品是价值、使用价值和交换价值的统一体;在塑造资本主义社会空间的各种力量中,起主导作用和决定力量的是金融资本;资本主义社会空间内剩余价值实现的危机主要表现为过度积累。从权力视域的角度分析看,资本主义社会空间还集中了各种社会关系、社会冲突和矛盾的区域,凸显了不平衡地理发展,正是这些矛盾的相互作用和辩证运动推动了资本主义社会空间的变化运动与发展。

第二,从抽象的正义理论转向对非正义性的具体现实问题批判。马克思认为:"理论的对立本身的解决,只有通过实践方式,只有借助于人的实践力量,才是可能的;因此,这种对立的解决绝对不只是认识的任务,而是现实生活的任务。"② 假如我们所追求的是抽象的正义理论而不关注现实的社会生活本身,必然会误入歧途,走向形而上学。哈维秉承了马克思主义的思维取向,形成了具有强烈的时代感和现实感的空间理论研究的独特风格,他还运用马克思主义政治经济学原理进一步解释了空间生产对资本主义幸存的

① 胡大平:《社会空间元理论与解放政治学前提重建——西方马克思主义的经验》,《社会科学家》2017 年第 9 期。

② 《马克思恩格斯文集》第 1 卷,人民出版社 2009 年版,第 192 页。

意义。哈维基于空间辩证法提出,我们只有通过深入地揭示和剖析当代资本主义空间生产的非正义性,才有可能构建起一个真正的空间正义社会。实际上,人类社会正义的现实性和力量就表现在人类对不正义的批判和减少上。"沿着社会正义路线,哈维呼唤一种以改变世界为目的的研究世界的地理学。……更为重要的是,它为之后的马克思主义地理学发展打开了大门。"①

哈维的空间正义理论涵盖了全球正义、城市正义和环境正义等多个领域。他对资本空间化实践进行了深入的批判并提出许多新概念,比如"时空修复""时空压缩""不平衡地理发展""剥夺性积累"……在实现空间正义的路径上,他又批判了亨利·列斐伏尔、爱德华·W.苏贾等学者过于抽象化地谈论"空间正义"的问题。哈维认为他们把实现空间正义的希望寄托于争取城市权上,却忽视了历史唯物主义最为基本的观点,即生产力是社会发展的决定性因素,而对工人阶级来说,其城市权的取得也应依据具体的社会历史条件才有可能。

第三,从普遍主义正义理论研究转向基于"过程"的空间正义理论研究。"'普遍主义正义理论',这是传统正义理论的主导形态,它坚持社会正义的元叙事以及以此为基础的权利的普遍性,认为社会正义应当是一套同质性的话语,它超越于不同社会空间的异质性而具有普遍的约束力。"②哈维将西方传统的"功利主义正义论"和"社会契约正义论"都归入"普遍主义正义论"中,并加以批判。"普遍主义正义论"所倡导的自由、平等、私有产权是社会正义的普遍原则,是"放之四海而皆准"的价值规范系统。但是,"任何普遍的社会正义原则,它的应用必然伴随着某种不公正"③。由此,哈维积极吸收后现代主义所倡导的多元正义理念,空间正义的实现需要立足于各种异质话语协调上并联合一切反资本主义的抵抗空间和边缘空间力量。同时,哈维在马克思辩证法的基础上吸收了怀特海的"过程"哲学思想,创造性地提出基于"过程"的辩证法思想。辩证法本质上是一个过程、流动、变化和关系,一切实体、要素、结构和体系都是由过程产生的,而资本主义空间生产本身就是一个不断流动、变化的社会历史过程。由此,我们对空间生产认识和

① [英]诺埃尔·卡斯特里:《戴维·哈维》,潘纯琳译,曹顺庆:《中外文化与文论》(34),四川大学出版社2016年版,第145页。

② 李春敏:《大卫·哈维的空间正义思想》,《哲学动态》2012年第4期。

③ [美]戴维·哈维:《正义、自然和差异地理学》,胡大平译,上海人民出版社2015年版,第399页。

批判必须聚焦于这些"过程"本身,对空间正义理论的建构也应聚焦于这些过程的关注、完善和矫正。

1996年哈维出版了《正义、自然和差异地理学》一书,代表着其自身的完整认识论框架,确立了以"过程"为中心的辩证法。在这一理论方法的指导下,哈维完整地阐明了从自然到社会空间再到资本主义条件下的地方之环境变迁的逻辑,包括对话语的作用、环境的本质、时空构造的基本机制以及以社会正义为核心的差异政治地理学构想,标志着一种以地理学想象为基础的社会空间正义理论的诞生。该书以马克思主义辩证法为工具分析了资本主义社会中诸如"地方—全球""时间—空间""自然—社会"等一系列范畴和矛盾,坚持将资本和劳动的对立、阶级斗争作为认识和分析资本主义社会的重要工具。2000年哈维出版了《希望的空间》一书,以空间为切入点批判了现代工业社会,以不平衡历史—地理发展为轴心分析了当代全球化所包含的各种矛盾及其后果。虽然当今资本在全球的空间扩张和空间重组中,给无产阶级革命造成了巨大的挑战,但哈维坚信马克思主义政治学的基本观点仍然是正确的,我们要在历史唯物主义的立场上来探寻全球化时代对资本主义进行替代的可能性道路。此后,他进一步揭露并批判了当代西方右派所宣扬的政治理论和实践本质,陆续出版了《资本的空间》(2001)、《巴黎城记:现代性之都的诞生》(2003)、《新帝国主义》(2003)、《新自由主义简史》(2005)、《寰宇主义与自由地理》(2009)等著作。

哈维以独特的空间理论视角,揭示了新自由主义剥夺性积累终将导致不平衡地理发展问题,并呼吁建构一种不平衡发展的批判理论。在《新自由主义化的空间:迈向不均地理发展理论》(2005)一书中,他列出了不均衡发展的理论构成要素:(1)资本积累过程与社会——生态生活之网中的物质镶嵌;(2)掠夺式积累;(3)资本积累于空间和时间中的规律特质;(4)在各种地理尺度上的政治、社会与阶级斗争。[①] 这些为理解当代世界不平衡发展问题提供了理论参照。

新自由主义和新帝国主义是资本积累的政治工具。新自由主义在全球的推行给人们带来的不是自由、尊严,而是剥削、压迫和灾难,是以牺牲多数人的利益来换取少数人的利益。由此,哈维得出结论:新自由主义作为一种解决全球矛盾和问题的方案是行不通的,我们必须另辟替代道路。近年来,

---

① [美]大卫·哈维:《新自由主义化的空间:迈向不均地理发展理论》,王志弘译,台北群学出版有限公司2008年版,第70页。

随着空间问题热度不断提高,哈维的研究一直在继续,其学术活动更是活跃,在历史唯物主义空间化研究中扮演着越来越重要的角色,几乎每年都有新著问世并受到中国学界的热捧。主要代表作有《资本之谜:人人需要知道的资本主义真相》(2010)、《跟大卫·哈维读〈资本论〉》(2010,2013)、《叛逆的城市》(2012)、《资本社会的 17 个矛盾》(2014)、《世界的逻辑》(2016)、《马克思与〈资本论〉》(2017)……在新著《反资本世界简史》(2020)中,大卫·哈维以马克思主义立场和方法论,以深入浅出的语言,阐释新自由主义、全球化、金融危机等问题,提供了理解全球资本主义的危机的新思路,并探索社会进步的方向。

综观哈维的理论研究经历,我们可以看到,其社会空间批判理论的建构是沿着地理学—社会理论—政治理论的思路来完成的。在哈维的研究和著述中,"哈维一方面把自身的理论逻辑严格地限制于马克思的传统之中,另一方面则试图以空间视角来整合由各种新社会运动提出的新型实践旨趣"①。而具体到哈维的空间正义理论,则具有如下三个方面的特色:第一,正义的合理性必须置于具体空间维度来考察,通过对资本主义空间生产非正义性的揭示与批判来建构空间正义社会,特别是注重城市差异问题,增强城市的包容性;第二,从抽象的正义理论转向对非正义性的具体现实问题批判,特别是关注具体、微观的日常生活领域的正义;第三,空间正义的重构应奠基于普遍性与特殊性辩证法基础上,正义需要关注"差异性""特殊性",并聚焦于空间生产过程的完善和矫正。

诚然,如何走向实际的空间革命行动以对抗和摧毁资本主义空间生产,重建公正的空间社会秩序,依然是哈维需要进一步回答的理论难题。无论如何,在全球资本主导下的空间生产时代,哈维始终坚持马克思主义理论立场反对资本主义,持续观察资本主义体系的演变,努力探寻具有解放和变革能力的空间正义理论,是值得肯定和借鉴的。

二、研究方法上的转向

当代西方社会科学的"空间的转向"实际上是一个全面的社会转型进程,与此进程相一致的有关"空间正义"的研究也随之兴起。理论观照现实的重要前提是科学的方法,哈维对空间正义理论的研究是一场思维方式、政

---

① 胡大平:《从地理学到生态社会主义政治学——文献史和问题史中的哈维》,张一兵等主编:《社会理论论丛》第三辑,南京大学出版社 2006 年版,第 1 页。

治经济学批判方式和文化批判方式的转向与变革。

第一,从传统线性思维转向现代辩证性思维。为了分析并理解当代资本主义社会和人类社会的历史发展,当代西方马克思主义者提出了重建历史唯物主义的理论使命,并试图恢复马克思主义哲学的革命性本质和功能。但在哈维看来,当代所有的历史唯物主义"重建"方案都没有成功,原因在于没有突破传统的历史唯物主义线性思维,使得康德哲学中的时空世界成为只强调时间的单维世界。分析的马克思主义学派喜欢将马克思的观点转换成一系列分析的观点,甚至转化为关于世界因果模型和实证数据进行检验。哈维对此持保留意见,"也许他们是对的;但是我仍然坚信马克思的本意是辩证的,所以我们必须在阅读《资本论》时,首先采取一种辩证的态度"①。哈维认为,作为现代性产物的马克思主义,空间仍是其未完成的因素,由此需要时空结合以填补马克思的"理论空盒",进一步把历史唯物主义推进到历史—地理唯物主义。

哈维将历史唯物主义推进到历史—地理唯物主义理论,并将空间与空间正义诉求综合为马克思主义理论的积极因素,重申了空间正义在社会批判理论以及哲学话语中的突出位置。空间正义不仅带给我们对资本主义社会的辩证性思维,也带给我们进行社会正义重构、人类解放的新视野。《社会正义与城市》(1973)一书是哈维将空间的分析置于历史唯物主义的范畴之中的代表性著作。该书指出,在资本主义社会里,城市就是一部制造非正义性生产和分配的机器,由此,我们必须将历史和地理辩证统一起来,深入地展开对资本和资本主义社会的批判,寻求实现社会资源公正的空间分配的方式,以实现生产过程与分配结果的统一。在《正义、自然和差异地理学》(1996)一书,哈维完整地构建了历史—地理唯物主义框架,并以此为基础系统阐述了社会空间正义理论。该书强调要"回到马克思",以重建一种以空间为根本要素的马克思元理论,即辩证的和历史—地理唯物主义的普遍理论,这种理论是对后结构主义和后现代那种追求流动、瞬间、碎片的一种反拨,从而有利于更加客观地理解当代社会。在《世界的逻辑》(2016)一书中,哈维为读者搭建了理解世界运行规律的一般框架,试图通过一系列强大的理论工具来解释世界——世界经济发展不平衡、金融危机的城市根源、自然与社会变革之间的关系、资本的演化等。同时,哈维还试图用其方法论和理

---

① [美]大卫·哈维:《跟大卫·哈维读〈资本论〉》第 1 卷,刘英译,上海译文出版社 2014 年版,第 14 页。

论思考来解读中国最新的发展状况,探讨中国资本危机的空间转移、中国的基建浪潮以及城市化的背景和隐忧。他强调马克思的思维方法是"辩证过程",我们要从辩证过程的思维来理解空间现象和空间概念,空间现象在马克思的整体理论中占据基础地位。"我们的任务就是要把空间关系和地理现象明确引入马克思的整体理论中,并探究这样的引入对理解基本概念的影响。"①哈维将马克思主义理论视为一个运动的辩证过程,马克思主义理论的每一个概念和结论应随着每一个新的阶段的实践而得到扩展、修正。在《资本的限度》(2017)这本著作中,哈维力图将这种思想付诸实践,并把地理环境空间等要素融合进资本理论的分析和阐述中重新阐发《资本论》。在这部著作中,哈维运用商品、租金、利润等基本概念,带领读者逐步了解资本主义的运作、发展和危机的形成,他极具原创性地在马克思主义论述的框架中以整体主义的和辩证的方法将金融与地理两个维度相结合,更好地解释了城市化过程、房地产市场和不平衡的地理发展,他分析全球普遍出现的危机背后的深层原因,基于世界市场的发展状况,延伸、修正和改编了马克思的经典文本,以处理我们这个时代的难题。

第二,从时间政治经济学批判转向空间政治经济学批判。马克思强调,资本的空间重组必然会引发新的政治经济变革。但在第二国际时代的正统马克思主义那里,由于过于强调经济决定论(注重的是一种时间政治经济学批判,强调资本主义的必然崩溃论)而忽视了经济社会发展的客观条件,这并没有正确解释资本主义发展现实及其政治后果。实际上,在其经济决定论的思维背后是一种阶级革命的宿命论信念,是一种时间一维性的静态式批判。相反,列斐伏尔表现出极力挣脱经济决定论的理论姿态,开拓性地将空间维度纳入马克思主义理论,把生产关系的再生产推进到更为广阔的社会生活层面,他号召所有城市居住者都应联合起来并通过"城市革命"的方式为夺取城市权利而战。哈维更是将列斐伏尔的空间思想确立为理论灯塔,进一步完善列斐伏尔的空间批判理论,他认为列宁关于"帝国主义链条上的薄弱环节"理论以及罗莎·卢森堡(Rosa Luxemburg)的"资本积累"理论都在一定程度上接触到了空间问题的实质,从资本积累角度阐述了"资本主义发展不平衡"问题。

对资本主义的政治经济学批判是马克思主义最为根本的特征。"马克思科学研究的焦点是揭示资本主义政治经济的一般规律是怎样形成的,这

---

① [美]大卫·哈维:《世界的逻辑》,周大昕译,中信出版社 2017 年版,第 40 页。

些规律是怎样起作用的,还有这些规律为什么和怎样变化。"①由此,哈维将马克思的历史唯物主义升级为历史—地理唯物主义,体现了空间政治经济学批判方式,即紧紧立足于资本的空间化运作逻辑,进而对资本的空间积累与空间生产过程展开具体的多维的动态式批判。哈维强调了过程—关系辩证法以及社会生活多环节且相互内化于过程之中的社会分析范式,从宏观的全球资本流动与劳动分工、中观的城市空间研究到微观的身体空间研究,揭示了资本积累的时空机制及其内在矛盾。

第三,从文化后现代批判转向地理学后现代批判。资本主义的意识形态必然伴随着资本空间化而扩张,它将消除边缘性国家和地区文化的差异性而导向资本主义发达国家强势文化的同质化趋势,致使传统的、地方的社会价值和意义失落而引发现代人的普遍性的精神危机问题。对资本主义的文化批判也被纳入西方空间批判理论当中。无疑,后现代是当今最有吸引力也最具争议的一个话题,与一般后现代学者仅停留于文化学领域不同,哈维的独特之处在于,更注重从生产方式与时空变换的角度来理解后现代,实现了从文化后现代到地理学后现代的转向,完成了后现代主义与现代主义的对接,为探讨当今全球化背景下的不平衡地理发展、空间正义等空间话题拓宽了研究路径。资本主义文化从现代性向后现代性变迁的根本原因就在于资本主义生产方式转变过程本身,即资本积累机制从福特主义转向灵活积累的"后福特主义"。由此,资本主义的文化已经不可避免地陷入资本逻辑之中。"资本主义走到哪里,它的幻觉机器、它的拜物教和它的镜子系统就不会在后面太远。"②

虽然哈维并不认为后现代主义是一种完全脱离于现代主义的全新的文化形态,但他对后现代主义者片面地强调差异与流变以致整体上削弱了无产阶级的阶级意识状况进行了批评。实际上,现代主义与后现代主义都是资本主义社会矛盾在文化层面的现实表现,二者并不是绝对的对立。相反,我们应在整体的时空辩证语境中将后现代主义与现代主义的主张相对接,即将普遍性与特殊性、永恒性与短暂性、整体化与碎片化结合起来,以联合一切反资本主义的可能性力量,消除现实困惑,走出现实的危机。由此,哈

---

① [美]大卫·哈维:《跟大卫·哈维读〈资本论〉》第 2 卷,谢富胜、李连波等译,上海译文出版社 2016 年版,第 21 页。

② [美]戴维·哈维:《后现代的状况:对文化变迁之缘起的探究》,阎嘉译,商务印书馆 2013 年版,第 427 页。

维创造性地提出一系列颇具后现代意蕴的概念,如"剥夺性积累""时空压缩""辩证的乌托邦""不平衡地理发展"等,从而揭示资本主义后现代转向的政治—经济根源,并把马克思主义历史唯物主义方法论解释为一种后现代意蕴的"历史—地理唯物主义",从而实现了从文化后现代到地理学后现代的转变。

　　总之,哈维认为他所关心的问题是力图把时空视角和社会生态议题整合进马克思主义理论框架中而重塑马克思主义理论。关于这一点,他认为他与那些后现代和后结构主义者在根本上颠覆马克思主义理论的做法不同,他是在坚持马克思主义基本立场前提下对马克思主义的一种补充和发展,而这恰恰是马克思主义保持旺盛生命力所必需的。从一定意义上讲,哈维强调历史—地理唯物主义是对于历史决定论的反思与批判,是从历史本体论走向历史和地理辩证统一的"后历史决定论"。当然,哈维强调要地理维度和空间维度相统一的"地理—历史唯物主义",为我们提供了一个在现实的政治文化生活中创新与具体化运用历史唯物主义的案例,也唯有转向当代社会政治与文化研究,历史唯物主义才能合乎时代发展要求而始终具有旺盛的理论生命力。①

三、价值取向上的转向

　　哈维沿袭了马克思的优良传统,强烈反对把空间当作一种机械静止的而又缺乏变通的原理乃至权力话语的"物",强调空间的社会性。作为一名坚定的马克思主义者,他始终把探索超越资本主义的道路问题置于空间思想的核心,将批判性、辩证法贯彻到空间领域,空间被形构为一个蕴含着巨大革命性潜能的场域。哈维的空间理论之所以极具魅力,一方面在于精准把握了西方学界的"空间转向"热潮,将个人的研究旨趣恰如其分地融入与时俱进的学术语境之中;另一方面还在于哈维的空间理论摆脱了早期空间理论的形而上的抽象之思,转而联系到更为广阔和真切的时代命题,具有鲜明的人文关切与现实意识。② 从价值取向上看,哈维的研究呈现出以人为核心的空间关怀、对正义导向的空间认同与面向空间实践的积极姿态的价值旨趣。

---

　　① 刘怀玉:《政治文化哲学"转向"之图绘与作为"图绘"的政治文化哲学:一种空间化反思视角》,《河北学刊》2018 年第 3 期。
　　② 吴红涛:《潜能的塑形之火:哈维对辩证法的空间性诊读》,《江汉学术》2020 年第 1 期。

第一，以人为核心的空间关怀。当代高度发达的生产力和市场经济，不仅为人类的发展需要的满足提供了客观条件和可能，而且刺激了人类发展需要的增长，不断提高人的生活质量，成为当代人的主导性需要。在资本逻辑操纵下，人的合理需求被扭曲，人的利益需要被不合理欲求所主导。不顾长远利益只顾眼前需要的满足，不顾整体利益只顾局部利益，物质需要往往取代精神需要，结果导致全球性的自然资源短缺、环境污染、生态失衡、局部战争不断、信仰危机。20世纪是城市化的世纪，但生活在繁荣的大都市里的工人阶级感受不到幸福感，他们所体会到的大多是整个社会给予他们的压迫感、紧张感以及贫穷。基于此，人们似乎很难找到特别有意义的文明形式，每个城市都受困于各种社会问题，从进行社会控制的警察国家到经常发生的要求政治经济变革的大规模抗议运动。"对多数人来说，谈论21世纪的城市就是一种歹托邦噩梦，在其中，人类致命缺陷中几乎所有最糟糕的东西都在绝望的深渊中集中起来了。"①哈维关注到人的空间生存状态，探寻人类理想的社会空间模式，注重空间生产活动的符合伦理的正当合理性问题。

空间与主体性是辩证统一的。正义是属人的，是人的群体活动中的一种合理的关系，是对人的生存方式及社会关系是否合理的追问。空间本质是人与人的关系，人是生产活动的主体，生产无疑应为人服务，空间正义必须落实到社会空间或者空间生产实践的语境中才能得到正确解释。现代社会的生产不应当是为了生产而生产，它应当为了更有效率和更合理地协调人与自然、人与人、人与自身等各个方面的关系，减少或消除生产活动中可能出现的各种社会矛盾和冲突，有效地维护社会生产活动的基本秩序。

空间正义的内核就是促进人全面发展的需要。在空间生产和共享空间资源中向人生成，为人服务，满足社会生活基本要求。空间的意义在于它可以让人生活得更美好、更便利、更能体会到幸福感，回归城市空间承载的发展人类文明之本意。构建新型城市，必须坚持人的核心地位，为生活在城市之中的广大民众谋幸福，尽可能减少资本和权力对弱势群体空间权利的侵害。现代城市应该构建为"充满选择机会"，包括创业、就业、消费、文化生活和个人日常生活行为空间的自由选择等，而不是只有权力和资本任意驰骋的疆域。因此，空间正义要求空间生产必须满足所有群体的基本需要，缩小贫富差距，尤其是保证那些处于弱势的群体享有最基本的生活尊严和自由

---

① ［美］戴维·哈维：《正义、自然和差异地理学》，胡大平译，上海人民出版社2015年版，第463页。

第二章　哈维空间正义理论的缘起

选择的机会。

第二,对正义导向的空间认同。正义理念是社会建构和生产出来的,即在特定社会生产方式及物质基础上产生的,并内含于统治阶级的霸权话语之中。正义是历史的产物,而不是抽象的,在不同的社会历史语境和时空环境下,正义的内涵也会随之变化。哈维强调尽管正义观念会因时空和个人而变化,它却能为政治行动提供有力的话语动员力量,因此,在未来理想社会秩序的替代方案中,需要构建以正义为导向的空间认同。哈维试图将正义作为一个原则而不是实用主义或机会主义来调节人类关系和集体行为,以便在一个既定的生态、历史和地理条件下实现政治目标。

空间生产的基本价值目标是效率与公正的辩证统一。市场导向的正义观念在当今西方发达资本主义国家中占据主导地位,空间生产是财富的重要源泉,增殖性是“资本”的本质,也是资本主义之所以得以延续和统治的根本所在。由此,哈维通过批判资本主义空间生产的非正义性,试图构建起以正义为导向的空间生产模式,“试图为理解时空、地方和环境(自然)定义提供一套有效的基本概念”①。空间生产总是根植于社会过程,是一个实现自然空间的“人化”、生产出“空间产品”的过程,以满足社会的全面进步,为人的自由全面发展服务。“我的基本目标是提供一套稳定的概念工具,来探究这些关系的公正性,并且探明正义的含义如何反过来得以历史地和地理地构建。同时,我认为这项工作是沿着马克思主义传统为一种令人信服的历史地理唯物主义寻求基本原则。”②由此,哈维以强烈的主体性反思、反教条式的独特视角以及斗争的乐观心态,力图在人类实践所揭示的具体的历史地理条件中寻找解放政治学的可能,他的一系列反思和批判话语,也包含着对某种现实理论或话语的修复、回应及挑战,彰显了话语创新。

第三,面向空间实践的积极姿态。哈维秉承“改造世界而不是解释世界”的马克思主义实践旨趣,并未将“空间分析”停留于抽象的理论层面,而是将其置于特定的社会关系中,即通过批判资本主义的空间发展以及全球空间格局的形成,这为其空间研究注入一种实践性的价值目标。比如,为实现城市空间正义,他提出争取城市权利和开展城市革命是实现空间正义的必由之路,也是改变种种城市问题的必然选择;为实现全球空间正义,他提

---

① [美]戴维·哈维:《正义、自然和差异地理学》,胡大平译,上海人民出版社2015年版,第2页。
② [美]戴维·哈维:《正义、自然和差异地理学》,胡大平译,上海人民出版社2015年版,第7页。

出了辩证时空乌托邦的政治理想,拨开新自由主义的迷雾,强调以联合的力量追求全球正义;为实现生态正义,他对资本主义生态帝国主义进行深刻的批判,强调要从那种原子论和机械论的观点中解放出来,坚持历史—地理唯物主义方法,重新认识当前环境问题,迈向一种生态社会主义政治学。空间体现了人参与实践的复杂关系。空间或地理学想象不只是为社会理论增加了一个维度,更重要的是,它与其他要素之间的互动将会产生一种总体性效应,从而改变人们对社会理论实践的认知。"想象(思想、幻想和欲望)是各种可能的空间世界的肥沃资源,那些世界能够预示——尽管没有条理——形形色色的话语、权力关系、社会关系、制度结构和物质实践。在研究社会过程及其结果的替代性绘制时,空间性想象具有至关重要的意义。"①哈维所倡导的空间性想象的一个重要目的也就是唤醒人们的空间选择与空间反抗的意识。

哈维的空间正义理论不仅是认识与反思资本全球积累的重要理论,而且是推进与实现空间正义的可能性路径。当今时代,空间作为一个重要的形式展示出来,也为我们把握当代复杂的世界关系、社会关系提供了一种方法,且哈维充分认识到了空间正义的政治批判性力量及其在政治话语动员方面的理论功能,成为空间反抗与集体行动的重要意识。他认为,"控制与生产空间的能力是一种权力,通过这种权力,即便是社会地位最低的人也能颠覆空间模式与道德秩序"②。因此,阶级斗争必须把空间斗争纳入视野,开拓阶级斗争与反抗的新形式。空间斗争也应该成为阶级斗争的新形式、新手段、新途径。工人阶级与资产阶级斗争的一个重要方面就是进行空间斗争,争夺空间的生产权。哈维认为必须建立社会主义的空间政治,剥夺资本主义对空间生产的控制权,改变空间生产的性质,从根本上颠覆资本主义空间生产的非正义性。

---

① [美]戴维·哈维:《正义、自然和差异地理学》,胡大平译,上海人民出版社2015年版,第130页。

② [美]大卫·哈维:《巴黎城记:现代性之都的诞生》,黄煜文译,广西师范大学出版社2010年版,第48页。

第三章
哈维对空间正义的一般理论阐释

空间并非一个绝对的形而上学的范畴,而是一个既可以塑造社会关系同时又被社会关系塑造的社会关系范畴。作为当代新马克思主义空间理论的领军人物之一,哈维开创性地将"社会正义"纳入其空间分析视域。在历史—地理唯物主义框架内,他对空间正义进行了辩证的多维阐释,主要围绕着空间与正义、空间生产与空间正义、空间政治与空间正义的辩证关系展开。这些阐释对我们审视当代人类空间实践具有重要的启示意义。

第一节　空间正义的基本内涵

在当代社会,空间的主体性和价值维度凸显,体现了哲学向生活世界回归,反映了时代主题与人们社会实践和日常生活的变化。从马克思主义实践唯物主义视野出发,空间的主体性以及正义价值维度在社会实践基础得以辩证统一起来。由此,哈维主张对"空间正义"的理解应该超越一般正义的争辩,把社会进程和空间形式统一起来进行研究,形成一个统一性的概念。

一、空间与正义

(一)空间本性的追问

空间的内涵极其丰富,涉及多种学科、多种维度,除科学、艺术、宗教以及哲学等传统理论维度所把握的空间,近年来还涌现出符号空间、智能空间、赛博空间、外空间等概念。事实上,我们很难给空间下一个具体而完整的定义,但从认识论发展历程来说,我们大致可以将之划分为三种认识路线。

第一,自然主义空间认识路线。大致经历了古希腊早期的"虚空观"到亚里士多德的"处所空间观"再到牛顿的"绝对空间"观。在早期古希腊人看来,万物产生之前就存在着虚空,即不包含任何或轻或重的物体的地方。虚空观揭示了空间的广延性、实在性,空间即虚空。类似中国古人所提出的"四方上下曰宇,往古来今曰宙"的认知,这是一种感性认识,是相对粗浅的空间认知观。到了古希腊中晚期,伴随着人类认识水平的提高,人们对空间认识从"混沌"中摆脱出来,亚里士多德是这一时期的代表性人物,他指出:"空间乃是一事物(如果它是这事物的空间的话)的直接包围者,而又不是该事物的部分。"①物体处在空间之中,但是物体本身不是空间,空间只是物体的载体而已。空间并不依赖于物体,甚至可以脱离物体而存在。

随着近代物理学和几何学的发展,牛顿构建了一套宏伟的物理学理论体系,并从形而上学层面反思了空间,开创了近代意义上的空间概念。牛顿认为,在自然科学系统中存在的物理空间是一个"绝对空间",这种空间不受外物的影响,始终保持自身静止、无限、恒定不变的特征。时间和空间是两个独立的观念,彼此之间没有联系,分别具有绝对性。从哲学上讲,自然主义的空间认识路线坚持了唯物主义观,强调了空间的客观实在,但自然主义空间观往往把空间当作纯粹客观的自然范畴,看不到空间与人、空间与社会的内在联系,属于一种旧唯物主义的认识路线。

第二,主观主义认识路线。大致经历了莱布尼茨"关系性空间观"到康德的"先验论空间观"再到黑格尔的"绝对精神的空间观"。莱布尼茨意识到近代牛顿机械空间观的缺陷,否定了空间是一种客观实在的形式,他把空间看作某种纯粹相对的东西,就像时间一样,空间标志着同时存在的事物的一种秩序,只要这些事物一起存在,而不必涉及它们特殊的存在方式。康德批判了莱布尼茨的空间观,认为一种相对的空间将导致几何学具有相对的确定性,无法真正认识事物本身。在康德看来,空间也并非人们感性经验的产物,是一个先验性的概念,是一个作为一切外部直观之基础的必然的先天表象。这种空间观强调了人的主观感受能力及其对空间认识的能动性。但是,康德将空间作为先天的认识形式,完全否定了空间的客观性,颠倒了主客观关系,走向了神秘主义与不可知论,是一种主观唯心主义认识论。

黑格尔看到康德空间观的缺陷,否认作为先天认识形式的空间,认为空

---

① [古希腊]亚里士多德:《物理学》,张竹明译,商务印书馆2009年版,第89页。

间是一种单纯的形式,具有抽象的普遍性,是绝对精神运动的结果。黑格尔还给空间下了一个完整的定义,即"自然界最初的或直接的规定性是其己外存在的抽象普遍性,是这种存在的没有中介的无差别性,这就是空间"。① 因此,黑格尔的空间观由康德的主观唯心主义走向了客观唯心主义。总体来说,主观主义认识路线的空间观强调了人的主观能动性,却忽视了人对空间的认识的社会实践性,否定空间的客观实在性,甚至把空间当作一种纯粹的思想或感觉,完全是主观化的产物。

第三,社会空间认识路线。应该说,社会空间的认识路线首先是从马克思开始的,虽然马克思主义理论中从未有独立的空间理论范畴,而且马克思本人也没有专门研究过空间问题,但我们可以通过马克思的理论视域引申出马克思空间观。当然,马克思空间观博大精深,此处只是概括性的论及。马克思从人类的交往实践出发,坚持反思与批判的精神追问了空间与人、空间与社会的辩证关系并揭示了空间的真正本性,为当代社会空间研究奠定了理论基础。在马克思看来,空间是人的对象化产物,是人的本质力量的体现,空间发展史不能够脱离人类自身的历史,认识空间需要回归人本身及其现实社会生活状况,并通过空间与社会的辩证统一关系来理解空间的特性与价值,空间的复杂性源于社会的复杂性。因此,空间是存在的客观实在形式,是处于人类社会历史中不断生成的,是丰富的、复杂的。但在传统马克思主义者那里,他们虽然认识到空间的客观现实性的一面,强调空间的物质存在形式,却忽视了空间与人、空间与社会的辩证关系。

长期以来,马克思主义的科学空间观被淹没在现代主义的视野中。虽然空间研究是多学科的,但笛卡尔的坐标系概念和牛顿的绝对空间观早已潜移默化地嵌入人们的头脑,成为常识的一部分,即使在当代,爱因斯坦相对论的出现也没能在多大程度上实际地改变这种传统的空间认知。正如吴国盛指出的:"我们把空间想象成某种与物体不同的东西,即它是独立的,但它首先是所有物体运动的参照背景,所有运动都在空间中进行,空间为之提供一个参照系。这些念头,很显然,来自笛卡尔的坐标系概念。我们把空间想象成唯一的,不动的,与它所包含的万物的运动性、多样性形成对照。"②

作为当代西方新马克思主义者,列斐伏尔将空间分析带入马克思主义理论研究中,成为空间理论最早的阐释者。他认为,空间既是以往历史和自

---

① [德]黑格尔:《自然哲学》,梁志学、薛华等译,商务印书馆 1980 年版,第 40 页。
② 吴国盛:《希腊人的空间概念》,《哲学研究》1992 年第 11 期。

然的结果,也是人类的社会实践结果和知识、概念的构造结果,马克思空间观必须在实践发展中进一步丰富与拓展,在日常生活世界中深入把握。列斐伏尔确定了"(社会)空间是(社会)产物"的核心命题。他认为,如果从传统意义上来理解空间的话,"'空间'一词更多地让人联想到数学,(欧几里得)几何学及其定理,因而它是一个抽象物;没有内容的空壳子"①。而关于空间的问题,有不同的进入方式,第一种认为是由逻辑建立起来的各种属性的空间,它所表现出来的,是社会与精神的、理论与实践的、理想与现实的。第二种认为社会空间是社会产品。它是可以观察到的,而且存在于观察的记录中,存在于经验的描述中。第三种认为空间是一种手段或工具,是一种中介,这种空间总是服务某种战略。第四种认为空间指广义的生产的空间,包含着新资本主义社会中全部活动的普遍目的、共同方向。② 同时,列斐伏尔还指出空间的三个维度:第一个维度是物资方面的,可以规划的;第二个维度是财政方面的,可以通过财政收支表看出;第三个维度是空间到时间的规划,这个是独立存在的,是物与物之间的关系。③ 空间既是社会现实,也代表着一套关系和形式,从政治和统治阶级意识形态方面考虑,空间的历史可以解释为在某种政治框架下以时间为条件的地理发展空间。在"空间—时间—社会"三元辩证法视野下建构出三元一体的空间理论构架,即空间实践、空间表征和表征空间。

列斐伏尔强调了空间的正义维度,他深入研究了空间生产的正义问题。与列斐伏尔同时代的福柯同样也认识到了空间的重要性,他深入探究了"权力—空间—知识"三者之间的辩证关系,强调了空间的政治正义问题。但列斐伏尔认为,"'什么是空间'? 这个问题出现在了数学家那里,也可能出现在了玄学家那里"④。他将空间理解为具体与抽象这种矛盾对立之间所表现的空间,由此空间的理解也被"泛化了",或者说是某种"含混",成了无所不包的"容器"。

① [法]亨利·列斐伏尔:《〈空间的生产〉新版序言(1986)》,张一兵:《社会批判理论纪事》第1辑,中央编译出版社2006年版,第177页。

② [法]亨利·列斐伏尔:《空间与政治》,李春译,上海人民出版社2015年版,第21~29页。

③ 林承园:《西方新马克思主义空间理论与〈资本论〉空间理论的比较分析》,《北方论丛》2018年第1期。

④ [法]亨利·列斐伏尔:《空间与政治》,李春译,上海人民出版社2015年版,第20页。

哈维继承并发展了列斐伏尔的空间理论,并对各种不同的空间语言兼收并蓄。根据列斐伏尔三元一体的空间理论,在《社会正义与城市》(1973)中哈维确定了一种理解空间方式的三重区分,即绝对空间、相对空间和关系空间,如果说绝对空间是独立的物质存在形式,那么相对空间应被理解为相互关联的事物对象之间的一种关系。但哈维更愿意把空间理解为一种关系性空间(相关的空间),即"莱布尼茨所理解的那种空间,某一物体仅就其在自身中容纳和表现与其他物体的关系而言,它才存在,在此意义上,空间被视为盛放于物体之中的存在"①。有地理学背景的哈维,根据列斐伏尔所设定的三元一体的空间理论构架,进一步确定了六种交错矩阵式的空间格网。面对当代空间实践的复杂性情境,从事空间理论研究学者不仅需要运用各种专业性的知识,更需要对空间理论给予整体性的哲学思考。哈维深刻地认识到,"时间、空间和位置是由过程相关地确定的,它们因过程而变,这些过程同时确定和塑造通常称为'环境'的那种东西。如果不同时揭示时间和空间是如何在这种过程之中建构的,我们就不可能谈论'自然'或'环境'世界"②。因此,我们不能将空间的社会建构性固化,看成是一成不变的;相反,只有从人类物质生产实践过程的动态性出发才能准确把握空间的社会建构性的具体性与内容性。

哈维主张从物质过程的观点来把握空间。他坚持历史唯物主义,明确地提出,"空间的本性存在于人的实践之中"③。空间本身既不是绝对的,也不是相对的或关系的,它可以依据实际情况成为其中的一种形式或几种形式;合适的空间概念问题只能通过与空间有关的人类实践加以解决。④ 也就是说,空间并非一个绝对的形而上学的范畴,而是一个既可以塑造社会关系的同时又被社会关系塑造的社会关系范畴。实际上,对源自空间本性的问题没有终极答案,其答案仅仅存在于人类实践中,这与人类实践是怎样创造和使用不同的空间概念有关。

---

① [美]大卫·哈维:《作为关键词的空间》,付松清译,《文化研究》2010年第10辑。

② [美]戴维·哈维:《正义、自然和差异地理学》,胡大平译,上海人民出版社2015年版,第299页。

③ David Harvey, *Social Justice and the City*, Johns Hopkins University Press, 1973, p.13.

④ David Harvey, *Social Justice and the City*, Johns Hopkins University Press, 1973, pp.46-47.

（二）空间与正义的辩证关系

从传统哲学的内在逻辑来看,传统哲学局限于"解释世界"的需要,追求世界的终极本原(或本体)的属性和存在方式,在空间的理解上,往往以纯思辨的方式赋予空间某种终极本体论的地位。实践在马克思主义哲学中起着基础和核心作用,马克思基于实践唯物主义彻底扬弃了空间的本体论思维而使空间范畴与实践相联结,赋予空间的属人性(主体性)和主体的价值选择性的功能。空间的主体性和价值选择性的凸显,已成为当代科学和哲学的新课题,体现了哲学向生活世界回归,反映了时代主题和人们社会实践与日常生活的变化。也正是在这个意义上,空间的主体性和正义价值维度在社会实践基础上得以辩证统一起来,这就要求空间与正义双向互动。

空间的正义性凸显空间生产必须符合正义规范。20世纪中后期,随着西方发达国家进入后工业社会,时代主题也开始悄然转换。如果说工业社会的时代语境是进行宏大的社会变革和社会批判,那么后工业社会的重要特征则是空间意义的凸显及对人们生活的决定性因素的关注,由此,人们在关注重大事件变迁、宏观历史转换的同时,更加关注日常生活的改善和人的价值实现与提升,思考空间生产与发展正义的辩证关系,试图通过改善人们的空间权利结构,以实现空间主体间的平等地位。特别是在资本主义早期城市化进程中,产生了大量的诸如居住拥挤、环境和社会治安恶化等社会问题,引发了学术界进行重大的理论定位和思考。正是在这一时代背景下,列斐伏尔、哈维等西方新马克思主义者突出了空间生产批判的日常生活批判和主体价值,关注、批判资本操纵的空间生产在何种程度上对主体的日常生活空间造成了剥夺和挤压,以及如何改变日常生活的异化状态,重新恢复正义的差异、多元想象和无限开放的生活空间。

正义包含着一定的空间要素,需要扩展其空间维度。当代复杂的社会既需要空间维度,也需要正义的价值维度。因为正义是属人的,是人的群体活动中的一种合理性关系,是对人的生存方式及社会关系是否合理性的追问。从其特性上来说,正义具有社会性、历史性和空间性。正义的社会性就是正义的客观性和阶级性;正义的历史性就是正义的时代性和发展性;正义的空间性强调不同社会的空间形态造就不同的正义形态,体现正义的差异性、多样性,形成普遍性和特殊性的统一。正义的社会性、历史性和空间性是相互联系、相互制约的,共同推进正义的建构与实现,但在传统正义理论研究中,往往只注重正义的社会性和历史性(即正义的时间维度),却忽视正义的空间性(或正义的空间维度),实际上是对正义自身的背反,必然走向正义的对立面。事实上,任何社会的正义观念都是特定空间范围内的一种价值认同,必将受到地域性制约,而那种试图建构适合于一切社会和历史的普遍性的正义规范与原则都是不可能成功的。空间维度介入正义理论中,能够推动正义基础理论的创新,赋予正义新的内涵。随着后现代对宏大叙事的批判,空间正义更为关注人们的日常生活以及个体的生存状况,注重对普通大众的命运把握、个体生存境遇的揭示。无疑,以空间维度来重新诠释正义理论,拓展了正义理论的个体化、微观化、具体化和境遇化新视域,激活了正义理论。

总之,正义包含着空间要素,需要扩展到具体的社会历史空间领域,有关"空间生产""空间形态""空间组织""位置"以及空间权力与权利都应成为正义所关注的对象。同时,正义还是一种重要的政治驱动力量,要实现正义的社会,就要把正义转换成为一种批判当代社会现实生活及内在矛盾的武器,积极开拓正义的理论和实践的空间。

二、空间正义的基本内容

空间具有极强的"共同性""社会性",但长期以来空间作为日常生活本身被资本主导的功利性正义所占据,致使西方传统正义理论往往借助于"成本—效益"式的分析而成为一种"理性化选择"和"可量化"的工具。在功利主义者边沁和密尔那里,正义被量化,并将社会整体的善的总额的最大增量为正义的唯一尺度,即正义的社会是求得最大实际功效或利益、实现量的"最大幸福"。如果说功利主义的空间正义以社会善的总量最佳为衡量标准有其可取价值的话,以功利最大化原则作为判断一切社会制度正确性的唯一标准,无疑忽视了特定空间范围内人的主观能力和实际需要。

罗尔斯基于平等自由优先性原则对此进行了严厉的反驳。他认为,按照功利主义的观点,如果对一些人自由的侵害是为了实现社会功利总额最大化的需要,那么这种侵害也可以被允许,但事实上对自由的侵犯根本不可能通过功利总量的最大增值来抵消,因为自由与功利本身就是两种不同性质的不可替换的东西。自由对人而言是比功利更重要、更本质的东西,它构成了人的生活的内在要素,而功利则是人的生活的外部条件。功利主义根本上是对社会的一种扭曲和异化,它倾向于把社会仅仅看作一种有效的资源管理系统,但效率的提高并不能直接等同于普遍幸福生活的实现,效率只是实现普遍幸福的必要条件而不是充分条件。

罗尔斯则主张以理性自由的个人为基础的"自由主义正义论"。他设计了"两个优先原则"：每个人都有平等的权利去拥有最广泛的基本自由权（"自由原则"），并且社会和经济不平等的安排只能在有利于社会中获得利益最少的那部分成员的条件下存在（"平等原则"）。罗尔斯正是不满于功利主义的"形式的平等"而设计了这"两个优先原则"，其目的就是试图通过对"最少受惠者"进行物质补偿以达到"事实上的平等"，从而实现社会生活的平等、自由与相互尊重。与罗尔斯"自由主义正义论"不同，"社群主义正义论"强调正义应以社群为基础，提出"社群权利"优先于个人权利。

实际上，无论是"功利主义正义论"还是"自由主义正义论""社群主义正义论"，当代西方的这些正义观念大都延续了传统正义理论的主导形态，即坚持社会正义的元叙事以及以此为基础的权利的普遍性，并把社会正义当作"放之四海而皆准"的同质性价值规范系统。哈维将之归为一种"普遍主义的正义理论"。这种"普遍主义的正义理论"仅仅聚焦于社会经济的分配的不公平问题，而忽略了空间本身的正义问题，并不足以反映出当代社会更加多维、具体而异质的空间场域。正义是特定空间范围内的一种价值认同，空间是正义的边界，从地方语境来说正义必然是一种具体的、有条件的、情境化的价值系统。

哈维主张，对"空间正义"的理解应该超越一般正义的争辩，把社会进程和空间形式相统一，注重普遍性和特殊性、永恒性与短暂性、整体化与碎片化相结合，从而形成一个统一性的概念。哈维赞同马克思主义的正义理论，认为正义是历史的产物并随着时间不断变化，正义不仅单指社会经济的公平分配问题，也呈现出空间和城市生活更广泛的范围。"像空间、时间和自然一样，'正义'是一组社会地构成的信仰、话语和制度，它表现了社会关系和竞争性权力构型与特定时间内调节和安排地方的物质社会实践之间的密切联系。"①从空间正义的理论谱系来看，空间正义是自觉地运用社会正义的理论范畴分析、批判资本空间化过程衍生出来的，其实质是社会正义在空间问题上的表现与拓展。社会行为与特定的空间形式是结合在一起的，而且一种空间形式产生出来之后，它就会在某些方面决定社会过程的变化与发展。空间正义问题源于资本主义制度本身，"自由、平等、产权和边沁主义的世界只是一种掩饰，一个骗局，是为了保证在不违反交换规律的情况下，从

---

① ［美］戴维·哈维：《正义、自然和差异地理学》，胡大平译，上海人民出版社 2015年版，第 380 页。

劳动者身上获得剩余价值。"①哈维主张,对资本主义所作的空间正义批判,必须紧紧立足于资本的运作逻辑、资本的积累规则与过程,通过对空间生产过程及其内在矛盾的批判,从而实现对资本主义空间生产过程的完善和矫正,凝聚一切反抗力量,推进"反资本主义"斗争,寻求一个建立在多元文化基础上的公平正义的替代性社会。由此来看,哈维的空间正义理论凸显了正义的情境性、条件性与限制性特征,避免了简单的道德化批判,超越了传统的正义观。

事实上,空间正义理论一直没有离开过理论界的视野,空间正义是社会正义的一部分,只不过是在空间崛起的今天,该领域的正义视域受到学界更多的重视而已。何为"空间正义"? 笔者认为,"空间正义"是社会正义的空间表现形式,是空间主体通过根植于空间和空间生产过程的不正义性批判,在尊重不同空间人群的文化差异性要求的前提下追求一种相对平等、动态地享有的空间权利,逐步实现特定空间范围的社会公平和公正,最终实现人的自由而全面的发展。从现实层面上看,空间正义针对空间生产过程中空间价值规范的缺失问题,通过批判空间的资本化、殖民化和非人性化等空间生产非正义性后果,以唤起空间主体对抗和摧毁资本主义空间生产,构建一个公平正义的替代性社会。从价值层面上看,空间正义是人自身的意义与价值的确认过程,体现为人类在所有生活空间和生产空间里应当坚持的正义原则以及人类对空间权利和"善"的价值理念的不懈追求。由此,我们对空间正义的研究应围绕着空间生产和空间政治两个维度展开讨论。

第二节　空间生产与空间正义

空间生产是随着资本主义的发展而产生的一种特殊的生产模式,物理空间和社会空间都是其操控的对象。马克思开辟了物质生产实践范式的空间生产理论,奠定了空间生产的理论基础;列斐伏尔从更为广阔的社会生活层面对"空间生产"内涵及相关内容进行了深入研究。在此基础上,哈维从历史—地理唯物主义角度阐释了"空间生产"过程及其内在矛盾,他强调研

---

① 　[美]大卫·哈维:《跟大卫·哈维读〈资本论〉》第 1 卷,刘英译,上海译文出版社 2014 年版,第 139 页。

究空间既要立足于当下突出的空间问题,又要对空间本身进行高度的抽象与概括。空间生产蕴含着正义价值诉求,面对当今资本主义的空间生产的非正义现象,哈维强调要利用空间正义考察空间生产,以实现空间生产的有序化、规范化。

一、空间生产的基本内涵

在工业文明时代,空间生产已成为一种重要的生产方式,成为经济增长和繁荣的重要引擎。但真正对空间生产进行理论研究的始自列斐伏尔。伴随着 20 世纪 70 年代现代都市的快速发展,社会的普遍都市化以及空间性组织的问题的凸显,表明我们已经从"空间中事物的生产"转向"空间自身的生产"的时代。① 所谓"空间中事物的生产"是指任何生产实践都应在特定的空间范围内展开,是社会生产的必要形式;而所谓"空间自身的生产"则特指资本主义条件下资本逻辑所推动的实践活动方式的必然要求和结果,一切物理空间和社会空间都是其操控的对象,是社会生产的特殊形式。列斐伏尔所使用的"空间的生产"这一概念通常指资本主义条件下"空间自身的生产"。由此,空间生产成为马克思之后诸多西方空间理论学者关注的焦点,他们认为正是资本主义通过占有空间并生产出相应的空间形态从而延续至今。

第一,马克思恩格斯开辟了物质生产实践范式的空间生产理论。在马克思恩格斯所处的年代,资本主义的全球空间扩张和空间矛盾还不够突出,他们并没有专门的篇章系统地论证空间生产,但马克思恩格斯也有很多有关空间和地理方面的论述。事实上,马克思恩格斯对空间的社会性的关注,尤其是对关于空间实践的关注与他们的社会批判理论有着相同的价值取向。他们的空间生产思想始终置于物质生产实践的理论范式之中,这也奠定了马克思主义空间正义的理论基础。

其一,马克思恩格斯开启了唯物主义空间及空间生产的原初话语。马克思恩格斯对历史唯物主义的考察揭示了人类社会发展的一般规律,即基于特定时间和空间条件下考察具体的、感性的人类物质生产实践活动而不是表面上的一般历史事件和历史现象。自然空间为人类的物质生产提供了物质资源或者物质生产的容器,物质生产活动是人类生存和进行其他活动

① [法]亨利·列斐伏尔:《空间:社会产物与使用价值》,包亚明:《现代性与空间的生产》,上海教育出版社 2003 年版,第 47 页。

的前提和基础,人类需要社会化并持续不断地生产物质空间以获取基本物质生活资料。具有物质性和社会性的空间经过生产过程,成为空间产品,构成人类社会财富的基本形式。物质生产其实就是一定的时空条件下人类用自身的活动和行为展开对自然空间的改造,在这个过程中,人类通过特定的生产关系实现对空间的占有、使用和分配,并按照自身的意愿对空间进行相应的重组。

与生产方式包含生产力和生产关系两个层面一样,空间生产方式,也包括了两个密切相连的维度:一是空间生产力,即空间实践主体通过社会与自然空间发生物质变换关系,生产各种空间产品、获得空间物质资源和生活资料的能力;二是空间生产关系,即在空间生产实践中,以自然空间或社会空间为中介,主体间各种利益关系的总和。空间生产关系指人们在空间生产过程中结成的一种社会关系,主要包括空间占有、空间分配、空间交换和空间消费等方面。空间生产力决定空间生产关系,空间生产关系反作用于空间生产力,二者的矛盾运动构成了空间生产关系必须适合空间生产力性质的规律,空间结构正是空间生产的过程中形成的空间关系和形式,由此构成了历史唯物主义的空间性。

其二,对空间商品的研究是马克思主义理论研究的立足点。马克思恩格斯具体考察了资本主义条件下空间交往实践活动。商品是用来交换的劳动产品,是使用价值和价值的统一体。空间生产与商品一样也具有二重性,"空间生产一方面生产出具有使用价值的空间产品,另一方面生产出空间产品的价值,即空间产品使用价值这个物掩盖下的人与人之间的具体的社会关系"。[①] 在资本主义生产方式占统治地位的社会财富便表现为庞大的空间商品"堆积",空间中的消费正在向空间的消费转变,空间使用价值的消费正在向符号价值的消费转变,空间本身正日益成为商品。由此,对空间商品的研究便成为马克思主义理论研究的立足点。

其三,空间也是促使资本主义生产成为可能的前提条件。空间的概念承载着资本和劳动,马克思通过资本主义生产关系的再生产的这条规律,揭示了空间要素理论。"时间的原子就是利润的要素"[②],而"空间是一切生产和一切人类活动的要素"[③]。概括而言,空间要素包含着影响生产领域的生

---

① 孙江:《"空间生产":从马克思到当代》,人民出版社 2008 年版,第 12 页。

② 马克思:《资本论》第 1 卷,人民出版社 2004 年版,第 281 页。

③ 马克思:《资本论》第 3 卷,人民出版社 2004 年版,第 875 页。

产空间,影响流通领域的流通空间,以及农业生产领域和流通领域的土地空间。此外,马克思在《资本论》中隐含了几条空间理论的原理,比如时空转换原理、不平衡空间发展原理、商品交换的空间流通原理。"人数较多的工人在同一时间、同一空间(或者说同一劳动场所),为了生产同种商品,在同一资本家的指挥下工作,这在历史上和概念上都是资本主义生产的起点。"①资本主义"生产的扩大"不仅是空间的扩大而且是不同空间的联合,即空间生产或生产的空间化扩张。在资本流通过程中,资本为达到增值最大化目的,总是通过提升技术手段的变革以尽可能消除地理空间障碍,提升资本在时间上的流通速度,资本同时也就力求在空间上扩大市场。在资本逻辑推动下,资本运行规模逐渐从工厂空间向城市空间和全球空间扩张,由此,资本积累逐渐演变成一个全球性的历史—地理空间的问题。而生产交往的任何扩大都会消灭地域性的共产主义,全世界无产者联合起来的革命成为可能。总体而言,受时代条件所限,马克思更侧重于研究一定时间和空间制约下的物质生产,关注世界地理空间与革命理论相结合的重要性,但对资本主义独立的空间生产机制及所起的社会进步作用还重视不够。

第二,列斐伏尔所谓"空间的生产"主要是空间本身的生产。马克思恩格斯所处的时代正值充满竞争的大工业阶段,生产关系的生产与再生产都与生产过程紧密相连,马克思对"空间中事物的生产"问题展开了系统的研究,但对于在生产过程之外的生活空间中发生的资本主义本身的生产和再生产问题,马克思恩格斯还没来得及展开具体分析,是一项未完成的事业。

其一,列斐伏尔继承并发展了马克思空间批判思想。随着 20 世纪资本主义的长足发展,资本主义理性控制已延伸至宏观层面的全球和微观的日常生活领域,整个社会已成为"消费被控的官僚社会",呈现出了马克思时代所未显现的许多特征。由此,列斐伏尔在继承马克思空间批判思想的基础上,从更为广阔的社会生活层面对"空间生产"内涵及相关内容进行了深入研究,并把马克思社会生产关系再生产的辩证法进一步发展到"空间的生产"的辩证法。列斐伏尔在《空间的生产》(1974)、《资本主义的生存》(1976)等著作中,用"空间—时间—社会"三元辩证法视野提出了一套完整的空间生产理论,主要有"日常生活的批判""生产的社会关系的再生产""城市权力和差异权力的斗争""意识的都市化和都市革命"等思想。

其二,列斐伏尔提出了"空间的生产"的内涵。在马克思恩格斯那里的

---

① 马克思:《资本论》第 1 卷,人民出版社 2004 年版,第 374 页。

"生产"主要指的是物质生产,他们还没有上升到把空间本身视为生产的直接对象和产物。空间不仅是物质的容器,更是社会关系的存在。随着资本主义的生产力和科技的发展,资本主义最终是超越空间中物的生产界限,从"空间中的生产"到"空间的生产",是生产关系本身的再生产。"自《资本论》完成以来的一百年中,资本主义成功地取得了'发展'。我们无法计算其代价,但我们的确知道资本主义获得增长的方式:占有空间,并生产空间。"①也就是说,当代资本主义的生产是空间本身的无限拓展与重新整合的过程,资本主义通过占有空间、利用空间并生产空间得以延续其生命,空间本身的生产主要表现在具有一定历史性的城市的急速扩张、社会的普遍都市化以及空间性的组织问题。在当代资本主义社会里,空间的地位和价值凸显,空间不仅是资本主义生产关系的历史性结果,也是资本主义社会存在的本体论基础或前提,正是空间的生产实现了资本主义生产关系的生产与再生产,拯救了资本主义制度免于灭亡。空间是一切生产和一切人类活动的必备要素,空间本身已成为生产剩余价值的中介和手段,是资本逐利的对象和各种利益争夺的焦点。空间在实现利润增长、促使资本主义发展的过程中,又使资本主义的危机在更高的层面上爆发,空间将成为阶级斗争的新前线。由此,工人阶级要通过持续不断的阶级运动以寻求改变现实的可能性,而空间革命将是迈向未来社会的一项重要的政治战略。

无疑,列斐伏尔的空间生产理论开拓了马克思主义的物质生产实践的空间生产理论。但他对当代资本主义的研究是该坚持生产对社会生活的决定性视角还是社会生活相对于生产的根本性视角?是否预示着空间生产对历史唯物主义的质疑或替代?对此,哈维认为列斐伏尔的空间生产理论中存在着一种"空间拜物教"和尼采式的虚无主义倾向,主张对空间生产的研究要"回到马克思"。

第三,哈维从历史—地理唯物主义角度阐释了"空间生产"过程及其内在矛盾。空间是如何被生产的?空间生产的表征是复杂的,随着晚年列斐伏尔的主要学术兴趣转向节奏分析,列斐伏尔对空间是如何被生产的问题只是"破题"并没有很好地"解题"。在列斐伏尔的后辈学者中,哈维通过更加严格的马克思主义政治经济学分析深化了列斐伏尔的研究,也有效地防止了后马克思主义式思辨的倒退,从而忠实地代表了历史—地理唯物主义

---

① Henri Lefebvre, *The Survival of Capitalism : Reproduction of the Relations of Production*, Allison & Busby, 1976, p. 21.

的研究。①马克思的政治经济学著作中蕴含着丰富而又零散的空间思想,但对整个空间研究来讲,却提供了十分重要的思想资源。受列斐伏尔的"历史—空间—社会"三元辩证法思想的启发,哈维强调研究空间既要对空间本身进行高度的抽象与概括,更要立足于当下突出的空间问题,方能达到逻辑与历史、理论与实践的辩证统一。

其一,哈维立足于资本主义生产本身展开空间理论研究。哈维并不同意把列斐伏尔的空间思想置于很高的位置,因为列斐伏尔把空间想象置于其辩证法思想的核心。空间具有历史性和社会性,空间也是一种分析工具和批判武器,我们要把空间置于与之相关的社会生产关系的联系中,空间理论才有实际意义。由此,哈维强调要立足于资本主义生产本身展开空间理论研究,运用历史—地理唯物主义视角剖析资本积累运作规律及科技、时间、场所、地理差异等相关要素,阐释了空间生产过程及其内在矛盾。

其二,哈维从"关系空间"角度来理解和把握"空间的生产"。哈维把空间从"时间"与"物质生产"的束缚中解救出来,并把空间置于社会关系性视野中考察。在继承列斐伏尔的"三元一体"的空间本性基础上,哈维将空间划分为绝对空间、相对空间和关系空间。"关系空间"的提出凸显了哈维对空间理论研究的独特性,以此为理论基点进一步对资本主义社会的生产发展展开深刻的批判。"空间"主要是一种社会空间,它是特定社会关系的载体,当代资本主义正是通过"空间"的修复来解决危机,进而延长其统治的"时间"。资本对空间的控制、占有、分配关系体现着社会的权力结构,资本主义"空间的生产"本身就是一种建构和维系资本主义社会关系的手段和结果。

其三,哈维从资本运动与城市化过程的角度具体揭示了晚期资本主义社会空间背后的政治经济关系。当今空间的凸显并不代表着资本主义本质的变化,仅是证明了当代资本主义剥削方式的转换,且更具有隐蔽性和欺骗性。沿着列斐伏尔开辟的"空间生产"路线,哈维以历史—地理唯物主义为主要理论武器,揭示空间生产的过程及其内在矛盾,力图打破资本主义空间的物化的社会现实。"空间与时间实践在社会事务中从来都不是中立的。它们始终都表现了某种阶级的或者其他的社会内容,并且往往成为剧烈的

---

① 王志刚:《社会主义空间正义论》,人民出版社 2016 年版,第 130 页。

社会斗争的焦点。"①资本、国家干预、社会关系和社会基本矛盾共同形塑着城市空间,阶级斗争、性别、生态与市场也是生产空间的重要力量。当代资本主义空间生产的运行机制是"时间—空间修复"机制,主要手段是"剥夺性积累",后果是"阶级力量的重建"和"不平衡地理发展",解决出路在于寻求"希望的空间"。

二、空间生产的正义诉求

空间正义本质上就是对人类美好生活的价值诉求以及人与自然和谐相处的价值诉求,并为实现人的价值提供空间条件。空间正义的实现是对空间生产的不平等和不公正的批评中形成的。面对资本主义的空间生产的非正义现象,我们需要利用空间正义考察空间生产,以实现空间生产的有序化、规范化。

第一,空间生产蕴含着公平正义的价值诉求。公平正义是每一个现代社会都孜孜以求的理想和目标,也是社会主义社会的核心价值理念。在马克思恩格斯看来,物质经济的原因是公平正义产生的最初原因,公平正义的产生和存在都根植于人类的现实社会生活,是人们现实生活的客观需要的产物。公平正义是一个具体的历史范畴,一个社会的公平正义应当体现在经济、政治、法律等社会生活的各个领域、各个层次和各个方面,其核心是分配的公平正义。社会公平正义最重要的内容,就是要对权利和义务进行合理分配,依据合理的尺度来分配权利和自由、权力和机会、收入和财富等社会资源。世界上并不存在永恒的、普适的公平正义观念,公平正义观念总是一定社会阶级集团的公平正义观念,而一定社会阶级集团的公平正义观念又是其现有经济关系的体现,它随着社会经济关系的变化而变化。有空间生产活动就有空间正义的追求,人们渴望将正义扩展到社会空间的每个角落。

第二,空间生产正义凸显了空间生产的持续发展与主体的终极价值的统一。空间的真正本性在于社会性,是主体实现对自然空间能动地改造的结果,空间与"人"的生存与发展紧密相连。而人类社会、人的生存与发展离不开公平正义的价值规范,"价值内在于社会空间过程,改变前者的斗争同

---

① ［美］戴维·哈维:《后现代的状况:对文化变迁之缘起的探究》,阎嘉译,商务印书馆 2013 年版,第 299 页。

时也就是改变后者的斗争(反之亦然)"①。空间生产总是根植于社会过程并由社会过程的主体依据实践活动实现自然空间的"人化"、生产出"空间产品"的过程,使"社会空间"具有了物理、历史和文化属性,其终极目标在于满足人的需要。如果说空间生产力的持续提升是客体尺度,那么空间中"人"的全面发展是空间生产的主体尺度,空间生产过程中客体与主体的统一就是空间生产力的发展应与主体的全面发展的统一。这也就是说,我们要将人的基本空间需求放在空间生产的首位,满足人们对空间资源的利用和占有,让人能在空间中"诗意栖居"。

由此,我们要让空间生产与空间正义相契合、共生共存共荣。警惕为了空间生产效率而遮蔽空间正义的行为,比如经济决定论、唯 GDP(国内生产总值)至上论,空间正义的追求就是空间生产可持续发展的价值与现实诉求,反对那种空间增长主义的片面发展,注重空间与人文、与主体的全面发展作为空间生产发展的基本信念,强调以主体为中心,把人的价值贯穿于空间生产活动中。离开主体的需要和发展,离开人的主体性的发展,空间生产发展就会失去应有的意义。

第三,空间正义呈现在空间生产中就是要促成正义的空间制度。制度一般指特定的社会范围内人们所共同遵守的办事规程或行动准则,制度也是社会公平正义的基础。一定意义上说,空间正义是社会正义的空间表现形式,呈现为社会的制度性规范和体制性安排,并由此引导和规范空间生产活动,使之趋于正义之善。空间正义的诉求要求人们在空间生产中依据正义的价值理念不断处理现实空间关系,并逐步建立起一套公平正义的空间生产制度体系。哈维极为推崇基于过程的空间正义,他认为,在资本主义的自由体制条件下,空间生产所造成的空间资本化、空间殖民化和空间非人性化后果,这一切都要求我们创设一种符合正义取向的空间生产机制,并建立一种正义的、均等的、完善的公共政策,切实实现"最少受惠者的最大利益"。

总之,空间正义的发展不仅是一种理念,更是一种现实的行动。空间正义的诉求既是一种政治的和社会的表达,也是一种根植于生产方式的历史必然。资本主义私有制是造成现代资本主义空间生产各种危机的根本原因,为此,哈维认为要创建一种废除资本主义私有制的新型的空间革命理论,以消除现实困惑、走出现实的危机。

---

① [美]戴维·哈维:《正义、自然和差异地理学》,胡大平译,上海人民出版社 2015年版,第 13~14 页。

第三节 空间政治与空间正义

正义的意义在于它是一种重要的政治批判力量,能在"政治行动中发挥强大的动员话语功能"①。哈维独特的空间政治正义诉求体现为以下三个方面:作为一种政治理念,空间正义体现为特定权力体系对空间秩序的建构;作为一种政治理想,空间正义与"乌托邦"理想紧密相连;作为一种动员机制,空间正义需要关注有效的行动策略问题。

一、空间政治的基本内涵

从本质上说,"空间正义"就是空间政治正义。空间包含着政治属性,空间生产方式就是政治及其阶级力量的反映,空间结构与组织的重构过程必然导致政治的重组。从现代意义来看,空间政治的含义是定位于国家内各地区之间的现实发展而言的,指国家通过运用权力、赋予和解放权利,合理分配公共资源等方式实现国家治理,进而实现维护政治稳定、影响社会经济发生变化、推动国家发展的目标。哈维从历史—地理唯物主义视角切入空间政治问题,辩证地吸收了马克思、列斐伏尔和福柯的空间政治思想,丰富了空间政治的基本内涵。

第一,马克思不仅把"空间"当作资本主义生产的场所,而且当作一种现代社会的"政治权力"和"社会权力"的处所。空间从来都不是中立的,它具有阶级性、政治性和意识形态性,资本主义的空间生产遵循着资本的生产和增殖逻辑的规律。资本是资产阶级社会的支配一切的经济权力,资本通过对物的控制进而统治人和社会,并实现了空间生产全面渗透和控制。资本始终是工人的对立面,无论社会财富如何增长都不会使工人致富,而只会使资本更为急剧地增长。

资本的本性,就是打破其扩张的一切空间障碍,无所顾忌地在全球社会空间范围内进行空间分割和空间统治,在这一意义上,空间正义就是空间权力。资产阶级通过对社会空间的控制,使社会空间成为资本的温床,成为资

---

① [美]戴维·哈维:《正义、自然和差异地理学》,胡大平译,上海人民出版社2015年版,第416页。

本和资产阶级不断壮大的工具。正如恩格斯在《论住宅问题》中指出的,随着现代资本主义工业化生产的发展,工业城市的范围扩大,许多乡村普通农民和小资产阶级,在"等价交换"的名义下,让渡自己的土地和住宅,成为依靠工资收入生活,并租住在条件极差、空间狭窄的城市住宅,被资本家剥削的无产阶级劳动者。资本占有、支配、重塑社会空间的野蛮行径必然造成社会空间失衡,使马克思恩格斯认识到关注社会空间问题的紧迫性,并力求通过实现社会空间正义来解决这些问题。

第二,列斐伏尔揭示了空间生产既是资本的扩张形式又是新的历史时代无产阶级实现政治正义的理论武器。从认识发展史来说,空间一直被认为是一种自然的产物、物质的"容器",空间与社会、空间与政治之间是相互割裂的,但随着近代人类大规模空间生产的发展,空间政治崛起。主要原因包括:其一,空间成为资产阶级统治的有效形式。打着"自由、民主、博爱"的口号走上历史舞台的资产阶级,认识到传统的暴力统治手段已经难以为继,为取得政治统治"合法性"的需要,空间也就成为资产阶级进行社会控制与日常生活规范的重要手段和目的。其二,空间政治化的根本目的是为空间资本化服务。资本主义的发展过程充分体现了空间的重要性和政治性,并把空间作为生产的"要素"纳入其中。资本家为了无限追逐剩余价值,获取高额垄断利润,就要寻求权力与政治的庇护,不断占有空间、控制空间,空间资本化与空间政治化逐渐走向融合。因此,"空间是政治性的。空间不是一个被意识形态或者政治扭曲了的科学的对象;它一直都是政治性的、战略性的"①。空间是一种完全充斥着意识形态的话语表达,具有明显的政治性。

空间性与政治性相互渗透,互为一体。空间生产本身隐含着政治行为和政治意义,政治性充斥着空间维度;空间又反作用于政治,空间问题是一个政治问题,空间正义的实现有赖于空间非正义性的减少和空间权利的实现。空间生产是资本主义战略实践的产物,现代国家战略性地组织起一种可量化的理性,这不仅使得经济增长成为可能,并使国家从这种增长中获得控制全球的力量。在国家生产方式的支配下,空间成为政治工具,空间的生产成为政治权力渗透和扩张的有效途径。日常生活也就变成新资本主义得以确立自身的"层面",空间生产的进程按照资本的节奏被规划。资本主义社会关系再生产的秘密就隐藏在日常生活中。列斐伏尔强调只有唤醒工人

---

① [法]亨利·列斐伏尔:《空间与政治》,李春译,上海人民出版社2015年版,第37页。

阶级的"权利"意识,通过"空间革命"才能实现政治正义诉求,因为"空间的革命暗含且扩大了革命的概念,后者被定义为生产工具拥有权的改变"①。当然,列斐伏尔所强调的"空间革命"并不是要推翻资本主义制度本身,他将实现空间正义的希望寄托于通过争取"都市权利""差异的权利"的实现来改造城市社会。

第三,福柯重点关注了空间与权力之间的运作关系,开启了一种"微观"空间政治学。如果说列斐伏尔将空间和社会的辩证关系作为重心,开启了一种"宏观"空间政治学,而福柯更多地将空间和个体的辩证关系作为讨论的重心,转向一种"微观"空间政治学,以此来把握空间的复杂性和不同空间的异质性特征。在福柯看来,空间从来都是政治性的,"空间是任何公共生活形式的基础。空间是任何权力运作的基础"②。当代社会中的权力并不直接现身,而是通过从惩罚到规训的空间演变,用一种类似"圆形监狱"的当代社会新型权力机制把整个社会变成一个"监视社会"。"我们不是置身于圆形竞技场中,也不是在舞台上,而是处于全景敞视机器中,受到其权力效应的干预。这是我们自己造成的,因为我们是其机制的一部分。"③权力正是通过意识形态的规训从而实现对人的全面控制和监视,而空间是任何权力的基础,是权力控制民众的统治技术,福柯称之为"全景敞视主义"。全景敞视主义是全景敞视建筑为代表的一种规训方案和规训意象。全景敞视建筑应该被看作一种普遍化的功能运作模式和权力关系方式。全景敞视主义的职能扩展到政治领域的所有层面,它也被广泛纳入教育、医疗、生产和惩罚等职能领域中。作为规训方案和规训意象的"全景敞视机构"遍布于整个社会,社会的各种机构、各种组织以各种不同形式采用各种手段监控、约束和束缚社会上的不同人群,从而达到对这些特定人群进行规训、教化和管理的目的。

哈维将福柯视为后结构主义尤其是解构主义的代表。空间成为政治统治与权力争夺的对象,空间的历史就是一部权力斗争的历史。福柯试图通过揭露和批判权力的空间构建过程中内在而微观的运行规律,揭示出空间

---

① 〔法〕亨利·列斐伏尔:《空间:社会产物与使用价值》,包亚明:《现代性与空间的生产》,上海教育出版社2003年版,第57页。

② 〔法〕米歇尔·福柯、保罗·雷比诺:《空间、知识、权力》,包亚明:《后现代性与地理学的政治》,上海教育出版社2001年版,第13～14页。

③ 〔法〕米歇尔·福柯:《规训与惩罚》,刘北成、杨远婴译,生活·读书·新知三联书店1999年版,第243页。

解放的可能性。在哈维看来,福柯颠覆了中心化和全球化的宏大叙事,将微观的身体提到了凸显的位置,把身体作为理解政治抵抗和解放政治学的基础与特殊重要场所,并从全球化、身体这两种看似截然不同的领域和话语体系中发掘并建立联系;将感觉和身体从绝对时空观中解放出来,并把身体作为解放策略的中心问题。可见,福柯完成了一项出色的工作,就是将马克思的观点普遍化,并赋予了它实质性的内容,即马克思关于"规训的资本主义"的时空逻辑观点的继续——在资本主义社会条件下,工人不得不被社会化并接受管理以接受资本主义的劳动过程。工人要成为一个社会生活中"'正常的'人,就需要接受对资本主义生产方式来说是便利的、一定类型的时空的纪律规训"[1]。

第四,哈维基于历史—地理唯物主义视角切入空间政治问题,深化了正义与权利、权力的辩证关系。

其一,哈维继承列斐伏尔有关"空间生产"的思路。他将空间看作生产力和生产资料,注重空间形态的变化与社会形态变化的联系,把空间作为阶级斗争的地形。与列斐伏尔着力构建一个没有瑕疵的理论方法、追求一种抽象的空间"权利"体系不同,哈维强调要把空间与具体的正义问题结合起来,为此,他从实践出发试图解决生活中的种种"不正义"难题。

其二,哈维吸收并扩展了福柯空间与权力思想。福柯关注到空间里隐藏着权力关系,空间是权力关系赖以存在的场所。福柯的独特贡献在于他能从全球化、身体这两种截然不同的领域和话语体系中发掘并建立二者的联系,从这个联系中关注微观身体是如何受制于宏观全球化的,进一步从"全球化"和"身体"的视角来探讨身体如何被规训、被约束的机制问题。但福柯对空间的理解显然是有局限的,因为福柯只把"空间"当作一种比喻意义来探讨,并且只讨论权力的地域逻辑,而完全没有涉及权力的资本逻辑。[2]

其三,哈维揭示了空间与地域、空间与权力关系的过程辩证法。资本主义条件下,空间生产的过程实际上是统治阶级通过经济活动不断拓展自己的统治权力进而统治社会的过程。空间是被资本有目的、有意图地生产出来的,这种目的和意图又成为各种权力竞技与博弈之处,正在权力不断地渗透下,通过各类空间实践将权力真实化、表象化。可见,空间是资本权力合

---

① [美]大卫·哈维:《跟大卫·哈维读〈资本论〉》第 1 卷,刘英译,上海译文出版社2014 年版,第 165 页。

② 张一兵、[美]大卫·哈维:《历史地理唯物主义与关系性存在论——张一兵与大卫·哈维的对话》,《南京大学学报(哲学·人文科学·社会科学)》2017 年第 1 期。

法化的工具,空间即权力。尤其在城市生产生活中体现得更为明显,如巴黎、巴尔的摩等城市以及圣心大教堂等建筑,其空间的位置、高度、大小甚至视线等都直接体现着统治阶级的权力。同时,权力也不断通过空间重组实现自身的重组,"在我们所看到的政治重组的形成过程中,不断变化的空间关系确实发挥了必不可少的作用。正如我们即将看到的那样,这正是权力的领土逻辑与权力的资本逻辑相互作用的关键点"①。在资本主义制度之下,权力的资本逻辑在很多方面与很大程度上控制着权力的领土逻辑的实现和实践;同时,在资本空间化过程中,资本与权利更加密切地相连,空间已成为社会权利的基础和实现的途径,由此也产生了所谓空间权益是否具有公平正义的问题。

二、空间政治的正义诉求

空间是进行政治安排及资源配置的重要维度,空间的政治化是政治在空间维度的投影。基于不同的空间地域,空间政治活动呈现出不同的内容和特点,对空间本身的政治安排,就是一个国家或地区的政治谋划、生存发展的一部分。空间的政治性与政治的空间性,既体现了空间的非价值中立性,又体现了政治与空间互为关联。政治涉及权力与权利、资源与分配问题、理想与现实,这就要联系到对于政治的正义维度的探讨与追求,实现空间正义是空间政治的价值取向和目标。从全球空间范围看,当前最大的空间政治正义问题,无疑是发达国家与落后国家之间高度分化的资源配置和政治竞争;从一个国家内部来看,最大的空间政治正义问题是城乡之间、区域之间的资源配置分化问题。哈维具有强烈的主体性反思、反教条式的独特视角以及斗争的乐观心态,试图以"时空辩证乌托邦"为理想实现某种政治建构,这种反思和批判,包括对某种现实理论或话语的修复、回应及挑战。

第一,空间正义体现为特定权力体系对空间秩序的建构。马克思主义强调,国家是阶级统治的工具,资本主义国家无非资本家利益的总代表。哈维也顺着这个思路揭示了国家的实质和运作机制,"国家作为一个政治实体,是阶级斗争和阶级形构的领域。它要能够运作,就必须迈向某种形式的民主治理(不论有多少偏见和局限)"②。在现代社会中,打着"自由、平等、博

---

① [英]大卫·哈维:《新帝国主义》,初立忠、沈晓雷译,社会科学文献出版社2009年版,第82页。

② [美]大卫·哈维:《新自由主义化的空间:迈向不均地理发展理论》,王志弘译,台北群学出版有限公司2008年版,第102页。

爱"口号登上历史舞台的资产阶级在与民众订立社会契约后,已经不可能完全依靠绝对惩罚权,随时用武力维持自身的统治地位。相反,资本家要想维持自身的统治地位,必须采用更加"民主"的治理方式,即将自己的武力转化为对公共财富和公共资源的占有能力,并用武力维持已经获得的财富。当然,这种治理方式仅仅是"形式"的治理手段,因为资产阶级民主治理的目的是确保"通过在强大国家权利框架内的竞争利益私有化产生共同财富"①,实现国家和资本对空间的统治权。

个体私有产权制度是资本主义国家存在的前提条件。由于国家拥有合法暴力的使用权和货币管理的垄断权,国家能以"正义"的面目出现。正义"与特定时间内调节和安排地方的物质社会实践之间的密切联系"②,资产阶级权力系统制造出其特定的时空组织模式和自己的空间象征、空间秩序,并成为维系资产阶级权力体系正常运转的基础。比如,当代资本主义通过现代技术手段打造出现代性的广告、景观公寓、消费设施等以激发人的消费欲望,从生产关系的再生产出发,促进了商品生产的新一轮高潮。同时又激发了消费者对资本主义空间秩序景观的膜拜,资本主义体系的正义性再一次内嵌于普通民众的感知框架和政治无意识之中。与此相对应,对特定权力体系反抗的重要方式就是通过"抵抗性空间"打破象征统治阶级政治权力的空间秩序安排。由此,"只有批判性重新探讨政治经济以及相对于资本积累的情境性,我们才有希望重新建立社会正义的观念,将之作为应该为之斗争的东西,将之作为在各个不同地方建立政治团结的道德规范的关键价值"③。社会正义是一系列建立在处于不断变迁之中的时空序列基础上的"情境或理念",它本身体现的是一种"差异地理学"。

第二,空间正义与"乌托邦"理想紧密相连。乌托邦本质上是积极的,这源自对现实的变革与批判要求,乌托邦的构想和运动都试图构建起一个公平正义的社会。实际上,马克思继承并创造性推进了启蒙传统,将人从束缚人并导致人的异化处境的关系即资本主义制度中解放出来,进而建构科学社会主义的乌托邦,即"自由人联合体"。人类的发展不光是在于物质的积

① [美]大卫·哈维:《叛逆的城市:从城市权利到城市革命》,叶齐茂、倪晓晖译,商务印书馆2014年版,第76页。

② [美]戴维·哈维:《正义、自然和差异地理学》,胡大平译,上海人民出版社2015年版,第380页。

③ [美]戴维·哈维:《正义、自然和差异地理学》,胡大平译,上海人民出版社2015年版,第415页。

累,更为重要的是人自身的发展,是人的能力和社会潜力(艺术、科学等)的创造,从而促成整个人类的发展。社会革命的终点是形成一个自由人的联合体,在那里,一切人自由发展以每个人的自由发展为前提条件。

现代社会所谓"乌托邦"的终结不是结束,而是蕴含着新的希望和可能。哈维之所以把乌托邦作为空间正义理论的重要主题,在于乌托邦联结着人类对于社会空间替代性方案的积极探索。在当下这样高唱"意识形态的终结"和"历史的终结"的反乌托邦时代,复兴乌托邦传统的努力,不仅需要一种理论洞见,更有赖于对当代人类空间生存困境的深刻反思。

哈维把传统乌托邦思想分为空间形态的乌托邦和社会过程的乌托邦两种类型。在莫尔、欧文、傅里叶等空想社会主义思想家那里,"所有这些乌托邦形态都可以描述为'空间形态的乌托邦',因为社会过程的暂时性、社会变革的辩证法——真正的历史——都被排除了,同时社会稳定又是由一种固定的空间形态来保证的"①。其共同点是把乌托邦归结为一种忽视时间维度、以封闭性为特征,进而把时间与空间、同质性与多样性、确定性与偶然性等因素绝对对立起来,从而陷入独裁主义、极权主义的结局中。相反,社会过程的乌托邦通常以纯时间术语表达,空间和地点的特性完全被忽视了。乌托邦规划在亚当·斯密、黑格尔等古典自由主义那里体现为把自由放任、自由贸易和自由市场看作实现普遍繁荣的基础与前提;在新自由主义那里,则是把私人的欲望、责任、进取心、私有化、自由化、自由贸易看作实现普遍繁荣的核心条件。② 社会过程乌托邦的结果造成了不平衡地理发展和资本主义"创造性破坏"的地理景观。

无论空间形态的还是社会过程的乌托邦理想都存在着难以克服的局限性,它们对时间和空间各执一端。而要超越和克服这两种乌托邦理想的缺陷,必须依靠"时空统一"的辩证空间乌托邦(dialectical spatial utopianism),从而为未来理想社会的替代性方案提供理论基础。"我所追求的辩证乌托邦理想需要一个长期且持久的历史地理革命视角。把变革的政治实践作为辩证的和时空的乌托邦理想之显现,这是有益的。但是除非我们理解社会行动不同区域中的行为和思想是如何发生联系、如何结合,又如何彼此消融

---

① [美]大卫·哈维:《希望的空间》,胡大平译,南京大学出版社 2006 年版,第156 页。

② 王雨辰:《历史唯物主义的空间化与差异政治学的重构——哈维〈希望的空间〉的解放政治学》,《社会科学辑刊》2018 年第 2 期。

从而创造进化的社会行动总体性,否则它不会如此。"①哈维把乌托邦问题具体化为城市问题,希望恢复和开启乌托邦的积极意义,实现空间的解放和人的自由。由此,打开了对未来世界多种可能性方案的积极探寻。

第三,空间正义需通过特定的"位置"来建构社会秩序,进而关注政治有效的行动策略。人类与空间的原初关联,乃是"空间定位",即确定自己的具体环境中的具体位置。空间定位属于有机体的生存本能,不过人类不同于一般有机体的地方就在于他拥有显著的实践能力和理性思考能力,因此能够在空间定位的过程中逐步形成比较明确的关于位置的空间意识,并通过语言等各种符号形式表达出来,形成空间认知及图景。基于位置的空间意识理念,当代著名西方马克思主义批判家詹姆逊透过后现代主义文化深入剖析后现代空间结构,提出了著名的"认知图绘"思想——人们由于普遍迷失在后现代的"超级空间"当中而茫然失措,从而失去了自我定位和认识的能力,这就需要"超级空间"的主体对自身处在外部世界中的"位置"重新测绘。而正义作为一种有效的社会调节机制,谋求的正是合理与正当的"定位"。②詹姆逊的后现代空间理论展现了把马克思主义的分析传统与现代地理学分析二者相结合并推向后现代舞台的空间理论趋势,这也影响了地理学出身的哈维。

哈维从马克思主义立场出发来定位如何凝聚一切反资本主义力量,从而提出构建空间正义的社会理想。所有政治行动都必须以某种方式面对地域性和社区的议题,空间正义的诉求往往与特定的位置紧密相关,我们正是通过特定的"位置"来建构社会秩序。位置这个词承载着许多意义,既具有地点、场所、情境、地域等地方的一般特性,又包含城市、乡村、集镇、都市、国家等某类特殊地方,还包含家族、社区和民族以及广泛的比喻性意义。我们正是通过将人、事件和事物置于"适当"的位置才得以表达某种社会秩序,而空间为集体思维和社会行为提供了一个规范的系统,通过它我们可以"定位"自身。"构建任何种类的知识,'绘制空间'的话语行为都是先决条件。离开对情境、区位和位置在其中发生的空间的绘制,任何有关'情境性'、'区位'和'位置性'的谈论都是无意义的。"③虽然世界及其整体外观确实是不可

---

① [美]大卫·哈维:《希望的空间》,胡大平译,南京大学出版社 2006 年版,第 246~247 页。

② 李春敏:《大卫·哈维的空间正义思想》,《哲学动态》2012 年第 4 期。

③ [美]戴维·哈维:《正义、自然和差异地理学》,胡大平译,上海人民出版社 2015 年版,第 129 页。

再现的,但是人们生活的真实世界仍然可以被描绘出来,人们可以获得关于真实世界的各种知识进而改变现实世界的相应的、有效的行动策略。

总之,在全球资本话语情境中,"地方"已成为资本主义发展的工具性存在,并被改造成符合资本主义空间生产的地缘性空间。正义作为一种有效的社会调节机制谋求的正是合理与正当的"定位"。在全球化的今天,地方应找到自己合适的"位置",在保有地方的开放性和多元性的同时,自觉反抗资本主义对于地方的新型物质和社会实践改造,以免地方完全沦为资本话语的附属。

第四章
哈维对资本主义空间生产非正义性的批判

哈维以空间正义为理论支点揭示了资本主义空间生产的非正义性表现、后果,空间生产的资本主义矛盾及其化解。哈维从历史唯物主义视野出发,批判了根植于城市空间、全球空间、生态空间的生产过程的非正义性,虽然空间的生产与再生产在一定程度上缓解了资本主义的众多矛盾,但在资本支配下的空间生产必然导致"空间资本化""空间殖民化""空间非人性化"趋势。基于马克思主义矛盾分析方法,哈维进一步剖析了资本空间生产的内在矛盾,主要包括人与自然的矛盾、劳动与资本的矛盾以及资本积累的时空矛盾,正是这些矛盾的相互作用和辩证运动推动了资本主义空间变化发展。现代无产阶级在寻求对资产阶级的革命当中,必然蕴含着空间革命的方式。

第一节 资本主义空间生产
非正义性的表现

基于过程的空间正义不是抽象的理论建构,而是能动地介入当代空间生产的现实,展开对根植于空间生产过程的非正义性的批判。城市化是资本空间化的必然趋势和资本积累的重要"场所",理解与把握城市化也便成为解剖与矫正社会不平等的关键;全球化是资本主义世界性扩张的空间策略,与资本无限积累的本性具有一致性;空间生产把技术理性法则推进到全球的每一个角落,导致了大量非生态化现象产生,不仅损害了自然,而且损害人类本身。

一、城市空间生产中的非正义性

什么是城市,不同学者从不同学科背景视角出发,莫衷一是,长期争论不休。最早可以追溯到亚里士多德时代。城市被看作一种理想追求,通过将人的本质与城市的本质结合在一起从而帮助人实践善业。近代,随着大规模工业化的推进和城市的快速发展,关于城市的概念也更为成熟。第一代英国新左派思想家、"文化唯物主义"代表雷蒙·威廉斯(Raymond Henry Williams)将城市视为与农村相对的概念,认为城市是资本,是非常大的城镇、一种独特的文明形式。美国著名城市学家、芝加哥学派代表人路易斯·沃斯(Louis Wirth)认为,城市是"一个规模较大、人口密集的异质个体的永久定居场所"①。美国著名的城市理论家刘易斯·芒福德(Lewis Mumford)从多个层面阐述了城市的起源、本质。他指出,城市起源于人类具有定居的本能,同时城市在形成中通过建造有象征意义的建筑来彰显城市意义,故而城市在形成之初往往是政治与宗教中心。"城市——诚如人们从历史上所观察到的那样——就是人类社会权力和历史文化所形成的一种最大限度的汇聚体。"②芒福德不仅关注城市的经济属性,更深入城市的社会属性及其制度层面和文化层面,把城市当作人类聚集地,是人类物质世界、精神世界所在地。实际上,伴随着近代工业化大生产的蓬勃发展并由此催生出一批资本主义工商业城市,也促使马克思恩格斯深入研究城市发展过程、功能演变和本质特征,并对资本主义城市问题予以批判。马克思恩格斯的著作本身业已隐含着被遮蔽的、被历史视域所淹没的城市思想,需要对此加以清理、揭示、发挥和系统化。

(一)马克思恩格斯的城市思想

虽然,马克思恩格斯没有就城市问题进行系统的深入研究,但他们一生主要生活在当时欧洲发达的大城市,他们的许多著作都对资本主义生产方式与城市现象作了精辟的论述和总结。他们对城市问题的研究广泛地分布于《英国工人阶级状况》(1844—1845)、《德意志意识形态》(1845—1846)、《哲学的贫困》(1847)、《共产党宣言》(1847—1848)、《政治经济学批判》(1857—1859)、《论住宅问题》(1872—1873)、《反杜林论》(1876—1878)、《资本论》(1867—1894)、《家庭、私有制和国家的起源》(1884)等一系列经典著作之中。概而言之,马克思恩格斯城市思想蕴含着以下三个方面内涵:

---

① [美]路易斯·沃斯:《作为一种生活方式的都市生活》,孙逊、杨剑龙:《阅读城市:作为一种生活方式的都市生活》,上海三联书店 2007 年版,第 7 页。

② [美]刘易斯·芒福德:《城市文化》,宋俊岭、李翔宁等译,中国建筑工业出版社 2009 年版,第 1 页。

第一,城市的形成和发展是生产力发展与社会分工的结果。城市的发展与生产力的发展相一致,是社会发展到一定阶段而出现的人群聚落,是人通过实践活动创造的物质空间、社会空间和精神空间的总和。在《德意志意识形态》中,马克思表示,各民族之间的相互关系取决于每一个民族的生产力、分工和内部交往的发展程度,"一个民族内部的分工,首先引起工商业劳动同农业劳动的分离,从而也引起城乡的分离和城乡利益的对立。分工的进一步发展导致商业劳动同工业劳动的分离。同时,由于这些不同部门内部的分工,共同从事某种劳动的个人之间又形成不同的分工"①。人类历史上先后出现了三次社会大分工:第一次社会分工发生在原始社会晚期,随着生产力的发展促使农业与畜牧业相分离,人类开始聚居,并出现了早期的农耕生活,这为生产工具广泛使用和经常性交换创造了条件;由于人们活动范围扩大,一些生产活动必须分别由专人来承担,由此促使手工业逐渐与农业分离,形成了独立的手工业生产部门,即人类历史上第二次社会大分工,这大大促使生产工具改进,使生产力得以进一步提升;当农业和手工业分工发展之后,社会上更出现了一批不从事生产而专门从事商品交换业务的中间人即"商人",由此也形成了专门从事商品交换业务的部门即"商业",商人的出现标志着人类历史上的第三次社会大分工。正是凭借着生产力的发展和三次社会大分工,城市开始登上历史舞台,几个部落通过契约或征服联合为一个城市,城市文明也开始得以传播。

现代城市产生于资本主义生产方式之中。城市是建立资本主义生产方式的初始场所,城市文明的发展也正是资本主义生产方式趋向成熟的重要标志。特别是近代工业革命的兴起,技术的进步进一步解放了劳动力,促进大量的乡村人口涌入工业生产地,随即市场和政府职能部门也发展壮大,这些都极大地推动了新兴工业城市的快速形成和发展。机械化的大生产、分工的细化、大规模人口的聚集,促使着象征政治性的"城"与代表着经济性的"市"更紧密地结合起来,催生了现代化的大都市,这也让资本主义获得了更广阔的发展空间。马克思恩格斯肯定了城市发展的进步意义,认为城市是人类文明聚集地,城市发展可以为人们提供更好的生活和创造更多的财富。但他们又明确指出,当资本主义城市规模越来越大时,城市和乡村之间的对立会越来越显著,人与自然的关系会越来越紧张。

第二,对资本主义生产方式的批判聚焦于城市问题的批判。伴随着资

---

① 《马克思恩格斯选集》第1卷,人民出版社2012年版,第147~148页。

本主义生产空间的拓展,工业也逐渐成为经济发展的主导,城市与乡村的不平衡加剧,城市问题应运而生。城市问题集中展示了资本主义城市与住宅问题、阶级对立与工人运动、城乡关系问题等弊端。资本家要获取更高的剩余价值就必须改造城市街道、增加工业和商业用房以及拆除适宜劳动者居住的住宅区,从而土地也就沦为实现资本积累的工具,住宅沦为商品并导致日益短缺。比如,恩格斯在《论住宅问题》中指出,许多乡村普通农民和小资产阶级,在"等价交换"的名义下,让渡了自己的土地和住宅并最终成为受资本家剥削的无产阶级劳动者;他们为了寻找合适的栖身之所,又不得不让渡自己的工资收入,租住条件较差、空间狭窄的城市住宅,这又为资产阶级房产投机商利用租金和房产价格差异进行二次剥削提供了基础。① 城市的繁荣建立在劳动者权利被践踏的基础上,劳动者生活状况日渐恶劣的同时还将进一步加深阶级之间的冷漠感。工人的居住区则被分区和隔离,并处于城市边缘地带,在那里聚集着成千上万的工人,街道和居所肮脏不堪,由此疾病和瘟疫蔓延开来。面对城市中日渐严酷的生活环境,无产阶级必然通过反抗来换取自己生存的条件,由此,城市也就成了工人运动的主战场。

第三,通过未来理想城市的设想深化城市本质的内涵。在资本的主导下,现代城市既是大规模资源集聚地和社会交往的场所,又是矛盾集中和加剧的地方。资本主义生产方式从根本上确立了资产阶级在城市经济的统治地位,但在资本积累的作用下造成了无产阶级生活的窘境,这也让无产阶级更快地在城市联合在一起,形成了资产阶级和无产阶级在城市地区的集中以及直接对抗,表现为"城市运动"和"城市革命"的爆发。实际上自阶级出现以后,任何革命都离不开对城市这一政治经济中心占有权的争夺。

马克思恩格斯认为城市的形成与发展是人类社会本身发展的需要,无论城市如何发展变化,城市的本质属性是固定的。其一,人是城市的主体。城市本质上是人与人之间关系的体现,是社会关系的总和,城市是人的城市,城市要满足人的需要。实现人的全面发展是城市发展的价值旨归,在物质条件相对有所保证的基础上,一定的科学知识、道德文化以及市民精神上的愉悦、享受或幸福感的提升应是人们对未来理想城市的追求。其二,城市的发展要正确处理人与自然之间的关系。城市的出现是人对自然进行改造的结果,只有实现城市与自然环境的和谐发展,才有可能实现人类本身永续发展。其三,城乡和谐发展是历史趋势。虽然资本主义城市的发展具有不

---

① 《马克思恩格斯选集》第3卷,人民出版社2012年版,第223~224页。

可否认的消极方面,造成城乡分离与冲突,但马克思恩格斯又乐观地指出,城乡分离的过程实质上是生产力发展到一定阶段的结果,随着生产力的进一步发展和无产阶级斗争意识提高,未来社会一定会进入城乡融合发展的新阶段。"因此,城市和乡村的对立的消灭不仅是可能的,而且已经成为工业生产本身的直接需要,同样也已经成为农业生产和公共卫生事业的需要。"①而要实现这一理想,根本的还是要大力发展生产力,改变城乡差别过大的现状,实现城乡的融合、协调发展。

从空间意蕴上看,马克思恩格斯站在无产阶级立场上对城市空间非正义状况做了细致的考察,阐述了丰富的城市空间正义思想。马克思恩格斯揭示了城乡二元对立、城市工人生活和工作等空间极度恶化、空间隔离和空间等级化、"中心—边缘"不平衡发展等非正义现象;空间的不正义体现为资本利益最大化的原则和个体基本生存权利的矛盾,而空间正义则通过经济和政治斗争,将个体应有的生存权利转化为实际拥有的生存权利的过程;空间不正义的根源在于资本主义制度本身,要消灭现存社会的不公正状况,单靠纯粹的理论批判和道德谴责是不可行的,必须通过共产主义革命消灭资本主义制度本身方能彻底解决。

(二)哈维对马克思恩格斯城市思想的继承和发展

马克思恩格斯的城市思想被法国马克思主义城市理论家列斐伏尔所继承,最终为大卫·哈维所发扬光大。列斐伏尔对资本主义空间生产进行了系统批判,并强调要以争夺城市权作为实现空间正义的主要方式。但是,随着第二次世界大战后欧洲凯恩斯主义思潮占据优势和福利社会主义思潮产生巨大影响,空间权利的分配主体已经从处于自由竞争状态中的商业—金融资本,转化为政府这个国家资本代理人。表面上看,通过公共住宅工程的修建,工人的住宅条件提高了,生存权利得到了保障,但是资本利益最大化对空间正义的影响,反而变得更加巨大,例如把城市划分为市区和郊区、工业区和消费区,而根据生活、治安、教育资源的不均等分配又可进一步区分为"优质"和"劣质"城区,资本的逐利冲动最终使居住在城市中的现代无产阶级更加贫困化。无疑,以列斐伏尔为代表的马克思主义空间学派,在"重新发现"和"重新设计"基础之上"回到马克思",开启并实现了城市研究的马克思主义空间化改造,延续了传统马克思主义将资本积累和阶级斗争作为

---

① 《马克思恩格斯选集》第 3 卷,人民出版社 2012 年版,第 684 页。

中心议题的研究方法,重新焕发了马克思主义内部有关城市对话的活力。

哈维延续这一传统,立足于对资本积累的批判,围绕资本积累与阶级斗争展开探寻资本主义城市发展的"替代方案",在无限开放的城市空间中实现了马克思主义的解放议程。争取城市权利和开展城市革命是实现空间正义的必由之路,也是改变种种城市问题的必然选择。

第一,对城市问题的研究开启了马克思主义批判学说的"全新范式"。哈维延续列斐伏尔的思考,他从《资本论》这一经典作品出发,把城市看作经过修订后的资本主义现代生产规律最后的落脚点。在《社会正义与城市》中,哈维借用了科学史学家托马斯·塞缪尔·库恩(Thomas Sammual Kuhn)的范式概念,将范式理解为关于科学发展的世界观和方法论,是常规科学所赖以运作的理论基础和实践规范,是从事某一科学的研究者群体所共同遵循的行为模式。城市是现代化的重要载体,哈维将城市研究看作马克思主义批判学说的一个"全新范式",肯定了城市在现代社会中的重要作用。这并不意味着哈维对现代资本主义制度伤害下的被剥夺阶层无动于衷。相反,他试图以马克思主义的方式论证当代资本主义的城市规划方式无法实现这些被剥夺阶级的基本权利,原因在于资本主义体系不仅仅剥夺了他们所拥有的基本生活资料,还在于这一制度剥夺了他们反抗资本利益最大化的权利和能力。[1] 尽管对城市问题略有研究的分析者都提出,贫民区问题事关重大,需要下大力气解决,却鲜有分析者去质疑资本主义经济系统运行背后的力量,而是就住房问题谈问题,这是不可能有任何结果的。"市场机制是导致肮脏混乱城市面貌的元凶"[2],过度依赖市场机制必然导致无法为低收入人群提供良好的住房条件,所有只针对住房问题的公共政策是不可能从根本上解决问题的,仅仅是转移问题而已。

城市化是吸收过剩资本的重要途径之一,城市成为永无止境消化过度资本积累的受害者。肆虐的资本主义已经摧毁了传统的城市功能,不顾社会、环境和政治后果,过度积累的资本推动着城市的野蛮增长。资本主义城市是资本主义建构形式和物质扩张的形态,是一种特殊的"人化"空间构型,城市空间的扩张必须服从于资本积累的需要,在城市"繁荣"和"文明"的背后汇集了众多矛盾和冲突的特殊区域。我们的政治任务就是构思和重建一种完全不同的城市,它应该避免被资本裹挟,不再重蹈当下全球化和城市化

---

① 上官燕:《空间正义与城市规划》,中国社会科学出版社 2017 年版,第 81~82 页。
② [美]大卫·哈维:《世界的逻辑》,周大昕译,中信出版社 2017 年版,第 28 页。

资本横行所造成的可怕的困境。这就需要我们创造一场旨在改变城市日常生活的、充满活力的反资本主义运动。

第二,城市化与空间化是内在统一的,理解与把握城市化是解剖与矫正社会不平等的关键。资本主义城市空间是一个由众多不同元素所构成的复杂人工环境,是人为创造的"第二自然"空间。在资本主义条件下,城市空间是由资本所塑造的,因而它必然受资本的控制,必然遵循资本积累的法则。从某种程度上说,当今城市化的研究就是资本积累的研究,城市化的过程既涉及资本主义生产流通的物质生产,又关乎劳动力的转移、商品和金融资本的流通、生产的空间组织和空间关系的变换,以及阶级矛盾和阶级冲突等内容。"为生产而生产""为积累而积累"是资本主义城市空间的基本法则。城市化和空间的生产是交织在一起的①,资本的空间化必然走向资本的城市化。在资本主义制度下的城市化进程中,空间上的不公平的再分配往往有利于富人和政治上有权势的人,正常的城市运作所导致的结果就是富人越富、穷人越穷。

这种不公平的分配根源于生产的资本主义社会关系,根植于资本主义阶段所建构的地理环境。固有的非正义进程必然导致非正义的结果。在《叛逆的城市》一书中,哈维直言资本主义空间的巨大"不平衡"性,一边是巨大的购物中心、科技园、机场、娱乐城、高尔夫球场,而另一边是拥挤的贫民窟。有钱人意味着在城市里能够自由生活,是真正的"自由人",而没钱的人则天天饱受疾病、贫穷,甚至还有犯罪分子的侵扰。可以说,城市里的美好生活是有钱人的专属商品。理想的城市是怎么样的? 如何实现? 我们的城市是通过想象和建设成的,那么它就可以重新被想象和建设,城市权不可剥夺,我们值得为之战斗。 由此,我们要从今天的时代背景出发,重新理解阶级的概念和革命方式,积极开拓反资本主义斗争的城市社会运动,以获取城市劳动者应有的城市权利,实现"空间正义"。

第三,革命必然是城市的,否则就不会有革命。城市权利是一种对城市化过程、对建设城市和改造城市方式具有某种控制权的诉求。实现这种对城市的控制权需要采用一种根本的和激进的方式。这个集体的权利,既是一个口号,也是一种政治理想,它把我们重新带回到一个很古老的问题上——由谁来控制城市和剩余生产之间的内在联系和使用? 真正的问题不

---

① [美]大卫·哈维:《列菲弗尔与〈空间的生产〉》,黄晓武译,《国外理论动态》2006年第1期。

是共享资源本身,而是在那些以各种规模创造出共享资源的人们和那些为了个人利益占有共享资源的人们之间的关系上。

因此,所有创造城市的人都应享有自己的城市权,革命者总是要为夺取城市而斗争。城市权与资产阶级所主张的自由、民主、人权是根本对立的,以私有财产权、自由市场和自由交易为保障的自由、民主、人权,实际上已变为资产阶级可以自由地去剥削他人的劳动力、剥夺普通人的资产以及为了个人和阶级利益而掠夺环境。如何保障公民的城市权呢?哈维认为,在当今资本强大力量支配下,在没有其他更优办法的时候,公共空间中的人的集体力量依然是最有效的对抗手段。比如"占领华尔街"运动显示,这些走上街头和广场的人才真正有作用,而不是"推特"和"脸书"上发泄情绪的那些人。美国的这场"占领华尔街"运动的目标很简单,它只是说,占城市人口多数的人决定从目前控制美国的货币权力手中夺回自己的城市、国家,进一步证明富人将不是天生的统治者和财富拥有者。

二、全球空间生产中的非正义性

在全球化时代人类社会生活开始摆脱地域性的界限,真正卷入一个复杂的全球性机制,民族国家的经济、文化边界也就变得模糊不清了。如何认识全球空间生产及其正义问题,哈维强调要基于马克思的世界历史理论,"采纳这个以过程为基础的视角,会使我们在一开始就聚焦于全球化如何已经并且正在发生"①。

(一)马克思恩格斯世界历史理论

在没有形成"全球化"这一普遍词语前,马克思恩格斯就已经站在世界的高度关注了人类历史发展的关联现象,表达了他们对全球社会变革状况的探索。马克思恩格斯从分析资本主义生产方式的本质出发,提出世界历史理论。

第一,世界历史在资本主义生产方式作用下产生。伴随着新航线的开辟和地理大发现,人们的视野和全球空间意识大大拓宽。"各个相互影响的活动范围在这个发展进程中越是扩大,各民族的原始封闭状态由于日益完善的生产方式、交往以及因交往而自然形成的不同民族之间的分工消灭得

---

① [美]大卫·哈维:《希望的空间》,胡大平译,南京大学出版社2006年版,第53页。

越是彻底,历史也就越是成为世界历史。"①世界历史是社会生产力发展的必然结果,生产力的发展促进社会分工与交往,而社会分工的出现,尤其世界历史出现后的国际分工,又推动了生产力的巨大发展。由于地理上的大发现而产生了商人资本发展的大变革,突破了资本仅仅依靠国内有限的原始积累空间,促进了资本主义生产方式发展。"随着美洲和通往东印度的航线的发现,交往扩大了,工场手工业和整个生产运动有了巨大的发展。"②可见,资本因素是世界历史形成的根本动力。

第二,世界历史的开创意味着经济全球化的形成。在逐利的推动下,资产阶级奔走于全球寻求原材料资源和销售路径,世界市场的建立将各个国家的生产和消费都赋予了世界性。正是资本主义的全球性扩展,人类才打破民族的、地域性狭隘界限,实现了全球范围内各民族与各国家之间的普遍交往,推动历史发展向世界历史转变。虽然马克思恩格斯没有提出"全球化""经济全球化"这些现代性的术语,但却用了"世界市场""世界交往""国际贸易""国际分工"等具有经济全球化意蕴的术语,阐发了"世界历史"理论,并通过社会基本矛盾理论对资本主义空间扩张原因和世界历史发展规律的分析,揭示经济全球化形成的根源与经济全球化发展的规律。因此,世界历史的开创意味着经济全球化的形成,反之,经济全球化的形成也昭示着世界历史的开创。

第三,世界历史终极目标是实现人的自由全面的发展。虽然资本主义开创了真正的世界历史的进程,但资本主义无法克服其固有的内在矛盾,随着社会生产的发展,世界历史必然要突破资本主义的束缚,创造出埋葬资本主义制度的无产阶级新人,最终迈向理想的社会形态即共产主义社会。"只有在共同体中,个人才能获得全面发展其才能的手段,也就是说,只有在共同体中才可能有个人自由。"③共产主义不仅创造了人类发展的巨大物质财富,而且也为人的精神解放提供了广阔空间。历史越是向世界历史拓展,个人也就越能够获得更大程度的解放。"代替那存在着阶级和阶级对立的资产阶级旧社会的,将是这样一个联合体,在那里,每个人的自由发展是一切人的自由发展的条件。"④"自由人的联合体"是作为世界历史背景下人的发

---

① 《马克思恩格斯选集》第 1 卷,人民出版社 2012 年版,第 168 页。
② 《马克思恩格斯选集》第 1 卷,人民出版社 2012 年版,第 190 页。
③ 《马克思恩格斯选集》第 1 卷,人民出版社 2012 年版,第 199 页。
④ 《马克思恩格斯选集》第 1 卷,人民出版社 2012 年版,第 422 页。

展目标,世界历史的发展最终还要落脚到人的自由而全面的发展。

(二)哈维对全球资本主义空间的批判

全球化可以理解为全球跨时空的依存联系以及社会意识交融的过程和结果,包括全球性的物质交往活动和精神交融。在对全球化的形成过程的理论探讨中,哈维研究了全球资本主义空间发展状况,对全球空间生产的资本积累方式及其政治经济实践进行了深刻的阐释和批判。

第一,全球化是资本解决过度积累危机的策略。为什么资本主义面临多次危机和重组,在西方左翼思想家多次预言其即将终结的情况下,还能持续发展?哈维试图回答这一问题。资本不断追逐利润最大化的本性带来资本的过度积累危机,由此,资本主义必然采取"空间修复"策略以缓解资本和劳动的冲突,即"通过在别处开发新的市场,以新的生产能力和新的资源、社会和劳动可能性来进行空间转移"①。由此,资本不断向全球空间扩张,也开启了全球空间生产积累模式,推动了全球化的进一步深化和扩张。全球空间生产活动大大缓解了资本过度积累危机,但又造就出了一个不平衡发展的全球空间结构体系。在资本积累动力的推动下,不同地理空间的巨大利润差异使得资本在全球范围内进行激烈的竞争,造成全球空间不断重组、劳动的分工和生产体系的分裂。同时,资本扩张的本性必然要破除一切空间障碍,使资本能够顺畅地在全球流动从而实现全球"空间规模的生产",造成不平衡地理发展。"不平衡地理发展"是一把双刃剑,资本主义利用"地理差异"从而获得了有利于自身的发展,同时,它又为自身进一步发展设置了障碍。

资本主义试图解决过度积累危机的策略加剧了空间矛盾。资本全球扩张的过程就是不断克服地理差异及空间矛盾的过程,随着空间障碍不断消除,资本对空间内部的多样性就愈加敏感,空间的不平衡性、不稳定性增强,由此全球资本流动高度一体化情形下极易引发世界性经济危机,但资本主义试图通过空间转移来解决经济危机的方式不可能成功,因为"金融危机可能是由资本冲击、资本逃逸或金融投机引起的,或者,金融危机是精心设计出来协助掠夺性积累的";"金融危机既是地方性的,也是蔓延性的"②,发展

---

① [英]大卫·哈维:《新帝国主义》,初立忠、沈小雷译,社会科学文献出版社 2009年版,第 89 页。

② [美]大卫·哈维:《新自由主义简史》,王钦译,上海译文出版社 2016 年版,第120、97 页。

中国家往往沦为发达国家转嫁危机的场所。同时,资本全球化的拓展必然加剧全球劳动分工空间布局的二元化趋势,使广大发展中国家沦为满足国际市场需要的制造业孤岛,为发达国家提供廉价的劳动力和工业生产基地,甚至一些发达国家迫于国内环境压力,把大量有毒有害废料处理厂转移到广大发展中国家,造成发展中国家生态环境的巨大破坏,由此加剧了南北差距和新的全球不平等。

第二,新自由主义加强了世界不平衡地理发展进程。伴随着20世纪80年代以国际垄断资本为主导的新一轮全球化运动的兴起,宣扬市场、贸易和个人自由的新自由主义也开始勃兴。新自由主义成为当代资本主义的主流意识形态,国际垄断资本凭借新自由主义全球化建立起新的全球秩序。在新自由主义看来,市场是决定和解决所有问题的唯一力量,市场的开放程度和资本自由流动的速度决定资本积累率。实际上,马克思从根本上反对将资产阶级的自由和公正的概念普遍化的任何企图,这种企图只是资产阶级为规模日益扩大的资本主义生产提供一种社会必需的、合法的意识形态和制度层面的掩盖而已,任何所谓自由、权利和公正都是特定阶级的范畴。"自由主义理论是以个人权利和自由为基础建立的。从洛克到哈耶克再到以后的学者,所有自由主义和新自由主义的思想都坚信,对这种个人权利和自由的最好的捍卫,是以私有产权和资产阶级独立的规则、相互的和公正的个人主义为基础建立的市场体系。"①

新自由主义主要目标就是保护资产阶级所固有的权力,而并非它所标榜的追求全人类的自由和幸福。资产阶级极力推进以新自由主义为主导的全球化,标榜着自由、平等、正义,推进市场完全竞争自由,但对于广大连生存都成问题的发展中国家和边缘性群体来说,自由和正义仍是一种奢谈,他们所承受的只能是任由资本家们以"自由""正义"为名而强加的暴力性压榨。新自由主义的规划是以日益增长的财富积累和资本家阶级中的上流集团对剩余价值越来越多的占有为方向的。"降低工资水平,并通过技术变化来取代工人,从而造成失业,集中资本力量,打击工人组织,同时干扰市场中的供求关系(正如我们已经看到的,当资本在市场的两个方面都起作用时),通过外包和进出口将全世界所有潜在形式的过剩人口都调动起来,并尽可

---

① [美]大卫·哈维:《跟大卫·哈维读〈资本论〉》第1卷,刘英译,上海译文出版社2014年版,第109页。

能地压缩福利水平。这就是新自由主义'全球化'的真正含义。"①

第三,新帝国主义的实质就是"剥夺性积累"。新自由主义的发展推动了新帝国主义的形成。"新帝国主义"之"新"在于从资本积累的时空修复机制来探讨全球化时代帝国主义实践所发生的新变化,表现为政治和经济关系的矛盾统一,权力的领土逻辑与资本逻辑的辩证统一。哈维通过对当代资本积累方式特点的分析,提出新帝国主义的实质就是"剥夺性积累"。他认为,虽然现在积累是在"和平、财产与平等"的条件之下的扩大再生产,但事实上,马克思所提出的原始积累的所有特征仍然强有力地存在着,并在资本主义走向帝国主义的进程中仍是一种重要的、持续起作用的力量。由此,哈维创造性地提出了"剥夺性积累"的概念,即通过剥夺和侵略来进行资本积累。全球化背景下,资本主义为了克服资本过度积累的压力,必然走向对外扩张,寻求对本国之外的国家和地区进行投资,创造廉价原材料和劳动力市场,或者运用"税收""法律"等方式将公共资产从国家或大众手中转移到私人资本家手中,体现为一种更为"文明"的剥削和掠夺无产阶级的手段。新帝国主义的"剥夺性积累"与新自由主义的全球化互为关联,主要以经济手段为主,综合运用政治打压、文化渗透、军事暴力等手段。它主要不是通过生产而是通过再分配的方式来获取超额利润,如私有化、金融化、自由贸易和开放资本市场、危机管理、国家的再分配等方式。

实际上,"全球化"已逐渐演变成了"全球不平等",资本主义在全球生产着剥削、贫穷和非正义。当今主导的国际政治经济秩序是发达资本主义国家利用空间生产和空间控制手段为资本家获取更大的利润服务的,由此,导致了权力、财富、自由、机会等在新的条件下更加不公正。这种国际政治经济秩序其实是以合法化的形式试图掩饰空间扩张产生的严重不平等问题。总之,资本全球化本身就是一个空间发展不平衡的过程,我们对空间正义的研究必须聚焦于当下全球空间结构的这种"具体历史性"。但从马克思辩证法来看,这种空间"不平衡发展"本身又打开了在全球规模上通往进步和普遍化的政治话语的道路,这也正是马克思主义者需要加以研究的核心要旨。

三、生态空间生产中的非正义性

马克思恩格斯虽未有专门就生态问题进行系统论述,但其著作中所阐

---

① [美]大卫·哈维:《跟大卫·哈维读〈资本论〉》第 1 卷,刘英译,上海译文出版社 2014 年版,第 309 页。

述的丰富的生态思想在很大程度上超越了时代局限。哈维立足于马克思主义的基本立场,继承了马克思恩格斯生态空间思想,把空间嵌入生态批判的场域,开拓了资本主义生态批判的空间维度。

(一)马克思恩格斯生态空间思想

生态空间是以实践活动为现实基础的自然空间,是人化的自然界,表现为人与人化自然的关系。马克思恩格斯对自然的理解,包含着生态空间的思想。其基本论域包括:立论基础是人与自然的辩证统一,核心问题是对资本逻辑的批判,目标指向是人与自然矛盾的"和解"。

第一,人与自然、人与社会的辩证统一。唯物史观认为,人是自然界的一部分,也是自然界长期发展的产物,而自然界是人类社会产生的前提和基础,人与自然是辩证统一的。自然对于人来说具有先在性,它为社会的存在和发展提供自然条件。"全部人类历史的第一前提无疑是有生命的个人的存在。因此,第一个需要确认的事实就是这些个人的肉体组织以及由此产生的个人对其他自然的关系。"①但马克思恩格斯强调,人对于自然并不是完全依赖和受动的,实践是人的存在方式,人具有主体性和超越性,人通过自然的劳动实践创造属于自身的自然。劳动也只有与自然相结合才能创造一切社会财富,甚至一切"知识"都是人类自身在劳动中、在与大自然的相互作用中创造出来的。

人不但可以创造属人的空间,还可以将属人的空间改造为宜人的空间。基于实践基础上的人与自然、人与人(社会),这两重关系本质上是相互交织、相互促进的,"整个所谓世界历史不外是人通过人的劳动而诞生的过程,是自然界对人来说的生成过程"②。历史是由劳动者开创和书写的,劳动构成了社会历史的前提和基础,推动着社会历史的生成和发展,并推进着社会历史向"世界历史"的转变。人通过劳动不断创造着"属人的世界",世界与人通过劳动实践这一中介形成相互依存、相互促进的命运与共的关系。

第二,资本逻辑导致人和自然关系异化。如前所述,人与自然、人与人(社会)是辩证统一的,但这种统一性又受到人类认识水平、科技发展水平、现实社会制度的制约。在马克思恩格斯看来,尤其在资本主义社会阶段,资本主义生产方式在带来生产力的巨大发展的同时,资本对利润的追求规律

---

① 《马克思恩格斯文集》第 1 卷,人民出版社 2009 年版,第 519 页。
② 《马克思恩格斯文集》第 1 卷,人民出版社 2009 年版,第 196 页。

必然会带来"生态灾难"。"生产力在其发展的过程中达到这样的阶段,在这个阶段上产生出来的生产力和交往手段在现存关系下只能造成灾难,这种生产力已经不是生产的力量,而是破坏的力量(机器和货币)。"①这种破坏的力量是空前的,造成自然资源的枯竭、生物物种的灭绝、自然环境的污染,甚至连维持生命基本要素的水、大气都受到污染。资本主义生产方式使人与自然之间的物质交换过程出现了"裂缝",生态环境遭到严重的破坏。"大土地所有制使农业人口减少到一个不断下降的最低限量,而同他们相对立,又造成一个不断增长的拥挤在大城市中的工业人口。由此产生了各种条件,这些条件在社会的以及由生活的自然规律所决定的物质变换的联系中造成一个无法弥补的裂缝,于是就造成了地力的浪费,并且这种浪费通过商业而远及国外(李比希)。"②

资本扩张和资本主义生产方式在日益破坏人的生存空间。良好的生态环境是人的全面发展的重要条件,是人的生活一部分。然而,在资本主义生产条件下,由于人与自然关系的异化而导致大城市中普遍性的污染,工人工作的生活环境十分恶劣,严重摧残了工人的身心健康。"肮脏,人的这种堕落、腐化,文明的阴沟(就这个词的本义而言),成了工人的生活要素。完全违反自然的荒芜,日益腐败的自然界,成了他的生活要素。"③更为严重的是,资本为了增值,不得不将自然空间资本化,不断在全球空间范围掠夺其他国家的自然资源,拓展生产和消费空间,使一切国家的生产、消费甚至灾难和危机都成为世界性的了。资本在全球化扩张的同时将环境污染从一国扩散到其他地区,最后导致现在的全球性的生态危机。"资本主义生产方式使我们的工人每夜都被圈在里边的这些传染病发源地、极恶劣的洞穴和地窟,并不是在被消灭,而只是在……被迁移!同一个经济必然性在一个地方产生了这些东西,在另一个地方也会再产生它们。"④

第三,共产主义将实现人与自然的"和解"。马克思恩格斯认识到当今生态危机的根源在于资本主义制度本身,生态恶化是资本主义制度固有的逻辑。资本主义私有制同社会化大生产之间的基本矛盾不仅导致人与人即两大阶级的对立,而且导致了人与自然之间物质交换的断裂。只有消灭资本主义私有制,建立共产主义制度,才能在最终实现人类"和解"的基础上实

---

① 《马克思恩格斯文集》第1卷,人民出版社2009年版,第542页。
② 《马克思恩格斯文集》第7卷,人民出版社2009年版,第918～919页。
③ 《马克思恩格斯文集》第1卷,人民出版社2009年版,第225页。
④ 《马克思恩格斯文集》第3卷,人民出版社2009年版,第307页。

现人与自然的"和解","这种共产主义,作为完成了的自然主义,等于人道主义,而作为完成了的人道主义,等于自然主义,它是人和自然界之间、人和人之间的矛盾的真正解决,是存在和本质、对象化和自我确证、自由和必然、个体和类之间的斗争的真正解决。它是历史之谜的解答,而且知道自己就是这种解答"①。只有在共产主义社会才有可能实现人道主义和自然主义完全统一,人和自然的和谐发展,矛盾的真正消除,真正解决人和自然界之间、人和人之间的矛盾。

当然人和自然的"和解"不是简单地回归自然,而是在尊重自然规律的基础上合理性的体现。马克思在《资本论》中指出:"社会化的人,联合起来的生产者,将合理地调节他们和自然之间的物质变换,把它置于他们的共同控制之下,而不让它作为一种盲目的力量来统治自己;靠消耗最小的力量,在最无愧于和最适合于他们的人类本性的条件下来进行这种物质变换。"②改善物质转换模式和提高物质转换质量是人类和自然融洽共存的根本要求,人类和自然之间的物质转换要根据科学的模式改进,物质转换要在人们的合理管控中展开,这样才能实现人和自然之间的和谐发展。

(二)哈维对资本主义生态问题的批判

与众多当代西方"生态马克思主义"学者不同的是,哈维回避了关于环境问题的空洞争论,揭示了空间、环境和社会变迁的辩证关系,强调了环境正义的现实性和实践性的理论品质。空间不仅成为资本生产和再生产得以展开的基本要素,而且深刻改变着人与人、人与自然之间的关系。哈维将空间生产引入历史唯物主义当中,并基于资本空间生产逻辑,批判了当前资本主义生态空间生产的非正义性。并进一步从停止浪费性的过度生产、放弃无止境的过度消费、变革导致异化和危机的现行社会制度等方面,对一种替代性的新社会制度进行构想。

第一,"货币评价"模式天生就是反生态的。自启蒙运动以来,"支配自然"的观点使自然生态环境深深地打上了人类活动的烙印,这一观点可追溯到 17 世纪的培根、笛卡尔等人所确立的"人是自然的主人"思想,后经由古典政治经济学的推动而形成了极端的工具主义自然观,即把自然看成是资本财产的组成部分,要按照资本的意图来控制自然,使自然的统治逐渐归入

---

① 《马克思恩格斯文集》第 1 卷,人民出版社 2009 年版,第 185～186 页。

② 马克思:《资本论》第 3 卷,人民出版社 2004 年版,第 928～929 页。

市场和资本的逻辑。在资本增殖逻辑的推动下,自然空间成了机械化工业生产的牺牲品,在技术理性的蛊惑下人们盲目地开发利用自然空间,把生产力的提高当作唯一目标,而忽视了自然本身的价值。

空间生产既让一切空间都服务于资本主义统治,又让一切空间都布满资本规则。为此,哈维对这种资本主义制度的"货币评价"模式进行了尖锐的批判:"资产阶级政治经济学——18世纪思想的产物——把自然说成'资源',并且把决定稀缺资源的合理分配作为自己的理论任务。为了实现这个目标,它诉诸市场理论、效用最大化目标以及货币的重要性,把货币作为衡量人类欲望、使用价值和各种'自然'要素和过程之异质性的共同手段。"[1]自然空间早已不是纯粹的自然形态,自然的物质空间日益转换为社会化的空间,自然空间沦为社会空间的附属。

依据资本主义确立的货币评价标准,空间生产具有反生态性。人类自以为可以凭借技术达到幸福,不断创造财富、创造空间,但也致使空间异化。自工业革命之后,空间生产把技术理性法则推进到地球的每一个角落,导致大量非生态化现象,不仅损害自然,而且损害人类本身。"追求货币评价会使我们陷入彻底的笛卡尔—牛顿—洛克式的以及在某种意义上的'反生态的'本体论错误。"[2]这种"反生态的"本体论,"把生态系统看作一种'外部性',这种外部性只能通过某种任意选择的和强制性价格结构或调节制度而内化到人的行动中"[3]。在资本主义生产条件下,人类对自然更加失去敬畏之心,永无止境的资本积累需求造成了对自然空间的过度利用。资本家凭借发达的科学技术以及对私有产权的迷恋,对自然进行全面的开发和改造而破坏了自然生态系统,导致空气污染、水土流失、耕地沙化、大量生物灭绝……人与自然处于极端对立状态。原本丰富多彩的自然空间变成单调的社会空间,生态危机日益危害人的生存空间,引发人的空间生存困境。由资本操纵下的技术又进一步剥夺了工人的技能和艺术鉴赏力,压制了人们内心的批判性和超越性,使生活于资本主义制度下的人丧失了自由和创造力,成为"单向度的人",沦为资本主义生产和消费的工具,人类的自我实现却因

---

① [美]戴维·哈维:《正义、自然和差异地理学》,胡大平译,上海人民出版社2015年版,第170页。

② [美]戴维·哈维:《正义、自然和差异地理学》,胡大平译,上海人民出版社2015年版,第173页。

③ [美]戴维·哈维:《正义、自然和差异地理学》,胡大平译,上海人民出版社2015年版,第175页。

技术而受到阻碍。

第二,资本的空间生产必然造成空间异化。在空间生产中,资本空间生产方式总是力求打破一切资本束缚,实现超额利润。资本的逐利本性驱使资产阶级开始对其他民族国家的生产原材料和销售市场进行掠夺,引发了生态危机的全球蔓延,使得资本空间化和全球生态危机成为同一历史过程,造成了生态帝国主义。哈维说道:"从资本主义逻辑的观点来看,帝国主义的特征在于通过开拓非均衡性地理环境,并利用空间交换所必然产生的,我称之为'非对称性'的关系来进行资本积累。"①发达资本主义国家采取的新自由主义经济政策,在全球掀起了私有化浪潮,展开"剥夺性积累",更加恶化了落后民族国家和地区的生态环境。此外,某些技术甚至违反了更好地利用自然这一目标,因为它们把高度的环境风险与最小的社会利益结合在一起。

穷人天生就应为富人的污染买单。按照新古典主义经济学逻辑,"损害健康的污染之成本测定取决于从增加的发病率和死亡率中放弃的收益"②,当污染发生在生产成本最低的地方时资本收益最大。为了获取利益最大化,有毒有害废料处理厂选址的最佳标准之一就是低收入人群和有色人种居住的地理集中区。同时,迫于国内环境问题的压力,发达资本主义国家又借助于资本的全球空间扩张,把污染企业大量转移到第三世界国家中。"资产阶级对于污染问题只有一个解决办法:那就是把它们移来移去。"③资本主义对生态危机的空间转嫁,极大地破坏了贫困阶层和发展中国家的生态环境,从而引发了当前环境正义运动的广泛兴起。

就本质上来说,社会空间只是自然生态空间的构成部分。人类所取得的一切成果都来源于自然,人类丝毫没有因技术而创造出新的自然物质,而只是把已有的自然物质改变形态而已。在马克思那里抽象的自然与价值是没有关系的,自然的质性、自然的质料并不进入"财富一般"概念中,只有在资本主义商品生产和商品交换过程当中,当劳动被一分为二时,具体劳动对象才成为使用价值,使用价值并不是自然本身而是自然获得的一种工业生

---

① [英]大卫·哈维:《新帝国主义》,初立忠、沈晓雷译,社会科学文献出版社2009年版,第28页。

② [美]戴维·哈维:《正义、自然和差异地理学》,胡大平译,上海人民出版社2015年版,第421页。

③ [美]戴维·哈维:《正义、自然和差异地理学》,胡大平译,上海人民出版社2015年版,第421页。

产的存在方式。① 在资本主义生产条件下，自然空间是资本生存的重要"资源"，资本家把稀缺资源的合理分配作为自己的重要任务。资本的空间生产在为人类创造了巨大的物质财富的同时，也把技术的弊端带到自然空间。

总之，空间生产的掠夺性，必将使资本主义难以为继并走向毁灭之路。人能够利用的自然空间终归是有限的，人类必须合理调整自己与自然空间的关系，建构和谐的自然生态系统。在把社会关系嵌入生态计划的过程时，我们必须认真关注技术的合理化问题。而如何实现技术合理化，精选出那些最大限度地减轻对自然代谢关系破坏的技术，则是我们必须解决的社会和政治难题的重要部分。

第二节　资本主义空间生产非正义性的后果

空间生产在性质方面，应从三个方面加以规定：在资本主义历史发展上，资本主义通过资本积累实现对空间的资本化改造得以形成；在资本主义空间扩展上，资本主义通过对空间的占有和空间殖民使资本主义得以延续；在资本主义空间主体方面，是资本对"空间人"的社会化改造，使人沦为了某种"商品"，成为受剥削和利用的对象。由此，对空间生产非正义性的后果也应从这三个方面展开讨论，即空间资本化、空间殖民化和空间非人性化。

一、空间资本化

第一，空间资本化是资本主义社会存在并发展的必然要求和基本前提。资本来到世间，它一方面消灭或改造了以往旧有的一切社会关系，另一方面它又按照自己的面貌为自己创造出一个新世界，成为一切现有的新的社会关系的基础。资本不断增殖的本性要求将一切事物都纳入资本流动的轨道，并将一切事物都商业化。资本家为了成为资本家必须获得剩余价值，通过"竞争的强制规律"，促使所有的资本家都作出相似的行为，不管他们是好人还是众所周知的资本家。"一切等级的和固定的东西都烟消云散了，一切

---

① 张一兵、[美]大卫·哈维：《历史地理唯物主义与关系性存在论——张一兵与大卫·哈维的对话》，《南京大学学报（哲学·人文科学·社会科学）》2017 年第 1 期。

神圣的东西都被亵渎了。"①从空间角度来看,资本主义空间虽然摧毁了封建政治身份旧的等级空间,但按照资本的占有量来划分并实现的新的财产等级空间得以确立。资本主义社会的确立并没有消灭空间等级,只是使空间等级的标准发生转型,即社会地位不同,其占有和享有的空间不同,其空间的大小和位置与权力的大小成正比。

第二,空间资本化的目的是实现空间资源在市场基础上最大化的增殖。伴随着空间生产力的不断发展,空间资本化总是按照空间生产的要求不断地改造传统城市、重塑全球,促使人类进入一个新型的空间时代并拥有崭新的空间生存方式,传统中那种"人的依赖关系"的空间形态转变为"物的依赖关系"的空间形态。一切空间都被纳入资本逻辑支配之下,空间成为一种商品并按市场化运动的规律来运行,空间生产成为全球性的资本积累过程,开创了空间资本化的"世界历史时代"。整个社会成为无限追求价值增值的机器,以最大限度地追求剩余价值。空间商品重塑了社会的空间构造,并且塑造了符合市场经济人格特征的主体,即空间化的资产阶级和工人阶级。资本主义的矛盾已经空间化,集中表现为各个阶层在空间资源上的激烈争夺。

第三,空间资本化必然造成空间不正义。空间资本化发展带来了空间生产力的巨大发展、促进了科技的全面进步,但正如马克思所指出的,"每一种经济关系都有其好的一面和坏的一面"②。空间资本化的目的仍是最大限度地攫取剩余价值,这必然导致"过度生产"和空间资源的过度消耗,造成了空间生产的异化。

其一,空间的资本化剥夺了广大劳动者的生存空间,造成城市空间的异化。在资本城市化推进过程中,资本对城市空间的重构造成了城乡二极对立的空间格局,城市空间的过度商品化又造成城市居住空间的碎片化、层级化,强化了社会空间排斥、隔离和等级对立。资本主义城市空间的矛盾表现为资产阶级占有、剥削广大劳动者的生存空间与广大工人阶级消费、使用基本生存空间之间的空间矛盾,繁荣的商业区、豪华住宅区与贫民窟的两极对立,大量空置的豪华住宅与大量居无定所的贫民并存。城市是人居场所,空间应为"属人"空间,城市空间的魅力与价值在于它既表达了空间的物质性,也表达了空间的社会性。但现代社会,城市空间生产被单纯按照资本的需要进行空间重构,片面化地强调如何促使城市资本增殖的功能,却抑制了如

---

① 《马克思恩格斯文集》第 2 卷,人民出版社 2009 年版,第 34～35 页。
② 《马克思恩格斯文集》第 1 卷,人民出版社 2009 年版,第 616 页。

何使城市更好地服务于人的根本目的,"现代人的原型,如我们这里所看到的,是被掷入现代城市交通漩涡中的行人,孤零零地对抗庞大、快速而致命的质量与能量凝聚物"①。城市空间的异化使人们明显感觉到大都市的非人性,丧失了家园感和不同人群之间人情冷漠,快节奏的都市生活使人陷入集体性孤独之中,产生一种存在论困惑。

其二,空间资本化造成了全球空间的不正义。在工业文明平台上,在城市大量聚集的工业资本家,为了无限获取利润而对自然采取榨取式态度,造成全球自然空间的不正义。在后工业文明平台上,以美国为代表的发达资本主义国家率先借助工业文明所积累的财富和生产力,实现了本国产业的空心化,把低端的制造业转移到不发达的国家,转嫁对自然环境的污染和破坏。进一步说,西方发达国家借助信息技术控制资本的全球流动和全球经济体系,在全球范围内重组产业空间分工和劳动空间分工,形成了发达国家和落后国家之间"中心—边缘"的空间结构,造成了全球空间的不正义。由于人们对资本空间化的漠视更加助长了资本空间化的气势,加剧了空间正义问题。

总之,资本主义条件下的空间资本化过程、人类多样性的生产活动都隶属于统一的资本主义生产过程,资本逻辑掌控了人类发展的命运,这必然导致"物的依赖性"的全面建立和人的丰富多样性的完全丧失。哈维在《社会正义与城市》一书中提出了一个重要观点:"当遇到重大困难时,至关重要的不是仅仅试图解决问题本身,而是首先对抗并改造产生问题的过程。"②我们要解决空间生产的"非正义性"问题并不限于空间资源占有与分配的简单调整,而是要深入剖析资本主义的空间生产过程及其内在矛盾,探索一种未来理想社会的空间生产模式,以更好地驾驭资本的能力,规避资本对空间的破坏性作用,促进人类社会空间科学化、健康化发展。

二、空间殖民化

第一,马克思恩格斯基于历史唯物主义科学地揭示了殖民主义的本质特征和历史规律。马克思恩格斯强调殖民主义是一个历史的发展阶段,主要体现为资本主义列强对弱小的国家、民族和地区进行占领、奴役和剥削的

---

① [美]大卫·哈维:《巴黎城记:现代性之都的诞生》,黄煜文译,广西师范大学出版社 2010 年版,第 266 页。

② [美]戴维·哈维:《正义、自然和差异地理学》,胡大平译,上海人民出版社 2015 年版,第 460 页。

政治主张并使其变为自己殖民地、半殖民地的侵略政策。在近代历史发展进程中,殖民主义成为资本家剥削国内外人民,并为资本主义生产方式在全世界占据统治地位而服务的重要工具。正是资产阶级的殖民掠夺,让欧洲的封建制度瓦解,资本主义得到迅速发展。只有消灭剥削才能消灭民族压迫和民族对抗。全世界无产阶级都要坚决反对民族压迫政策,支持民族解放运动;被压迫民族解放运动实质上也是对被压迫民族无产阶级革命的助力;要彻底摆脱民族压迫必然要消灭资产阶级。

由于时代的局限性,马克思恩格斯对空间的研究还停留于"物"的层面,即主要关注生产劳动和生产规模,而对空间的工具意义和政治意义的研究还不够深入。但随着 20 世纪 70 年代资本主义城市化和全球化的快速发展,资本主义已经由"空间中物的生产"转向"空间本身的生产",空间的工具意义和政治意义凸显,空间殖民也成为资本主义得以延续的重要手段。实际上,空间殖民就是指资本主义国家在其发展过程中的一种空间策略,资产阶级对空间的占有和生产是空间殖民的表现形式,空间不是纯粹的"物"的场所,空间是资本主义殖民的手段和载体。在当今全球化背景下,空间已被资本主义现实化、客观化,并被赋予了各种不同的目的和功能,成为实现资产阶级继续维持统治权力和殖民掠夺的重要力量。

第二,在全球空间扩张方面,空间殖民体现为一种文化殖民主义或文化霸权。发达资本主义国家在弱小国家或地区通过消费、娱乐、城市景观等方式,营造发达资本主义国家的文化环境和生活方式,改变"边缘性"国家和人民的生活习性,使其适应并依赖发达资本主义文化及其统治。詹姆逊说道:在文化意识形态领域内全球资本主义的计划是:劝说人们进行超出他们"生理需求"的消费;目的是将资本积累永久进行下去,以聚敛私有利润。换句话说,是为了确保全球资本主义体系永远运转。[①] 哈维和詹姆逊的文化殖民理论在诸多观点上是相通甚至一致的,但哈维的理论特色在于基于空间化的历史唯物主义从资本主义生产方式的角度来解释文化现象的变迁。文化殖民背后是资本扩张逻辑,正是资本主义在全球范围的扩张促使文化殖民的产生、推行,使资本主义的文化价值观念在全球渗透和扩散。

第三,在城市空间扩张方面,空间殖民体现为无产阶级的都市权利被剥夺,工人阶级被分散和隔离。"城市囚禁了生活在社会底层的人们,并把他

---

① ［美］弗雷德里克·杰姆逊、三好将夫:《全球化的文化》,马丁译,南京大学出版社 2002 年版,第 253 页。

们推向广阔社会的边缘。"①资产阶级把无产阶级从信息、权力和财富的城市中心驱逐到充满"城市病"的郊区,形成城市内部的二元对立空间格局。哈维在《巴黎城记:现代性之都的诞生》一书中具体揭示了空间的工具性和意识形态性。正是在 1848 年到 1871 年两次失败的革命之间,巴黎才被奥斯曼(传奇的时任巴黎首长)打造成今日我们所知的现代性样板,即以林荫大道和金碧辉煌建筑取代了昔日的中世纪城市面貌。哈维将奥斯曼对巴黎的"大改造"称为一种"创造性破坏"即"破坏虚幻的个性化的世界",这对于理解巴黎改建所标志的现代性极为重要,而这种"创造性破坏"恰恰起源于面对实施现代主义规划时的各种困境,在某种程度上,破坏一切旧有陈规,破坏老巴黎,就是为了从旧的废墟中建立一个英勇的新世界。奥斯曼对巴黎的"大改造"实际上置入了全新的空间概念,一种合乎以资本主义(特别是金融的)价值和国家监视为基础的新的社会秩序的概念。

由此,资产阶级实现对城市空间的殖民,就是剥夺无产阶级的生存空间以实现资本主义"空间本身的生产"。资本主义实现了自身生产方式在更大空间范围延伸,同时,资产阶级分散了无产阶级的整体力量,致使无产阶级难以组织起来形成统一的反抗力量。

总之,城市面貌及社会景观的剧变带来崭新的现代主义文化,也必将导致阶级矛盾的激化。处于不平等、不公正地理空间的工人阶级要想取得更多的社会权力和城市资源,就要为夺回自己的城市权利而斗争。而要争取城市权利,无产阶级需要在反资本主义思维和实践上来一场彻底的革命,重新设计反资本主义的组织原则和行动方案。

三、空间非人性化

空间是主体实现对自然空间能动地改造的结果。"空间之适当概念化的问题,是透过与空间有关的人类实践而解决的。"②哈维从主体价值关怀角度展开对空间本性的思考,并在对资本主义空间生产的批判性思考过程中揭示"人"的生产生活状况,特别是边缘性弱势群体中的人。正是在这一意义上看,我们可以称之为"空间人"(即关注空间与"人"或身体的哲学思考)。在众多空间哲学家中,福柯曾做过大量有关"空间人"的研究,他通过对全景

---

① [美]大卫·哈维:《希望的空间》,胡大平译,南京大学出版社 2006 年版,第 10 页。

② [美]大卫·哈维:《新自由主义化的空间:迈向不均衡地理发展理论》,王志弘译,台北群学出版有限公司 2008 年版,第 120 页。

监狱、疯人院等特殊空间形态的研究,阐释了空间对人的一种规训模式,但在福柯"空间人"的研究中,更多的是为揭示其背后的权力与意识形态铺路,鲜有对具体"空间人"宏观的整体以及微观的身体境况继续发问。

第一,哈维运用马克思政治经济学原理,对作为"空间人"的劳动者进行了剖析。哈维指出,从《1844年经济学哲学手稿》开始,马克思就把他的本体论和认识论观点建立在与世界之间的真正感性的身体相互作用的基础上,"在当代,竞相回到作为所有论点不可还原基础的身体就是竞相回到马克思"①。为此,哈维强调要注重把政治经济学批判运用到"空间人"的研究当中,并始终注重辩证的方法论。

随着空间的商品化,那些进行空间生产的劳动者本身也成为某种"商品",为了实现利益的最大化,资本家对劳动者的"身体"这一特殊商品的剥夺和利用也推向了极限。资本主义生产对劳动身体的彻底变革,表现为如下三个方面:

其一,资本对劳动进行了强制的规训。工人身体通过交换过程而嵌入资产阶级的利润制造过程,资本家既以绝对剩余价值生产的形式,竭力利用工人的身体潜能,同时最大限度地开辟在相对剩余价值生产上的利润空间。为了能够获得更多的利润,资本家往往以加班、培训、计时、计件等方式,强迫劳动者按照流水线生产与更高效的分工形式进行破碎化、片段化的劳动,同时加强对劳动力的恢复、监管与意识形态控制。在当代,新自由主义的全球化通过"剥夺式的积累",在世界范围内把越来越多的人包括他们的身体裹挟到资本主义的生产体系当中了。

其二,资本家推动整个社会更加"理性消费"。资本主义空间生产通过向外扩展的方式来赚取利润、强化积累并消除危机。而人为制造和控制社会消费则是向内挖掘的方式。"新需求的产生、确定不同生活方式和消费习惯的全新生产线的开辟被当成避免危机和解决危机的一种重要手段而推行。"②资本家总是想方设法刺激人们的消费欲望,积极动员、组织人们去"理性消费",当然这种"理性"只是从资本家那里出发并服从资本增殖逻辑的一种"独断的理性"。工人的身体本身已成为资本循环的消费品,而随着当代全球消费市场的一体化,无疑强化了身体这一特殊商品消费的广度和深度,

---

① [美]大卫·哈维:《希望的空间》,胡大平译,南京大学出版社2006年版,第98页。

② [美]大卫·哈维:《希望的空间》,胡大平译,南京大学出版社2006年版,第107页。

强化了资本对身体的控制。

其三,劳动者为捍卫身体的完整性和尊严而战。哈维强调在对身体进行政治经济学分析的过程中要始终贯彻辩证法。身体是全球空间中资本积累的策略,从中可以找到工人阶级联合斗争的契机。在马克思那里,资本与劳动之间的关系是理解资本主义生产方式的关键,而劳动者的身体则是他们的劳动力的物质载体,因此,资本与劳动之间的关系必然蕴含着资本与身体的关系。当资本家出于资本积累和资本循环的可持续发展的目的,而以工资形式购买劳动力并维持劳动力的再生产时,劳动者的身体就被拉入可变资本的循环当中,成为"活劳动"。资本主义生产过程实际上也就成为不断地生产出符合其需要的工人身体的过程,"工人仅仅为增殖资本而活着,只有在统治阶级的利益需要他活着的时候才能活着。在资产阶级社会里,活的劳动只是增殖已经积累起来的劳动的一种手段"①。资本不断地努力按照自己的生产需要来塑造劳动者的身体,并按照资本积累和资本循环的消费需要来调整和控制劳动者的身体。资本的积累和循环过程包含着内在的矛盾,处于生产、交换和消费等环节的身体也有可能从矛盾的孕育当中释放出来,获得解放。人以及人的身体是个体性与社会性的统一,身体层面上的规模互动、联合行动的可能性就蕴含在人体中,潜藏在社会结构当中。哈维说道:"人体是一个战场,冲突的社会生态评估和再现力量永远都运行在这个战场的内部和周围。"②

第二,空间理性过度演绎必然导致"异化",人类需要的不是"空间理性",而是一个"理性的空间"。人类实践活动过程中生成的空间是人的现实的空间,"理性的空间"是适合人的自由发展的空间。"社会是人同自然界的完成了的本质的统一,是自然界的真正复活,是人的实现了的自然主义和自然界的实现了的人道主义。"③同样,自然与社会的统一过程也是空间与社会的统一过程。因此,空间是人的对象化产物、人的本质力量的体现,空间本质是人的本质的呈现与映照。尽管空间理性对人类现代文明作出过不可低估的贡献,但它同样也具有各式各样的"破坏性",比如,意识形态对建筑空间的规训、人类需求对自然空间的过度利用、资本势力对他者空间的侵入,而这种"破坏性"构成了对人类文明和现代性的反叛,它是"去人性化"的。

---

① 《马克思恩格斯文集》第 2 卷,人民出版社 2009 年版,第 46 页。

② [美]大卫·哈维:《希望的空间》,胡大平译,南京大学出版社 2006 年版,第 111 页。

③ 《马克思恩格斯文集》第 1 卷,人民出版社 2009 年版,第 187 页。

实际上,空间生产的过程也就是一个空间人化的过程,即空间主体化的过程,这是人类发挥人的主观能动性的结果。在生产实践基础上,人类的本质力量不断嵌入并改造空间,创造出了适宜于人类生存与发展的空间形态,空间不断被对象化,变为感性的空间、人为空间、人化空间。如果任何一个政治意识形态或计划想要发挥作用,那它就必须考虑到我们人类的特性、与生俱来的能力和变化的动力。

第三节　空间生产的资本主义矛盾

哈维秉承了马克思唯物辩证法的精髓和实质,并用它来分析资本主义的空间生产过程。"在哈维看来,空间在资本主义内部被生产出来并表达了制度的内在矛盾。"[①]其中,人与自然的矛盾是资本主义空间生产首要和直接的矛盾;资本与劳动的矛盾解释了资本主义社会历史动力问题,是空间生产中最主要矛盾;资本积累的时空矛盾则是资本主义空间生产矛盾的具体呈现。

一、人与自然的矛盾

在哈维看来,资本主义空间生产首要和直接的矛盾是人与自然的矛盾。在空间不断扩张和发展中,人类不断地与外界的自然进行物质能量的变换,其中一个首要的问题就是如何处理好人与自然的关系问题;在近代工业主义的旗帜下,经济增长成为所有发展中工业社会的世俗宗教,在商品经济制度的煽动下,自然沦为受剥削和压榨的"客体"。人类作为主体,可以任意占有、利用、处置和分配自然界,而不顾自然界自身规律和承受能力及自我修复能力。

第一,要对当代西方生态环境思潮进行辩证的分析和评价。人类对生态客体的破坏性开采和掠夺导致生态危机,引发了当代西方生态环境思潮的兴起。主要包括启蒙思想、法兰克福学派的自然观、马尔萨斯传统自然观、生态现代化、环境管理标准化等。这些思潮本身存在着相互抵触和矛盾

---

① ［英］诺埃尔·卡斯特里:《戴维·哈维》,潘纯琳译,曹顺庆:《中外文化与文论》(34),四川大学出版社2016年版,第148页。

之处,因此有必要对各种思潮进行辩证的分析和评价,方能揭示空间生产中人与自然矛盾的本质。启蒙理性高扬人的自大,提出"统治自然""支配自然"并走向了主客二分的片面哲学思维,这种思维是应受到批判的,但我们又不能由此走向"全盘否定"的极端。我们必须结合启蒙运动中人类解放和自我实现的目标来理解启蒙运动时期的自然观。由于时代局限性,理性在启蒙运动时期只是被看作一种能力、一种力量,自然只作为科学技术、工具理性的奴仆,但是人类解放和自我实现是人类发展永恒追求的目标,在这个伟大征途中启蒙观点是不能抛弃的。法兰克福学派的自然观从启蒙思想所追求的目标同社会现实的矛盾和冲突的角度来批判启蒙运动,蕴含着环境—生态政治学的一些积极成果,但它们又走入了"非理性"的批判方向,而其最大缺陷是不再把工人阶级当作当代历史的当事人和主体。

马尔萨斯自然观存在着矛盾性。哈维注意到,虽然马尔萨斯的生态匮乏和自然极限的观点对具有乐观主义色彩的启蒙思想的确具有直接矫正的意义,但马尔萨斯的自然观是矛盾的,它无疑为当今发达资本主义国家展开对广大发展中国家的资源掠夺提供了辩护。因为"有效需求理论与人口理论不大吻合。它似乎不合逻辑地(如果不是令人厌恶的话)主张,以控制人口对资源压力的名义对社会最底层阶级的消费权力进行遏制,同时却通过有效需求理论主张上层阶级应该尽可能多地消费"①。当代西方环境科学所主张的生态现代化、环境管理的标准化等思想观点,无非是马尔萨斯观点的现代翻版,即只有富人、资本家、有权人士等这些非生产阶级不断扩大消费能力,才能有效解决资本的持续积累和有效需求扩大问题。他们考虑的,"唯一重要的问题就是如何最好地为资本积累、经济效益和增长来管理环境"。②

当代全球性环境问题空间凸显,生态运动成为 20 世纪 70 年代以来最具规模的社会运动。在形形色色的生态运动和"主义"中,生态社会主义③独树

---

① [美]戴维·哈维:《正义、自然和差异地理学》,胡大平译,上海人民出版社 2015 年版,第 162 页。

② [美]戴维·哈维:《正义、自然和差异地理学》,胡大平译,上海人民出版社 2015 年版,第 432 页。

③ 其代表人物有安德列·高兹、威廉·莱易斯、本·阿格尔以及詹姆斯·奥康纳、雷蒙德·威廉斯。生态社会主义认为当代生态危机不是一般环境危机而是全球危机,资本主义制度是全球生态危机的根源,提出走生态社会主义现代化的道路,建立一个生态和谐、社会公正的未来社会。

一帜，它试图以社会主义理论解释当代生态问题，为克服人类生存危机寻找一条通向社会主义的现实出路。其重要的贡献在于透过"公平市场"的现象发掘环境运动中不平等的事实根源，即资本主义制度是全球生态危机的根源。但当下生态社会主义话语体系存在两个缺陷：一是以过于乐观主义和完全悲观主义的两种极端形式呈现；二是把生态问题和社会问题完全对立和割裂。这种认识的缺陷势必会阻碍资本主义环境问题的真正解决。

第二，古典政治经济学必然导致高度工具主义的自然观。哈维还追溯了资产阶级政治经济学的源头——古典政治经济学。古典政治经济学的主要特点就是"它把市场自由及其看不见的手——推动技术变迁并把科学动员成生产技术的那只看不见的手——看成一种工具，它把从需求和需要中解放出来的不断增长的社会生产力与通过市场选择而自我实现的个人能力结合起来"①。在哈维看来，古典政治经济学是西方新自由主义所倡导的经济改革私有化和市场化的理论基础，也是当今资本主义和权力制度所推崇与信奉的哲学。在资本主义社会中，货币共同体压倒一切，这种话语霸权和意识形态指导下的资本主义社会生产实践必然导致高度工具主义的自然观。在资本主义制度体制下，货币始终是一种社会权力形式，但任何试图以货币交换来解决环境问题的安排都是不可能的。

第三，生态环境问题的真正根源在于资产阶级政治经济学话语霸权和意识形态为指导的资本主义社会生产实践。我们要坚持历史地理唯物主义的方法论，坚持自然与社会有机整合的思想和原则，正确认识和处理社会与生态变迁的辩证关系。同时，环境哲学和环境决策本身应当把环境正义思想作为一个重要的向度和资源融入其中以丰富和提升自己。"'公正的地理差异的公正生产'问题是全部争论的交点。需要批判地理解生态、文化、经济和社会条件上的差异是如何生产出来的……也需要批判地评价这样生产出来的差异之正义或非正义性质。"②现在是资本腐朽权力主导的时代，资本主义制度不仅腐朽了，而且对自然进行赤裸裸的剥削和掠夺并任由环境的恶化。所以，人们别无选择，只有"为了集体的权利而斗争"，以决定如何和按照共同的意向去改造资本主义制度。正如杰斐逊很久以前提出的那样，开展另一场美国革命的时代正在到来，这场革命的基础是社会公正、平等与

---

① ［美］戴维·哈维：《正义、自然和差异地理学》，胡大平译，上海人民出版社2015年版，第141页。

② ［美］戴维·哈维：《正义、自然和差异地理学》，胡大平译，上海人民出版社2015年版，第6页。

以关爱和缜密的方式对待自然。哈维在空间正义问题上迈向了以物质生产为基础的生产正义，而解决正义问题的关键在于消除地理空间的不正义性，通过空间革命实现对资本主义生产方式的替代，实现人与自然的和解。

二、资本与劳动的矛盾

马克思指出："因为资本一方面确立它所特有的界限，另一方面又驱使生产超出任何界限，所以资本是一个活生生的矛盾。"①这一论断揭示了资本自身的内在矛盾及其发展路向。马克思正是通过资本主义生产过程的内在透视，资本主义剥削秘密才得以彻底揭开，资本的文明性及其内在限制即资本主义生产本身的内在矛盾和发展趋势才得以真正理解。资本与劳动的矛盾是贯穿马克思《资本论》的一条主线，对资本与劳动关系的批判也是马克思批判资本主义社会的一个根本方法。

从《资本论》的文本内容和理论逻辑中，马克思的正义理论和正义追求得以全面、深刻和详细地呈现。马克思始终关注劳动者的权益、个人的自由和自我实现，其世界观和方法论始终围绕着"人的自由而全面的发展"这一正义价值追求展开。马克思剖析了资本原始积累的正义，实质是劳动者和生产资料相分离，在资本主义条件下丧失了生产资料所有权的劳动者，只能屈服于资本主义生产方式，靠出卖自己的劳动力得以生存，资本主义流通中所谓的平等的劳资交换只是形式上的平等和自由，因为"那里占统治地位的只是自由、平等、所有权和边沁"②。马克思批判蒲鲁东主义者那种试图仅仅通过法权批判和道德的抨击是不可能揭露资本主义"正义"的真面目，局限于分配领域也不可能真正认识并解决资本主义平等和自由的形式性、虚假性。在资本主义制度下，形式上的平等和自由掩盖了实质的不平等和不自由，这就需要走进资本主义社会的生产领域中才能得以真正透视和解决。资本家正是靠无偿占有工人创造的剩余价值而发财致富的，之所以如此，根源在于资本主义无法摆脱生产社会化和生产资料私有制的根本矛盾。由此，马克思以革命乐观主义态度批判道："生产资料的集中和劳动的社会化，达到了同它们的资本主义制度外壳不能相容的地步。这个外壳就要炸毁了。资本主义私有制的丧钟就要响了。剥夺者就要被剥夺了。"③资本主义

---

① 《马克思恩格斯全集》第30卷，人民出版社1995年版，第405页。
② 《马克思恩格斯文集》第5卷，人民出版社2009年版，第204页。
③ 马克思：《资本论》第1卷，人民出版社2004年版，第874页。

的那种形式"正义"最终将会走向灭亡,被未来共产主义社会制度"自由而全面的发展"的实质性正义所取代。

在当今全球空间生产背景下,资本与劳动的矛盾不仅没有解决,反而更为复杂和隐蔽。伴随着全球资本主义产业结构的调整和科学技术革命,那种大规模工厂劳动、人口集中的庞大的无产阶级已不复存在。与此同时,西方发达资本主义国家通过自身内部的各种政策调整使工人福利待遇普遍提高、社会中间阶层扩大,阶级矛盾大大缓和,资本主义度过了危机并获得了新的发展。马克思主义对资本与劳动矛盾的阐述是否还符合当今时代发展的现状,则需要我们从资本主义的现实发展实践加以阐释、论证、完善。由此,哈维抓住了马克思主义政治经济学的核心的线索——"资本与劳动的矛盾",并据此分析了当代资本主义空间生产的非正义性。

第一,从城市空间生产角度看,资本与劳动之间的冲突和矛盾更为复杂。按哈维的理解,马克思所强调的劳动力是一种特殊的商品,主要体现在:劳动的生产是以家族为单位的;影响劳动力交换价值的因素是复杂的,除了劳动力的生产和再生产成本,还应包含一系列文化的、历史的、道德、环境和政治等因素;劳动过程是内在的、流动的和创造的,劳动的使用价值很难用数量来精准地确定,劳动质量始终具有"异质的特殊的地理的特点",劳动市场有其自身的特殊性。城市的劳资对立和矛盾不再像以前那样的阶级结构都异常简单,而是呈现出多元化的变化,随之而来的是思想意识和观念的多元变化。依据马克思的社会存在决定社会意识理论,哈维强调城市空间中存在着一种与城市社区相呼应的城市意识,这种城市意识与城市发展相适应,是资本主义城市空间中的资本与劳动之间的冲突和矛盾的反映。比如,对于由次贷危机所引发的 2008 年美国金融危机,"尽管表面上看起来问题出在信贷体系和国家——金融节的技术和组织方式,但实际根源却在于与劳方相比资方被赋予了过多的权力,并凭借这些权力压低工人工资,进而导致了有效需求不足的问题"①。

第二,从资本主义空间扩展角度来看,资本与劳动之间的冲突与对立是自始至终存在的。当今时代的社会生产方式仍由资本的统治逻辑所主导,现代世界的总体发展目的仍遵循着资本所规定的方向。伴随着当今资本主义的全球空间拓展,资本家通过创造失业、去工业化、吸收更多外来移民、将

①　〔美〕大卫·哈维:《资本之谜:人人需要知道的资本主义真相》,陈静译,电子工业出版社 2011 年版,第 117 页。

企业转移到其他国家或地区以及各种各样的技术和组织形式的革新,资本相对于劳动力来说,势力确实得到了强化。生产技术提高并不一定导致人类财富的增加,它们反而成为对无产阶级劳动剥削的工具,以及对这种剥削的强化;同一时期,技术的使用将导致更多的商品生产,以及更多的剩余价值和利润的创造。

资本的"富裕"正是建立在对工人阶级剥削的基础上,工人阶级永远是生产剩余价值的机器。当代资本主义社会虽然普遍采用了大规模机器生产,但并没有减少资本对雇佣劳动者的剥削,资本与劳动之间的矛盾也并没有消除。一定意义上,科技的发展和机器的替代有利于解放工人的双手,但机器代替了工人劳动的同时也致使工人大量失业。当今资本主义社会大量失业现象的存在为资本家压低工人工资、加强对工人的剥削提供了便利;工人本身也沦为机器的一个"部件",越来越受到机器的操控和摆布,其身心也备受摧残。

第三,从当今资本主义社会阶级关系的现状来看,劳资之间的鸿沟并没有被抹平,马克思对资本主义生产方式的批判并没有过时。特别是随着"历史向世界历史转变"即全球化空间扩张的时代,资本主义内部空间矛盾已经外化为全球空间矛盾,呈现出发达国家和落后国家之间的"中心—边缘"空间结构。可以说,只要雇佣劳动制度存在,资本和劳动的矛盾就始终存在,而且相对资本之间的矛盾以及劳动之间的矛盾,资本和劳动的矛盾是最主要的矛盾。人的逻辑与物的逻辑的关系问题仍是当今我们这个时代的核心命题,历史发展的进程仍处于"以对物的依赖性为基础的人的独立性"这一历史发展的阶段。哈维从马克思主义立场出发,把马克思所批判的资本主义的物化还原成人的关系,从而把资本主义的危机和矛盾视为阶级斗争的结果,并将之置于"全球化"论域加以讨论。

三、资本积累时空矛盾

列斐伏尔始终强调矛盾分析的重要性。他指出,当空间生产将空间本身作为稀缺的、可供转让的商品时,空间作为整体纳入资本主义"商品世界",空间本身受到资本的全面规训和操控,空间成为资本主义再生产自身的重要方式和残存的重要因素,资本主义空间的内在矛盾凸显出来。具体表现在两个方面:一是资本主义空间是作为抽象空间而存在的。因为资本主义的空间是与资本积累和策略紧密相连的、具有工具性特征的空间。二是资本主义空间又是一个矛盾的统一体。因为它处于新旧两个空间时代的转换之中,即旧的资本主义空间类型必然要被新的社会主义空间类型所取代。

在列斐伏尔的空间生产理论的基础上,哈维紧紧抓住资本积累与阶级斗争这主轴,从宏观的全球空间到微观的身体空间并落实于城市化进程的分析,揭示了资本积累的时空策略及其内在矛盾。哈维通过梳理西方思想史的辩证法,构建了一个过程—关系辩证法。他也认识到,当今各国资本积累逐渐从扩大再生产行业转向剥夺性行业,这种剥夺性积累逐渐从幕后变为积累的首要途径,成为"当前帝国主义实践的核心"和"新自由主义的主要机制"。在《资本的城市化》(*The Urbanization of Capital*)一书,哈维根据马克思关于资本主义生产与再生产的原理,提出了资本积累内在矛盾引发的"三级循环及三级危机理论"分析框架:

第一,资本初级循环中的矛盾与危机。资本循环首先要考虑生产和流通、为生产提供必要条件,因此需要消除空间壁垒,尽可能"用时间消灭空间"、扩大"交换和消费"。所谓"用时间消灭空间"是指资本主义先通过技术革命消灭了空间距离,加快了资本周转,从而获得资本主义经济的高速发展。而后再通过资本投入海外市场(征服的空间),为自己赢得资本主义持续发展的时间,换取资本主义经济依旧"新鲜"的"保质期",资本主义试图用时间消灭空间之后,在它所征服的空间之外又为自己买回了时间。这又导致个别资本家"为生产而生产、为积累而积累",单个资本家由于过于追求自身利益而造成"市场有效需求不足"、生产相对过剩,经济危机不可避免,影响到资产阶级整体利益平衡。为克服这一矛盾和问题,资本主义只能通过"时间修复"手段来吸收过剩资本,将投资转向次级循环。

第二,资本次级循环中的矛盾与危机。避免资本贬值的主要手段是"时间修复",即把过剩资本转向城市中固定资本与消费基金,这在一定时期内缓解了资本过度积累的危机,但又带来新的危机。固定资本由于不易移动、周转时间长,成为资本进一步积累的障碍,迫使资本主义不断破坏既有物质基础设施,造成固定资本和消费基金项目的贬值危机。同时,固定资本与消费基金的顺利流通又往往过度依赖虚拟资本和金融体系,以致金融危机、信用危机以及国家财政危机的爆发不可避免。

第三,资本第三级循环中的矛盾与危机。为了解决次级循环中的固定资本的贬值危机,资本主义只能通过"空间修复"手段来吸收过剩资本,但这种空间修复又会带来新的问题,即培植竞争者而造成贸易上的威胁。地域性扩张并没有从根本上解决资本主义的基本矛盾,只是使矛盾在更大空间上反映出来。资本以"不平衡地理发展"形式向全球空间发展时,造成全球各区域、民族和国家之间的空间矛盾和冲突,最终引发全球性的资本主义系统危机。由此,资本主义积累过程的根本矛盾就是单个资本家追求自身利益的行为与整个资产阶级追求积累稳定发展的矛盾,"时空修复"的方法本质上是将资本主义的过度积累转移到别的地方,时空补救的方法也只是转移或者暂时放缓了资本主义危机,但并没有根除资本主义经济危机的痼疾。

资本没有解决其危机趋势,只有将危机转移到其他地方。"有效需要的问题——我认为马克思正确地将其描述为进一步积累的一个可能的障碍——是可能被移除的,但是它不能稳定资本积累。它仅仅是将矛盾转移到了别处。"①面对资本主义危机,没有有效的、长期的资本主义解决方案(除了回归虚拟资本操纵),量变导致质变,我们可能恰好处在资本主义发展进程的一个拐点,因此,对资本主义制度本身能否作为一种适当的社会制度的质疑,应该成为当代讨论的前沿话题,一个连贯的反资本主义革命运动是绝对必要的。"我们首先要牢记的一点,就是要想建立一个可以提高所有人福利的、道德的、不存在剥削的、平等的资本主义是绝不可能的,这些要求都是和资本主义的本质特征相矛盾的。"②

发达工业社会的空间生产不仅消解了空间,而且压制了时间,资本增殖运动总是力图分割空间,推进空间的碎片化、商品化,进一步加剧资本积累的时空矛盾。资本要赚取更多的利润,就必须破除一切资本空间化运作的障碍,尽可能加快资本的运转速度,从而击碎一切传统固有的时空格局,这间接地推动了欠发达国家和地区的文明发展进程,但又破坏了欠发达国家和地区的生态平衡、文化认同。同时,空间生产本身并不能消除发达工业社会的内部矛盾,反而让资本主义的衰败日益加剧。资本增殖往往以牺牲落后的地区和广大劳动者的不幸遭遇为代价,科技在推动生产力发展、物质财富丰富的同时,又加剧社会资源的聚集,贫富分化加剧,生态遭到破坏。当今时代,空间生产的基本矛盾已经成为资本增殖的空间需求和个人的消费需求之间的矛盾,即资本和需求的矛盾、资本增殖与公民追求空间使用价值的矛盾。空间生产既是工具理性支配的资本行为,又标示着资本主义的政治利益,从而变成资本的展示场域。

---

① [美]大卫·哈维:《跟大卫·哈维读〈资本论〉》第 2 卷,谢富胜、李连波等译,上海译文出版社 2016 年版,第 353 页。

② [美]大卫·哈维:《资本之谜:人人需要知道的资本主义真相》,陈静译,电子工业出版社 2011 年版,第 230 页。

总之,正是资本家对资本积累的无限追求导致了资本的空间生产发展、深化和不平衡,最终导致了资本之间、资本与劳动者之间的矛盾和冲突,呈现为资本的"创造性破坏"的格局以及人的身体和自由越来越被资本所支配和压抑的状况。资本积累是全球化和资本空间生产的内在动力,但资本积累又造成资本主义原有社会矛盾的扩大化,也预示着资本积累方式难以为继。空间矛盾产生的根本原因在于资本主义生产方式的矛盾,这就意味着只有立足于资本空间生产的现实和矛盾,才能变革资本主义生产方式,最终实现人的自由和解放。①

第四节　化解资本主义矛盾的空间革命

20 世纪以来一直纠缠着激进左派的巨大困惑是"工人阶级为何不革命了"? 哈维在肯定马克思阶级斗争思想的前提下,沿着列斐伏尔开辟的空间革命思想,他力图在时空辩证的语境中创建一种总体性与多样性、包容性与差异性相统一的新型空间革命理论。

一、空间革命的内涵

在当今全球化空间急剧扩张的时代,一个"全球思考、地方行动"的时代,如何穿透由资本全球化所构筑的坚硬物质外壳,使隐藏其中的革命可能性凸显出来,已经成为当代西方马克思主义者所必须着力思考的问题。在思考中,发现曾经唤醒 20 世纪革命力量的马克思主义已不再被当代许多知识分子解读成一种面向革命的实践,相反,他们甚至把马克思恩格斯当作资本主义全球化的预言者和市场经济建设的正面论证者。面对当代无产阶级革命的沉寂,他们把目光转向消费、生态、女性主义、交往、承认等理论,并认为无产阶级革命在理论上已经终结了。例如,马尔库塞提出"爱欲解放",德里达提出马克思的解放精神在"延异"中走向解构,波普尔认为马克思的人类解放理论是一种"宿命论","第三条道路"激进政治领袖吉登斯则直接提出"告别革命"。但全球化并没有终结革命的任务和历史,自由主义许诺给

---

①　王雨辰:《历史唯物主义的空间化与差异政治学的重构——哈维〈希望的空间〉的解放政治学》,《社会科学辑刊》2018 年第 2 期。

世界的"自由与繁荣"也远远没有到来,而新自由主义者标榜由自由市场经济实现人类理想的幸福生活,早已被证明是痴人说梦。正是在这种全球化语境中,新的矛盾重新激发了人们对马克思主义的期待,在这种期待中,基于马克思主义立场"重新发明革命"的口号在当代西方左派或激进主义阵营中也并不鲜见。

实际上,革命的"终结"并不是指革命的绝对结束,而是蕴含着新的希望和可能性。西方马克思主义针对资本主义的现实也提出了马克思主义发展所应该面对的具体问题,如物化、文化霸权、心理异化、生态危机、日常生活等。这些问题构成了20世纪90年代西方批判理论的底蕴和主题,也促成了诸种问题讨论方式的变化。① 在新科学技术的引擎作用下,资本主义进入了发展的黄金时期。但作为激进主义立场的新马克思主义者并没有因为全球化而进入休眠状态甚至"告别",应该说它仍然在听从当今时代的召唤。

新马克思主义代表人物列斐伏尔探索了空间革命的可能性。与传统马克思主义思想家不同,列斐伏尔发现了始终被理论家所忽视的日常生活空间的革命意义。现代的日常生活空间既被资本所全面地异化,又蕴含着否定的、革命的因素,是诱发无产阶级总体性革命的策源地。列斐伏尔继承了马克思的人的解放理论,他努力挖掘出日常生活同质性世界发展中所隐藏的革命性和差异性力量,主张通过一种"空间革命"实现"差异性空间"的社会。他认为,社会变革依赖于否定性的力量,只有持久展开否定性和批判性的思考才能打破理性的同一性空间所形成的同质化趋势,而这种否定性力量源于工人阶级的自觉意识及在此基础上通过自我管理追求实现真正的民主的动力。

总体而言,列斐伏尔将"空间革命"归结为一种开放性、差异性和可能性,任由我们自己大胆地去体验和创造,以构建起符合人类文明共同追求的理想的社会状态。不难发现,列斐伏尔的空间革命思想包含着后现代主义革命思想的影子。

沿着列斐伏尔所开辟的"空间革命"思想,哈维强调要深入马克思经典著作中挖掘那种更符合现代社会或时代要求的工人运动的新视角(即"空间维度")。哈维力图在时空辩证的语境中创建一种总体性与多样性、包容性与差异相统一的新型空间革命理论,以消除现实困惑。空间既是当代资本

---

① 胡大平:《后革命氛围与全球资本主义:德里克"弹性生产时代的马克思主义"研究》,南京大学出版社2002年版,第54~55页。

主义得以持存的重要场域之所在,也是工人阶级反抗资本主义的重要形式和主要阵地。哈维深入剖析了马克思《共产党宣言》《资本论》等经典著作中的空间思想,阐释了全球化不平衡地理发展和身体政治学思想,并对以巴尔的摩城市为原型的空间形态和现代社会过程乌托邦设计展开了批判,从而建构起"时空辩证乌托邦理想"。这种乌托邦理想就是一种"希望的空间",这种空间意味着要从生产的角度进行批判乃至摧毁资本空间所固有的剥削、掠夺性质,进而使人们的日常生活空间从资本权力的操纵中摆脱出来,使工人阶级获得平等的生存权利,实现人与自然的和谐共生。

哈维坚持马克思主义革命立场,认为资产阶级对空间的剥削与压迫必将激起一切底层民众的"空间革命"运动,从而走向追寻空间正义的道路。马克思始终强调,在资本主义体系下无产阶级不可能最终获得自由和幸福,因此无产阶级必然要走向革命,推翻资本主义统治并建立无产阶级专政的政权。空间革命就是凭借现代新技术手段,工人阶级在特定空间范围内联合起来,形成一个从地方到全球的反抗和超越资本主义社会的空间联合体,构建一种在社会上公正、在生态上敏感的替代性社会。人类的未来是开放的,没有什么是固定不变的,一切都需要我们大胆想象、小心实践。同时,他强调马克思辩证法的重要性,我们应在整体的时空辩证语境中将普遍性和特殊性、永恒性与短暂性、整体化与碎片化结合起来,把拘泥于地方性特殊诉求的反抗力量联合起来,以形成一种具有普遍性诉求的反资本主义力量,这正是取得空间革命胜利的关键之所在。

总体上,哈维的理论指向仍是探寻全球政治解放的可能性。虽然他并没有提出一套切实可行的具体革命行动方案,但他发挥了马克思主义哲学思想所具有的"批判"和"超越"功能,引导人们去突破受当下资产阶级意识形态"操纵"所导致的僵化思维,从而积极探索面向崭新的未来时空。从这一点来看,哈维的空间革命思想具有重要的现实意义。

二、空间革命的主体

当代西方学者在对"革命的可能性"的探讨中,自然也延伸至对历史变革主体的再思考。哈维立足于马克思主义空间话语批判当中,追求工人阶级总体性的解放,强调要在新的时空背景下理解当代工人阶级。

第一,工人阶级是社会主义革命的主体力量,这是马克思资本逻辑批判理论中的一个基本观点。在马克思主义哲学的发展过程中,主体概念呈现出具有丰富内涵的四种形态——自我意识主体、市民社会主体、个人主体和資本主体。"资本主体论"蕴含着一个极有发展前景的"资本诠释学",能对现代社会及其发展动力做出实质性的诠释。① 在一个以交换价值的生产为直接目的的资本主义社会里,作为"人格化的资本"的资本家唯一目的就是使自己的资本不断地增殖,使作为主体的"人"和作为客体的"物"(资本)关系倒置,"物"支配了"人","人"本身失去了自己的独立性和个性,资本主体化、人客体化成为当今资本主义社会的基本特征。在对资本主义批判的深层旨趣中,马克思紧紧抓住了"资本"逻辑的理论线索,进一步揭示出资本主义的根本弊病。

同时,马克思追求人的完整性和人的丰富性作为自己历史哲学的出发点和归宿。马克思认为人是具有现实属性的社会存在物。"人以一种全面的方式,就是说,作为一个总体的人,占有自己的全面的本质。"②人的全面发展具有完整性、系统性,人的全面发展是人自身的目标,也是历史发展的目标。而人的解放只能靠人本身,历史变革的主体就是那些受资本剥削和受奴役的工人阶级自身,"工人阶级的解放应当是工人阶级自己的事情"③。无产阶级的历史使命就是通过阶级革命,推翻资本主义统治、建立无产阶级专政的政权。

第二,"恢复"和"重建"无产阶级的革命主体地位,一直是西方马克思主义者努力的方向。俄国十月革命的伟大胜利实践证明了马克思历史革命理论的正确性,由此掀起20世纪20年代欧洲社会主义革命运动的高潮,但是由于欧洲社会主义革命家普遍存在着照搬照抄俄国经验的教条主义做法,社会主义运动最终以失败告终,伴随着第一次世界大战的爆发,第二国际也随之取消了无产阶级的革命主体地位。正是在这样的历史背景下,以卢卡奇、葛兰西、柯尔施等为代表的一批理论家开始总结马克思主义发展的经验教训、探索欧洲革命的新道路,从人文主义视角出发积极解释马克思主义哲学,思考"恢复"并"重建"无产阶级的历史主体和革命主体地位。

面对当代资本主义阶级结构的重大变化,当代西方马克思主义者继续寻找革命主体的使命。在当今物质相对富足的现代社会,传统产业意义上的工人阶级似乎消失了,工人阶级的组织纪律性也大大削弱,他们有了轿车、住房甚至一定数量的股票、银行存款,成为"资产者",工人阶级日益被同

① 俞吾金:《马克思主体概念新论》,《江苏社会科学》2006年第5期。
② 《马克思恩格斯全集》第3卷,人民出版社2002年版,第303页。
③ 《马克思恩格斯选集》第1卷,人民出版社2012年版,第385页。

化进现存社会制度中。各国经济发展水平的巨大差距，又造成工人阶级的内部矛盾加剧；白领工人的增加及工人工资福利上的提高，进一步弱化了工人阶级自身的革命意识。由此，当代西方马克思主义者普遍认为工人阶级已经不能成为革命主体，主体已消亡。而后现代西方马克思主义者当中，当把诸如性别、生态等话题纳入反抗资本主义斗争之后，又造成主体多元化，甚至走向虚化境况。例如，当今最为著名的马克思主义革命理论家奈格里和哈特借助斯宾诺莎的大众概念，认为历史革命的主体是"诸众"，这又使主体概念陷入一种抽象当中，把阶级斗争完全界定为一种纯粹的主观性活动。

第三，哈维追求工人阶级总体性解放，强调"新工人阶级"①的主体地位及其能动性。在列斐伏尔看来，当代资本主义的再生产已经延伸至广阔的社会日常生活中，日常生活已由传统社会文化的"剩余物"转变为资本主义生产方式变革的"基础"，日常生活蕴含着否定的、革命的积极因素，是诱发无产阶级总体性革命的策源地，未来"总体性"革命计划的实施和差异权的追求需要依赖于工人阶级。但列斐伏尔并没有对工人阶级及其使命展开具体剖析。哈维沿着列斐伏尔的空间批判思路，重新建构、恢复了马克思工人阶级概念的"总体"的主体，即作为资产阶级对立面的那个被资产阶级剥削和压榨的广大劳动者群体。无疑，哈维也吸收了许多后现代多元化、差异化等思想主张，但他立足于马克思主义空间话语批判当中追求工人阶级的总体性解放，这使他与多数后现代西方马克思主义者所主张的——对"总体革命"和阶级政治的否定，有根本的不同。

从改造资本主义社会历史现实角度来看，哈维所说的"新工人阶级"实际上继承了马克思的阶级主体、劳动者的概念。在通常理解中，马克思那里的工人阶级主要是从生产方式或生产过程当中来界定的，而哈维"新工人阶级"概念蕴含着更为丰富的内涵。工人阶级的范围不是固定不变的，它会随着社会现实生活的变化而变化。传统的"劳动"概念过于狭隘，仅包含工、农业中的直接性物质生产活动，服务业和流通领域等非直接性物质生产活动

---

① 哈维在不同的语境下对历史主体有不同的指称，如"广义工人""工人阶级""无产阶级""城市暴民""无产者"等，但总体上来说都是以作为资产阶级对立面的那个主体来称谓，而哈维本人多次强调要从新的时空背景下去理解当代工人阶级，比如他在《叛逆的城市：从城市权利到城市革命》一书中就指出："工作的概念和阶级的概念都需要从根本上改写"（[美]戴维·哈维：《叛逆的城市：从城市权利到城市革命》，叶齐茂、倪晓晖译，商务印书馆2014年版，第141页）。由此，本书把哈维空间革命的主体称为"新工人阶级"。

却被排除在外,因而要将"劳动"的概念改变为意义更为宽泛的工作概念,全面涉及日益城市化的日常生活的生产和再生产。"工作的概念和阶级的概念都需要从根本上改写。必须把争取集体的市民权利的斗争(如移民工人的权利)看成反资本主义斗争的组成部分。"①在现代工厂里,机械化设备和以零工为"岌岌可危劳动"(precarious labor)已成为现代工业生产主要劳动力;城市空间则被白领工人、金融打工者和高端服务业者所占据。后者代替了工人阶级,成为城市反抗运动的主力。广义工厂对应于广义工人,"新工人阶级"范围除了包含传统工厂工人,还包括一切白领工人、金融打工者和高端服务业者和现已规模巨大的临时性、没有就业保障的、没有组织起来的广大劳动者等。同时,阶级斗争的主体,还应该包括那些受到发达国家所强加的剥削、统治而"边缘化"了的所有人。

总之,哈维继承和发展了马克思资本逻辑批判思路,直面当代资本主义阶级结构和分配关系的重大变化,关注潜在反抗主体的培育和壮大问题,并对历史主体的探讨落脚于对资本主义社会再生产的批判与变革,体现了马克思辩证法的主客体向度的辩证统一。但是,哈维关于革命主体的阐述存在内在矛盾和困境:他把城市空间中所有白领工人、金融打工者和高端服务业者,全盘接收,纳入"革命主体"范围,又把空间革命的主体寄托在一些弱势群体和边缘人士身上。这样的"扩充"和"转移"是否还能保证马克思主义工人阶级的主体地位,是值得怀疑的。此外,哈维也深陷因主张主体多元而走向虚化的危险。

三、空间革命的方式

哈维在继承列斐伏尔空间批判理论的基础上,强调传统马克思主义当中忽视了空间对资本逻辑批判的重要性。面对着当代资本主义新的变化,哈维突出空间维度,并把它植入资本主义生产方式的替代方案,以此探讨一种如何摆脱资本积累逻辑背景下实现空间革命实践的可能性,废除资本和劳动之间的阶级关系。

第一,当前的"空间革命"只能是从最低限度意义上讲,实现对资本主义空间的根本变革必须进行认知观念的转变。二战后,资本主义国家通过政治操控实现了"空间中物的生产"向"空间本身的生产"转变,实现了资本的

---

① [美]戴维·哈维:《叛逆的城市:从城市权利到城市革命》,叶齐茂、倪晓晖译,商务印书馆 2014 年版,第 141 页。

存续和发展。空间成为资本主义发展及其生产和再生产的构成性与决定性因素。而空间在促进资本发展的同时，又不断聚集大量的空间矛盾，致使资本主义危机在更高的层面上暴发，空间将成为斗争的新战场。与传统的马克思主义那种把革命看作政治制度的根本更替、历史发展的必然的观点不同，列斐伏尔认为革命是一项政治战略，政治一词是在行动主义的意义上使用的。迈向社会主义的空间依赖于持续不断的行动，即在资本主义的空间中不断地寻求改变的可能性。革命和社会历史发展一样，都不是线性的，革命不再意味着社会进步的颠覆，而是引起社会的巨大改变。"伟大的革命是社会和历史的震颤，它们有复杂的后果……'历史感'不再是被预先决定的。"①因此，只要是致力于改变社会的运动都可以称为革命。

在继承列斐伏尔空间批判理论的基础上，哈维认为马克思把工人阶级理解为历史主体实际上存在着从必然到自由的跳跃，从现实上看，工人阶级要成为历史革命主体还需要走很长的路。革命不是"一蹴而就"的，而是一个长期的、分阶段的推进演化过程，革命可以划分为最低限度的革命和最高限度的革命。相对于工人阶级贯穿于19世纪后半叶至20世纪初的武力罢工和军事反抗，空间中的全新反抗主体要以基本生存权利的实现为反抗目标。这是因为，在新自由主义思潮的统治下，资产阶级上层恰恰是通过这些生存权利的让渡以及生活福利与消费品的贿赂，使"新工人阶级"与统治阶级成为"利益共同体"，使"新工人阶级"丧失其反抗的意志。所以，在当下新自由主义条件下，资本主义还有很强的生命力，革命只能是在最低限度意义上讲的，指"新工人阶级"通过"权利的争夺"，取得广泛的一致性来减少或消灭矛盾，使社会变得更好。

当今资本主义生产关系的再生产还远没有达到它的界限，单靠工人阶级的力量还远不足以通过政治革命夺取资产阶级的政权。为此，要通过持久的革命意识教育以恢复工人阶级的主体意识，以不断追求差异的权利反对同质化趋势，实现工人阶级应有的城市权利。城市权利的争夺虽然具有改良的性质，但是循序渐进的改良和对权利的逐步争夺，日积月累，最终为在某种条件下被激发起来的彻底变革创造条件。要恢复工人阶级的主体意识，当下最主要的是恢复和发扬马克思主义精神。批判性是马克思主义的重要特质，马克思主义的目标不仅是认识世界，更主要的是改变世界，而这

---

① Henri Lefebvre, *State*, *Space*, *World*: *Selected Essays*, London: University of Minnesota Press, 2009, p. 291.

必然引起统治阶级对马克思主义的压制和排挤。"但是,正如马克思本人所坚持的,只有当这些批判性的思想落实到制度安排、组织形式、生产系统、社会关系、技术、人与自然的关系层面时,世界才会真正改变。"①

第二,"新工人阶级"的历史使命就是凝聚一切反抗力量,推进"反资本主义"斗争。马克思实践唯物主义的立足点在于号召历史的主体即无产阶级为改变现存的世界,建立一个"人类社会",强调"对实践的唯物主义者即共产主义者来说,全部问题都在于使现存世界革命化,实际地反对并改变现存的事物"②。实践是理论发展的来源、动力和目的,真正科学的理论总是从既定的社会现实出发,而作为掌握了科学理论武器的无产阶级则需要能动地介入和改变社会现实。哈维认为,共产主义者指的是所有努力奋斗并希望实现一个与资本主义所预示的结果截然不同的未来的人。虽然人们对"共产主义"这个词在社会历史发展上有过种种的误读和曲解,但这个词语是如此沉重,以至于很难把它重新引入政治表述中。在某种程度上,未来理想的社会叫什么名字并不重要,"另一个共产主义是可能的",即追求公平的革命斗争不仅还在继续,它开始改头换面了,当人们对一个看上去全能的资产阶级利益社会心怀不满和愤怒时,必然就会出现各种形式的、跨越了时间和空间限制的政治运动。哈维通常用"新工人阶级"这个词来取代"共产主义者"。他认为,新工人阶级所追求的"社会正义"价值就是"反资本主义斗争能够坚持的最好的评价地形"③。一切为争取更美好生活质量的斗争都是新时期涌现出来的阶级斗争,都应纳入反资本主义政治斗争。反资本主义运动主要是反对资本全球化的新自由主义以及资本主义政治经济体系,反资本主义的斗争是关于生产中资本和劳动之间阶级关系的废除。总之,在资本全球化时代"新工人阶级"的历史使命就是凝聚一切反抗力量,构造一个建立在多元文化基础上的公平正义的替代性社会。

第三,城市已成为反资本主义斗争的主要战场,工人阶级要通"城市革命"实现城市权利。资本空间的生产已全面渗入日益城市化生活的生产和再生产,过去那种集中管理的劳动密集型工厂,已经不再成为当代资本主义商品生产的主要空间,取而代之的,是分散的、利用互联网信息渠道定制并

---

① [美]大卫·哈维:《资本之谜:人人需要知道的资本主义真相》,陈静译,电子工业出版社2011年版,第228页。

② 《马克思恩格斯文集》第1卷,人民出版社2009年版,第527页。

③ [美]戴维·哈维:《正义、自然和差异地理学》,胡大平译,上海人民出版社2015年版,第13页。

以全球物流为中介的个性化代工厂,这些代工厂分布在郊区或更为偏远的地区。过去那种街垒式反抗的手段已不再有效,传统的基于工作的斗争和基于社区的斗争的区别正在消退,原先对城市和乡村劳动者的区分已过于绝对,城市生活领域已取代工厂成为反资本主义斗争的主要战场。

过去的聚焦于生产过程的阶级斗争策略无论如何都是片面的。工人阶级需要"以被剥夺者的名义宣称他们的城市权力——改变这个世界的权利、改变生活的权利,以及拥有按照他们的愿望彻底改造城市的权利。……总而言之,列斐伏尔在 40 年前所提出的主张也许是对的,革命必然是城市的,否则就完全没有革命"①。因此,必须把所有争取集体的市民权利(即"城市权")的斗争看作反资本主义斗争的组成部分,同时必须接纳那些被传统左翼排斥在外的没有组织性、暂时性的"城市暴民",这些力量曾经在城市反叛和抗争的历史上发挥过重要的作用。这样才能使城市中不同领域的生产和再生产者认识到自身利益的一致性,从而将他们联合起来共同开展反资本主义的斗争。

总之,实践性是马克思主义最根本的特性,作为认识成果的马克思主义也必须根植于鲜活的社会实践,随着时代的发展而发展。哈维对空间革命的相关认识和相关论述体现了马克思主义的这种"真精神"。他作为一个西方学者能始终坚守马克思主义的批判精神和革命情怀,显得难能可贵。但我们也应看到,哈维把革命的主体寄托在一些弱势群体和边缘性人士身上,而忽略了工人阶级的主体力量和重要作用,这势必把革命引向歧途,走上一条"浪漫的反资本主义"的乌托邦革命道路。

---

① [美]戴维·哈维:《叛逆的城市:从城市权利到城市革命》,叶齐茂、倪晓晖译,商务印书馆 2014 年版,第 26 页。

第五章
哈维对构建空间正义社会的理想设计

哈维的理论旨趣并非停留在资本主义空间生产的理论批判。他秉承马克思的"改造世界而不仅仅是解释世界"的理念,不再把"正义"当作一种永恒理念和道德准则,而是以正义的历史性超越永恒正义,探求如何根除压迫并超越资产阶级统治的"非正义"性,探讨构建空间正义社会的基本目标、原则和行动方案。

第一节　构建空间正义社会的基本目标

哈维原则性地提出构建空间正义社会的目标,即"建设一种在社会上公正的、在生态上敏感的替代性社会"①。对于如何谋划与推进这种替代方案,则是他着力探讨的主要问题。有关"正义运动"既可以选择以社会政治议题作为突破口,也可以从生态议题着手,但对于反抗和超越资本主义的运动而言,实际上社会政治与生态环境是一体关联的,二者应结合起来、共同推进。同时,伴随着全球化进程的不断深入,正义问题的讨论必须扩展到开放性的全球空间系统中,唯有如此,方能真正把握空间正义的内涵及其实现问题。

一、政治正义

资本主义的社会空间始终充满政治色彩,带有很强的政治意识形态性和阶级属性,空间资本化、空间殖民化、空间隔离展现出政治对空间的渗透,引起资本主义空间生产的泛政治化。马克思恩格斯通过对资本主义空间生产的批判揭示了空间政治学的基本价值诉求,即无产阶级通过阶级革命,推

---

① 　[美]大卫·哈维:《希望的空间》,胡大平译,南京大学出版社 2006 年版,第 68 页。

翻资本主义统治,变革资本主义的空间政治关系,以建立人的自由和全面发展的空间关系。面对当下资产阶级打着正义的名义实现所谓"公正的分配"模式,不断强化对全球空间的奴役和统治的情境,哈维基于马克思主义理论对此予以批判,他认为资本主义条件下空间生产本身就是一部生产不公正的机器,正义合理性的诸多概念并没有从我们的社会和政治世界中消失。新自由主义经济政策是为利用空间生产和空间控制手段、为资本家获取更大的利润服务的,即构建一个好的"经济环境"以使资本积累最优化,进而权力、财富、自由、机会在新的条件下重新归于少数精英阶层手中。为此,空间正义理论的宗旨就是要建构一种新型空间政治策略,迎接一个社会上公正、生态上敏感的替代性社会①。

首先,人权运动具有极大的能量和现实的可操作性。普遍性权利是全世界无产者打破地方局限而团结起来的纽带。现代社会历史在很大程度上可以说是一部人权斗争的历史,"为权利而斗争"可谓深入人心,业已成为世界潮流。基于"类"存在理念,哈维强调身体政治的重要性,并把反对资本主义的斗争与各种人生而有之的"普遍权利主张"联系起来。哈维根据《共产党宣言》和《世界人权宣言》的某些提法,概括了当前新政治运动要争取的 11 项权利:(1)生活机会的权利;(2)政治联合和良好治理的权利;(3)生产过程中直接劳动者的权利;(4)人的身体的不可侵犯性和完整性;(5)豁免权/变动权;(6)体面健康的生活环境的权利;(7)集体控制公共财产资源的权利;(8)尚未出生的人的权利;(9)空间生产的权利;(10)包含不平衡地理发展的差异权;(11)我们作为类存物的权利。② 这些"普遍权利的主张",既是对《世界人权宣言》的升级,又是对新自由主义权利体系的替换。当然这套普遍性主张不是固定不变的,而是随着时代状况的改变逐步完善的,但这些权利只有通过斗争才能取得。哈维把它们提出来,既是作为对新自由主义的权利体系的一种批判,也是全人类需要捍卫和追求落实的清单。同时,在新的时代背景下,哈维积极回应了马克思那句著名的口号——"全世界无产者联合起来"。"普遍性权利"是联合各方的动力源泉,而"反叛的建筑师"将是实现"普遍性权利"的倡导者,即我们每个人都是自己的"建筑师",需要勇敢的想象和对未来的筹划,需要从不同的时空规模来思考解放政治的可能性。

---

① [美]大卫·哈维:《希望的空间》,胡大平译,南京大学出版社 2006 年版,第 68 页。

② [美]大卫·哈维:《希望的空间》,胡大平译,南京大学出版社 2006 年版,第 242～245 页。

其次,以"差异政治"为基础重构正义政策的制定和实施。哈维强调"空间正义"应当超越传统的正义的理念争辩,在实际的政治决策和空间规划、空间资源分配的层面,重构正义政策的制定和实施。哈维仔细考察了艾丽斯·M. 杨的《正义与差异政治》(1990)一书中关注压迫的"五副面孔":剥削(exploitation)、边缘化(marginalization)、去权力化(powerlessness)、文化帝国主义(cultural imperialism)和暴力(violence)。杨指出当下探讨正义问题需要摆脱新自由主义国家那种纯粹的再分配式理念,而应把支配和压迫作为考察不正义的起点。

由此,哈维强调我们很有必要探讨差异正义政策的制定和实施,以超越当下任何形式的压迫,为创造适于居住的城市和工作的环境而斗争。有如下六个方面(在"五副面孔"的基础上,哈维增加了第六项要求):第一,直面创造社会的形式和政治组织的难题,在工作、生活、生产和消费中要把对劳工剥削降低到最低限度;第二,要面对边缘化的现象,在非家长式统治模式(a non-paternalistic mode)之外,寻找如何组织民众和防止政治上的边缘化的方法,并将那些被奴役群体从这种独特的压迫形式中解放出来;第三,授予各方自主权力,而不是剥夺被压迫者进入政治权力的机会及进行自我表达的能力;第四,必须对文化帝国主义的问题保持特殊的敏感,努力寻求各种方法以摒弃帝国主义倾向;第五,要找到社会控制的非排他性和非军事化的形式,在保持受压迫者的自我表达的能力情况下,抑制日渐增强的体制化暴力;第六,要清楚地认识到所有计划中的生态后果,必将影响着未来的子孙后代和其他地域居民,要尽力采取合理措施来缓解对生态产生的负面影响。[①]

二、环境正义[②]

基于历史唯物主义,马克思恩格斯阐发了环境正义思想。马克思恩格

---

① David Harvey, Social Justice, Postmodernism and the City, *International Journal of Urban and Regional Research*, 1992(16), p. 206.

② "环境正义"主要指以某物为中心(人或自然)的周围环境的空间性正义,哈维通过对人类中心主义和自然中心主义的批判而强调建构一种人与自然合理的空间关系,由此哈维更多地使用"环境正义"这一术语(如,哈维在《正义、自然和差异地理学》一书中专章讨论"正义的环境"问题)。"生态正义"的概念则是从"环境正义"的概念分野出来的新的概念,这种分野是近年来伴随人类对于人与自然系统性关系的认识的不断深化而实现的。生态正义是一种涵盖宇宙之中方方面面的整体性的正义,是社会正义思想向生态方面的延伸,体现人类在生态方面的整体的平等、公正、权利、义务的对等性,包括个体间生态正义、群际生态正义和种际生态正义。生态正义是引领现代文明转型的核心价值,从当下建设中国特色社会主义生态文明角度来说,我们更多使用"生态正义"这一术语。

斯指出,人本身是自然的存在物,人类社会与自然世界相统一,人化自然与天然自然之间相统一,实际上整个人类社会的历史就是一部人类通过实践活动不断改造自然的发展史。随着资本主义大工业的发展,资本家对剩余价值的无限追求,引发资源环境问题即人与自然关系的日趋紧张和冲突,由此,只有消灭资本主义制度本身才能彻底解决资本主义的环境问题,实现环境正义。从这一意义上,环境正义本质上是一种基于人类实践基础的人与自然和谐统一的合理性关系诉求。

当今资本主义全球空间生产背景下,资本扩张、技术革新、市场机制运作,都使得人与自然的矛盾更加突出,环境正义问题更加凸显。哈维认为,"环境问题"并不是孤立于社会变迁和"自然"或"环境"被评价的那种方式,"社会正义和环境正义在城市背景中是互不可分的,是一个大致的共识"①。环境问题归根到底是人与人的矛盾,实际上反映了人与人之间在价值观念上的矛盾冲突。由此,要改变当前生态环境遭受毁灭性打击的危险局面,我们需要从那种原子论和机械论的观点中解放出来,坚持历史—地理唯物主义方法,重新认识当前环境问题,迈向生态社会主义。

第一,重新认识当前生态环境问题的本质。生态环境问题的提出,折射出人类自身在价值认识上的矛盾。正是资本主义制度对剩余价值的无限追求,使得其生产规模无限扩大,最终导致人与自然关系的日益紧张甚至引发冲突。当前西方学者所谓的"自然极限"论无非是资本家企图对社会最底层和广大发展中国家的生存权、发展权进行遏制,以使资本获取更大的剩余价值,这误导了人们对环境问题的本质的认识。哈维强调要重新认识当前环境问题的本质,要将对资本和资本主义制度的批判置于唯物辩证法的视野中来认识。当前资本主义所遭遇的生态稀缺和环境困境的根本原因就在于资本主义制度及其价值观念本身。正是资本、技术与其他各种要素的全球化泛滥导致了空间的不平衡发展和生态恶化的社会现实,环境正义的提出事实上就是要纠正资本对自然的"绑架"和对人的权益的"掠夺",每个人都应该有权利直接或间接地参与到那些与环境有关的法律和政策的制定,共享利益、共担风险。

第二,迈向生态社会主义。资本主义制度的本性不但不能解决环境问题,反而会使它加剧,特别是 20 世纪 70 年代以来,"环境问题"已成为当代世

---

① [美]戴维·哈维:《正义、自然和差异地理学》,胡大平译,上海人民出版社 2015 年版,第 454 页。

界政治冲突的重要因素。"包含在经济增长与社会发展的冲突中(这一问题在发展中国家尤为突出),更体现在生态学以及其他政治、理论姿态有关未来和当代的争论中。"①空间正义的提出,肩负起对人类和自然的共同责任,既要关注不同利益群体之间的公平正义问题,更要注重恢复人与自然的和谐统一。

其一,形成知识统一性,肩负起对人类和自然的共同责任。人类社会要发展和进步,必然要积极能动地改造自然环境并使之朝向有利于人类方向发展,但同时我们也不要忘记对自然应负的责任,自然是人类存在的前提和基础,人类本身就是自然的一部分,人类的实践活动必须尊重自然发展规律。"肯定大地母亲的神圣性、生态一致性以及所有物种之间的相互依赖,有权免受生态破坏。为了人类和其他生物所生存的星球能够持续发展,授权合乎道德地、平衡地且负责任地使用土地和可再生资源。"②当代环境问题产生的根本原因在于资本主义制度及其价值观念本身,即资本对自然的"绑架"和对人的权益的"掠夺"。这就决定了我们在解决环境问题时,必须超越不同环境话语的差异和冲突,通过不同时空的对话达成共识,形成知识的统一性。由此,我们要整体性地批判和分析当代环境问题,预防因过度消费和过度商品化偏好而造成的环境危机,同时,要特别关注与弱势群体有关的环境问题,防止新的环境不正义现象,即坚决制止任何以牺牲弱势群体的生存环境为代价而追求所谓环境保护和经济发展的行为。

其二,坚持集体的行动,有力回击资本联盟。当代环境问题源于资本家和有权人士共同形成的资本霸权规划,这种霸权规划建立于市场规划基础上。环境问题实际上存在着阶级和意识形态问题,比如,发达资本主义国家以及由资本力量控制的国际组织和研究机构,始终在意识形态领域"引导"和支配着人类对环境问题本质的认识及解决措施,排除一切有碍于资本积累的社会运动和思想意识。强势的国际资本力量事实上已经形成一个联盟整体,掌握着意识形态话语霸权,由此,我们应坚持集体行动原则、形成统一性的反抗力量,方能有力地回击资本联盟。我们必须把一切正受资本力量所剥削和压迫的反抗力量组织起来,并及时提出能够凝聚这种反抗力量的行动方案,即"提出建构整套生产、交换和消费的替代模式问题,这种替代模

---

① 胡大平:《从地理学到生态社会主义政治学——文献史和问题史中的哈维》,张一兵等主编:《社会理论论丛》第三辑,南京大学出版社 2006 年版,第 37 页。

② [美]戴维·哈维:《正义、自然和差异地理学》,胡大平译,上海人民出版社 2015 年版,第 425 页。

式可以降低风险,并且在环境和社会问题上都是公正和敏感的"①。

其三,通过阶级政治斗争,从根本上解决环境问题。哈维的环境正义思想并未像某些西方生态学马克思主义学者那样极端,他始终坚持和发展马克思主义,从全球问题的广度和人类命运的深度探索生态危机的产生根源和解决途径。同自由市场一样,环境问题是资本逻辑的必然结果,属于社会问题。而环境问题也是社会政治问题,对当代环境问题的研究应置于阶级政治当中来展开,环境问题的解决是解放政治的题中应有之义,但环境问题从根本上隶属于资本逻辑的生产议程,那种单纯的环境斗争本身是不可能取得胜利的,只有通过构建理想社会的阶级政治斗争,才能从根本上解决生态问题。所以,现阶段的中心任务就是"定义一种特殊的生态社会主义规划,并为之奋斗,把我们从资本主义通过其非常明确的生态规划而生产出来的特殊社会压迫和矛盾中解放出来"②。事实上,迈向一种生态社会主义就是要从根本上破除资本逻辑操控的发展陷阱,恢复人与自然的和谐统一。

三、全球正义

二战之后,全球化的快速发展越来越呈现出一体化与分散化并行的进程。伴随着信息技术和交通运输业的快速发展,国家与国家之间的联系变得更加紧密,全球呈现出一体化趋势,"地球村"的观念已深入人心;全球化又加剧了分散化趋势,传统中的那种"由地理空间限定的单一权威"逐渐失效,从而引发全球性的贫富差距的扩大、文明的冲突以及国际社会的撕裂。学者争论的焦点是正义能否超越一个国家的界限而走向全球,持消极态度的学者认为,在当今充满利益纠纷的国际社会中,根本不可能出现所谓的全球性民主国家,全球正义只能是一种奢侈的言论。

作为当代最杰出的政治哲学家之一,罗尔斯提倡将社会正义的思想拓展到全球层面。他认为存在着高于国家利益的人类命运共同利益,因而全球正义可以实现。其全球正义思想集中体现在《万民法》(1999)一书中,他认为,自由的人民经过原初状态的慎思会挑选符合全体人民根本利益的万民法,从而组建万民社会,而世界各国要想成为万民社会中的一员,最终选

---

① [美]大卫·哈维:《希望的空间》,胡大平译,南京大学出版社 2006 年版,第218页。

② [美]戴维·哈维:《正义、自然和差异地理学》,胡大平译,上海人民出版社 2015年版,第222～223页。

择的将是民主立宪的自由国家。罗尔斯强调要建立多元理想的全球正义理论，他却没有成功解决这种完备性理论和多元理性之间的冲突。实际上，他的全球正义理论试图构建一套具有普世意义的全球正义原则，坚持全球正义的元叙事以及以此为基础的权利的普遍性，隐含着对西方民主自由国家和政治自由主义的推崇，这也使他的理论成为当代西方新自由主义全球化的理论依据。哈维肯定全球正义的可能性，但他并不赞同罗尔斯的这种"普遍主义"的全球正义原则，因为"任何普遍的社会正义原则，它的应用必然伴随着某种不公正"①。我们如果把罗尔斯的国内正义理论推广到国际层面，很容易犯一种文化霸权主义错误。由此，哈维肯定了后现代"特殊主义正义理论"所提出的全球多元正义主张，强调要特别关注全球化发展过程中的各种地方和边缘性空间的生产以及日趋多元化的身份政治。

资本主义经济向全球化发展是资本过度积累的必然产物，本质上是资本主义国家向广大发展中国家转嫁资本积累危机、追逐剩余价值的资本主义空间生产。资本主义正是通过"时空修复"手段，将过剩的资本输出到广大落后国家和地区，从而暂时化解了资本过度积累危机并使资本主义体系得以延续。落后国家和地区存在着大量的"人口红利"，能为资本家提供大量的雇佣劳动力；同时，落后国家和地区存在着大量有待开辟的"生产空间"，能吸收大量的过剩资本并保持资本不断增殖。但资本积累又造成全球地理发展的不平衡，致使全球化表现为一种"空间非正义"，如发达地区与欠发达地区、城市与乡村、中心与边缘等矛盾和冲突，暗含着国与国之间的等级与从属，凸显了国际关系中利益分配的不公平和事实性差距。

哈维从资本积累和阶级斗争的批判视角出发，为构建全球正义指明了方向。资本空间扩张包含着两个基本过程——资本积累和阶级斗争，因此，在走向未来理想社会方面需要从这两个角度加以阐释。资本通过"空间修复"策略缓解了资本积累的危机，即把过剩的资本通过空间转向边缘性的异质性空间，以获取更多的利润和生存空间。而空间扩张和空间修复又导致了空间生产的分散与分裂，瓦解了工人组织和联合起来的力量，甚至不同地方的工人阶级为生存和争取更多的空间资源而展开斗争。正是由于资本主义内在的地理扩张、空间重组和不平衡发展的多种可能性，资本主义至今仍得以发挥其政治经济系统功能。哈维揭示资本主导的空间是造成空间生

---

① ［美］戴维·哈维：《正义、自然和差异地理学》，胡大平译，上海人民出版社 2015 年版，第 399 页。

产、分配不正义性的根源,为此,只有根本变革资本主义生产关系,才能实现空间正义。

总之,从现实社会空间生产过程出发,哈维从城市空间正义、全球空间正义和环境正义角度展开空间生产非正义性批判,希望人们能够重视空间重构力量并摆脱资本逻辑的控制,使空间重构与社会变革相协调,进而实现历史变革和人类的全面解放。无疑,这种以积极乐观的态度主张解放政治的诉求,为生存于困境中的人们带来了希望。

第二节　构建空间正义社会的基本原则

哈维不满于传统的抽象正义理论只在"正义"理念的世界里兜圈子。他通过空间辩证法,在"空间正义"所关涉的理论与实践、历史与地理中建构联系,探寻以"空间"为切入点的普遍性方案。"我希望达到的结果是,有可能把探寻正义的动员力量作为一种原则性方法而不只是一种范例或机会来运用,借助于那种方法,我们来探讨调节人类关系和我们集体行为的必要性,以便在一个既定的生态、历史和地理条件下实现某种特殊目标。"[①]为此,哈维试图给出替代方案的行动纲要,并从相关的和辩证的社会过程视角来讨论构建空间正义社会的基本原则,即平等性原则、差异性原则和开放性原则。

一、平等性原则

平等是马克思主义理论和实践的内在价值,是一个历史范畴。马克思恩格斯认为要想真正理解平等,就必然要摆脱国民经济学从抽象概念出发的方法论范式。虽然在形式上人们必须借助抽象普遍性来推导出平等,但抽象普遍性并非平等观念得以产生的根源,也不足以形成现实的平等制度,其平等观往往呈现为脱离现实的一种主观臆想。资产阶级的平等是建立在生产资料私有制基础之上的,其平等是市场交换中的形式的平等,是资产阶级共同剥削无产阶级的平等。

---

①　[美]戴维·哈维:《正义、自然和差异地理学》,胡大平译,上海人民出版社 2015年版,第 384 页。

马克思恩格斯从现实人的实际出发,主张建立在历史唯物主义基础之上的无产阶级平等观。资产阶级标榜的永恒平等正义观念在现实社会中是不可能存在的,它具有虚伪性与欺骗性。无产阶级只有消灭资本主义生产方式,才能最终实现真正的平等,即每个人的自由和全面的发展,"随着阶级差别的消灭,一切由这些差别产生的社会的和政治的不平等也自行消失"①。

第一,平等性是构建空间正义社会的最重要原则。无产阶级的平等观与正义观是一致的,对无产阶级正义观来说,社会正义既包括人们的政治地位、社会地位与权利的平等,也包括废除一切阶级特权和最终消灭阶级本身。"空间正义"是社会正义的空间表现形式,通过批判空间的资本化、殖民化和非人性化等空间生产非正义性问题,唤起空间主体对抗和摧毁不平等的资本主义空间生产,促进空间主体能够相对自由、平等地享有空间权益,构建一个平等自由的未来理想社会。要通过一系列正义性的制度安排,调节空间主体关系的基本权益和秩序,消解空间矛盾,进而实现社会的公平和正义。空间的平等性就是造就适合人生存的空间形态,让空间生产主体可以感受到各方面的平等氛围并激发其主体的创造力和主动性。空间具有"属人"的价值内涵,空间是"为人"的空间,而不是"物的牢笼";空间生产的目的是使人更加美好地生活,而不是把人异化为"非人"。按照"有利于最不利者"的原则,正义就应该关注弱势群体的基本权利,如生存权、发展权和社会保障权等,社会分配应该更加关注弱势群体的利益,追求一种形式平等与实质平等的统一。

第二,空间权利的平等性是社会公民最基本的权利,是不可剥夺和侵犯的人权。现实空间的平等性就是要有效地消除空间生产中的不平等,克服空间矛盾和空间冲突,保障每个公民都能在生产、分配、交换和消费的每一个阶段具有平等的空间权益。空间权益的平等性问题,主要包括空间权利的平等、空间机会的平等以及空间结果的平等。空间权利的平等指任何公民不论身份、年龄、性别、职业、社会地位等方面的差别,都有获得平等的空间权益的占有权和享有权,不得损害其他公民占有和享有空间权益的能力和机会。空间机会的平等是空间生产的主体有权获得空间生产生活的必要条件、共享空间发展的权益,获得普遍的空间发展的机会,包括消费、娱乐、就业以及自由选择权等。空间结果的平等指空间主体在结果分配中应遵循正义性和平等性原则,体现出"最少受惠者的最大利益",尤其注重不断缩小

---

① 《马克思恩格斯文集》第 3 卷,人民出版社 2009 年版,第 442 页。

空间资源占有和享有的贫富差距,保障弱势群体的基本利益。

第三,实现空间的平等就要消除一切等级秩序和僵化的空间模式,将公平和正义平等地撒播到空间生产的每个角落。这就要求任何公民在遵守空间规则面前一律平等,绝不允许权力和资本势力凌驾于正义性的空间规则之上;要求改变现存的不合理的空间生产和分配格局,实现正义的平等的空间生产和分配格局。由此,全球空间资本化的当代社会,全球化作为资本主义空间生产的过程,就其所固有的矛盾、所导致的后果来看,它持续不断地塑造了"不平衡的地理发展"结果。这种不平衡的空间发展致使现存的世界体系分裂为"中心—边缘"格局,体现了一种不平等的空间结构关系。发达国家大肆推崇并主导的全球范围内政治经济不平等的秩序,带给落后国家的是骚乱和风险,其本质就是落后的国家和民族被发达国家利用并将其边缘化。全球资本主义体系蕴含着内在的矛盾、破坏性、严峻的不平等和巨大的不稳定性。这就注定全球化的过程必然充满危机。社会主义运动要想利用全球化进程的革命潜能,必须学会驾驭不平衡的地理发展状况,因为其中包含着差异、多样化以及利益、愿望和矛盾。

二、差异性原则

实际上,平等性和差异性二者是一致的,如果说平等性正义要求相同的人应得到相同的对待,而差异性正义则要求不同的人应通过适当的比例得到不同的对待,体现为"有利于最不利者"的原则。如果一个社会只讲平等性而不讲差异性,那么这个社会必然会导向平均主义,毫无生机和活力。如果一个社会只讲差异性不讲平等性,人与人、人与社会关系必然紧张,这个社会就会陷入两极分化、弱肉强食的境地,就不可能有真正的正义。可见,平等和差异都是推动社会和谐发展的内在动力,二者缺一不可。

第一,差异的正义实际上是一种辩证的正义,是差异中的公平和公平中的差异。资产阶级所操纵的主流意识形态试图否定"差异的空间",强调空间的均质化和普遍性,而工人阶级等弱势群体的非主流意识形态往往被主流意识形态所"同化",其自身的多样性和差异性也常常被漠视。差异性社会并不是后现代主义学者眼中的那种分散化、碎片式的社会,实际上它强调的是一个良序治理和尊重社会规范的和谐社会。在一个良序治理的社会空间中必须注重承认差异、尊重差异。特别是要坚持"有利于最不利者"的原则,满足弱势群体、阶层和个人的基本需要,不断缩小贫富差距。

当然,差异不是同一、等同,而是打破同一的现存结构而造成的特性。

我们追求差异性社会并不意味着所有差异都具有正当性与合理性,我们必须从具体社会实际出发,根据不同的社会类型建构遵从社会规范的善治社会。

第二,空间的差异性是空间正义社会的活力源泉,要求尊重不同空间群体的差异和空间的多样性。正义必须符合社会发展实际和生产力发展状况的法则,任何脱离实际的抽象化都是错误的和有害的,正义内容的多样性或差异化正是正义自身的组成部分。这种多样性或差异化既存在于显性的物质结构如建筑、街区之中,又根植于无形的生活习俗、传统价值观念之中。比如,城市人群的异质性特点决定了城市空间的丰富性和多样性,由此,城市空间的生产和消费应该充分尊重并满足不同空间群体的差异性需求,营造一种生动、丰富多彩的城市空间。当然,"正义的生产"是"正义的分配"的前提和基础,最大限度地解放生产力和发展生产力乃是实现差异性社会的根本目的,为实现"正义的分配"提供更加丰厚的物质基础。

为此,"差异的正义"社会要求注重"效率"与"公平"的统一。在空间生产过程中只有不断提高"效率",注重分配领域中的个体差异、个人贡献的大小,调动人民群众的积极性,推动生产力的发展,才能为保障公平提供坚实的物质基础。同时,又要实行差别化原则,关照"最不利者",积极采取社会福利政策帮助、扶持社会弱者,防止社会两极分化,实现最大多数人共享社会发展成果。

第三,以差异性和多样性为中心,追求"差异的正义"社会。哈维把差异性视为"不平衡性",指出如果不平衡(差异性)是一个客观结构,那么以此为基础发展出来的政治学便是差异地理学。不平衡和不平衡地理发展构成了资本主义空间生产的主轴,资本逻辑主导下的空间的建构和生产必然导致不平衡发展,而资本主义社会也正是基于这种不平衡和差异化发展实现其特定的历史地理扩张,从而使资本主义得以延续。

从空间正义角度,哈维主张一种以差异和多样性为中心的政治学理论。传统正义理论往往视正义为理想目标和美好结果,而哈维追求时空辩证统一的"过程乌托邦"理想,强调要通过社会实践构建空间正义社会。他努力探索一种平等的、动态的原则性方法,在不同规模上把普遍性和特殊性联系起来,以便在一个既定的生态、历史和地理条件下实现空间正义社会。

哈维追求的是一种"差异的正义"社会,即保持多样性和差异性和谐统一的理想社会状态。在城市空间正义诉求方面,哈维强调要对城市各种利益、文化、场所等复杂性与细微差别给予特别关注,在排他性与平等性之间进行协调,充分尊重城市空间主体的身份和"他性"。在全球空间正义诉求方面,哈维强调要在差异矛盾客观存在的前提下,确保各民族国家、社会各阶级阶层、交互主体以及人与环境万物之间多元共生、和谐相处的状态。这正是秩序良好社会的正义状态,而不是那种简单的、无差异的社会财富的绝对平均。

三、开放性原则

马克思对"对现存的一切进行无情的批判",展现了历史唯物主义空间的开放性和持久生命力。马克思说道:"我们的理论是发展着的理论,而不是必须背得烂熟并机械地加以重复的教条。"①这种开放性,既可以从马克思主义不断自我发展中看出,即马克思主义理论总是奠基于社会空间实践发展的现实当中得以不断完善和发展,也可以从其似乎并不完整的资本主义政治经济批判看出。这不仅因为任何个人都难以完成面对不断延展的空间展开批判的庞大项目,而且因为这一项目的唯物主义科学特质,即需要无止境的历史和实证研究,无法通过超历史抽象将过程缩短。这就是说,马克思的研究在科学上是开放式的,而他的研究基础又是极其缜密的,马克思主义是不断发展着的理论体系,也必须以具体的、符合特定历史时期且开放的方式来展开更具根本性的批判,从而解决社会现实问题。

第一,空间具有指向未来的开放性。列斐伏尔凭借空间辩证法分析社会空间范畴,针对传统哲学将时间和空间对立的僵化思维模式,列斐伏尔的空间范畴更多沿袭了马克思社会批判思路,开启了后现代批判的路径。社会空间辩证法拒斥一切二元对立的传统思维,传统思维导向僵化、封闭和教条,扼杀了空间的多重意义。列斐伏尔把空间分为物质的、精神的、社会的三种形态,这些空间形态都具有真实与想象、具体与抽象、实在与隐喻的辩证统一。他将空间与人的丰富、微观而具体的日常生活相结合,让日常生活空间变成人能够自由选择和不断创新的空间形态。

由此,取代传统抽象化空间生产的将是一种差异性的空间生产机制。空间革命和阶级斗争就是要解放那些被资本空间剥削和压制的人们,指向微观日常生活的多元化权力追求,让空间生产按照差异、开放、透明的方式运行,从而获得面向未来的无限开放性和可能性。

第二,开放性是空间正义的一个基本原则。哈维把空间划分为绝对空

---

① 《马克思恩格斯选集》第4卷,人民出版社2012年版,第588页。

间、相对空间和关系空间，认为关系性空间的最大特征就是开放性，因为关系性空间可以承载更为丰富的内容，能够批判和分析更为复杂的情境。唯有在关系性空间架构中，"我们才能开始掌握当代政治的许多面向，因为那是政治主体性和政治意识的世界"①。哈维正是凭借关系性空间的思想实现了对当代资本主义社会的空间批判和空间正义社会的探讨。比如，城市是一个开放的系统空间，一个具有开放属性和开放功能的活的有机体，它总是不断地与世界进行物质和精神文化上的交流与互动。这种作为正义的开放性原则，要求建立起城市更新与公众参与的系统，改变规划和决策中公众被隔离的现状，增加作为利益相关者的公众的全面参与和互动，加强决策机制的公开化、透明化，以体现公众的话语权及其利益诉求。

城市空间的开放性决定了城市对差异的包容性，也促进了城市多元化的发展。城市化建设要适当增加"平民化"建筑和基础设施，给予弱势群体便利，取消任何城市空间占有、享有方面的特权，打破城市社区的封闭性，从而增强公共空间的开放性。

第三，开放性意味着处于永远流变的状态。空间从来不是一个封闭的系统，相应地，空间权利并非"死物"，是一个动态的权益维护过程。人们无法永远占有权利，只能处在一个不断努力实现自己的权利的过程之中。当下资本全球性的剥夺式积累过程中，新工人阶级要有足够的包容性和普遍性的政策和策略，方可推动全球性阶级斗争蓬勃开展，即最大限度地团结一切可以团结的人以达到联合的目的。哈维表示自己支持某种普遍主义的主张，他的普遍主义是开放性的，是对多样性和差异性的宽容。必须尊重不同人群的观念，因为极度的同质化要求必然导向封闭与专制，必须加强彼此沟通并力求达成普遍性共识，因为思想交流和观点的沟通可以达成互相理解以及兼容并包的文化生态。世界范围内的自由和正义将妨碍人类对"共同的善"的追求，"问题在于设计一个有效的世界秩序，它'允许其社会构成单元的成员自由地施展个性，并从源自于多样化个性间相互影响的丰富性中汲取力量'"②。

综上，哈维努力探寻正义的动员力量作为一种原则性方法，即平等性原则、差异性原则和开放性原则，这为构建空间正义社会提供了基本遵循。替

① ［美］大卫·哈维：《新自由主义化的空间：迈向不均地理发展理论》，王志弘译，台北群学出版有限公司 2008 年版，第 123 页。
② ［美］大卫·哈维：《希望的空间》，胡大平译，南京大学出版社 2006 年版，第 83 页。

代方案指向未来,但未来又根植于现实基础,需要通过对现实的"批判"而达到"超越"现实的过程。现阶段资本积累呈现全球化扩张趋势,怎么样从资本逻辑空间布局中摆脱出来并超越资本主义社会替代方案之行动纲要,将社会公正、生态美好的社会想象变为现实,是哈维要着力探讨的主要问题。

第三节　构建空间正义社会的行动方案

空间正义社会的构建,最为重要的是要找到破解资本空间化的途径,进而寻求对抗资本主导下的空间生产过程与实现空间正义的可能性路径。

一、捍卫城市正义和权利

城市发展的现代化,促使城市物质生产力水平得到极大提高,但城市的发展依然受资本和权力逻辑的支配,发展不平衡问题突出,城市生态环境面临严峻挑战,城市空间趋于同质化,"城市权利"问题凸显。为了满足不同主体的空间权利,构建差异性、包容性的城市空间是实现现代城市正义的必然选择。

城市空间的资本化是资本逻辑的必然产物。由于城市空间的生产与再生产特别是大规模的基础设施投资有利于吸收资本盈余和劳动盈余,为资本带来更多的剩余价值并缓解资本过度积累危机的问题,是资本空间维度"修复"的重要手段。城市空间的生产既是资本空间化扩张的结果,也推动资本积累的发展。资本积累和实现资本循环内在地要求破除一切空间障碍,使资本能够在城市空间内部自由流动。资本主导城市化必然使城市空间的生产、使用、消费全都纳入资本增殖的需要,城市空间被商品化、符号化,空间区隔和对立凸显,导致城市空间不平衡地理发展。同时,资本家唯有与国家政治权力相结合(资本主义国家无非代表私有财产阶级的"总资本家"),才能实现资本积累的长期性和稳定性,资本和权力对城市空间的全面控制与渗透,也使得空间具有政治化发展的趋向,资本操纵了城市空间。哈维坚信城市空间既是资产阶级剥削、奴役广大劳动人民的工具,也是无产阶级寻求城市空间正义的战场。实现城市空间正义就是要切实保障城市公民能够公平公正地在城市居住、生产与生活,共享城市资源和城市发展成果的权利。

　　作为一个政治概念,城市权利是列斐伏尔首先提出的。列斐伏尔批判了资本主义城市的经济主义和功能主义发展模式,期望通过"城市革命"实现"城市权利"①,建构城市正义。他以差异权和知情权为补充,改善城市居民和城市多项服务使用者的公民权,并使之具体化及切合实际。城市权肯定了使用者对城市中活动空间和时间发表观点的权利,同时,它也涵盖了使用中心区和特权领域的权利,而不是只涵盖了针对被驱逐到隔离的权利。反对公共空间的私有化及保持大都会的异质性是城市权的核心,因此,所有城市居住者都不应受歧视并能通过城市空间参与政治活动。

　　沿着列斐伏尔的思路,哈维强调城市权是一项"集体权利"。城市权利不应仅仅理解为"个人的权利",它应当被理解为在城市生活的所有劳动者都应该"拥有"平等地决定城市空间生产并享有城市生活的一项"集体的权利"。也就是一个群体性、集体性意义上"拥有"城市的问题,即每个人都有获得就业、教育、居住等城市生活,甚至参与城市管理的权利。但城市权并不是天然"拥有",需要通过一种根本和激进的方式才能获得,历史上大规模的革命运动都在城市爆发,从根本上说都是为争取城市权而展开的斗争,比如,巴黎公社运动既是一场阶级斗争,也是生活在巴黎的劳动者为争取城市权而进行的斗争。作为空间聚集体的城市是一个历史性的生成过程,城市是人居场所,城市空间是"属人"空间,但在资本主义社会,城市具有"伪自然性"特征。哈维将列斐伏尔"城市革命"的思想深入推进并落实到现实当中,力图擦除并刺破这些"伪自然性"的幻象。"空间革命"和历史—地理唯物主义的规划,唤醒无产阶级为恢复城市的"属人"空间、捍卫城市正义和权利而斗争。

　　怎样捍卫城市正义和权利呢? 哈维强调要从以下两方面努力:

　　第一,争夺"城市共享资源"。围绕城市正义和城市权利的斗争,在现实生活中往往以争夺"城市共享资源"的方式显现。共享资源并非特指某一固定的事物、资产、财富或社会过程,而是作为一种动态和可持续发展的社会关系建立起来的公共性资源,其"核心是这样一个原则:社会集团和作为共

---

　　① "城市权利"最早缘起于 1967 年,列斐伏尔在马克思《资本论》出版百年纪念之际写下的《城市权利》。列斐伏尔对更多参与和更为民主的城市生活的"哭诉与要求",列斐伏尔把城市权利视为人们试图改变自己命运的表达,城市权利的存在赋予城市生命。随后他在 1970 年出版的《城市革命》一书,为马克思主义城市理论奠定了政治学之维。哈维接着列斐伏尔往下说,指出所谓"城市权利"就是"按照我们的期望改变和改造城市的集体权利","我们在改造城市的同时也在改造自己"([美]戴维·哈维:《叛逆的城市:从城市权利到城市革命》,叶齐茂、倪晓晖译,商务印书馆 2014 年版,第 4 页)。

享资源对待的环境之间的关系将是集体的和非商品化的,不受市场交换和市场估价规则限制"①,即由集体创造并由集体共同占有和享有的资源财富。在资本主义社会里,广大劳动者虽然创造出丰富和优质的资源财富,却被那些个人收益最大化的资本家所侵占,造成财富的创造者和享有者分离的非正义现象。可见,真正的问题不是共享资源本身,而是其背后的阶级关系和阶级矛盾,我们必须把归还共享资源问题作为一个政治问题,使之与整个反资本主义斗争统一起来,实现城市革命。哈维并不主张共享资源由国家所有,而是主张集体劳动者所有,他说道:"马克思并没有主张国家所有制,而是主张某种生产共同利益的集体劳动者所有制。"②他认为,在集体劳动的情况下创造价值的劳动已不再是个人的,而应当是集体的,因此,那种建立在集体性劳动的基础上形成的所谓"物权"也一定是集体的或者共同拥有的,而非个人的,共产主义应当在"自由人协会"的基础上发展起来。

第二,把捍卫城市权作为阶级政治的根本要求。资本之所以对城市生活空间进行商品化、碎片化并剥夺广大群众的城市权利,根本原因在于资本主义的生产方式,在不动摇资本主义生产方式条件下,实现所谓"城市共享资源"是不可能的。马克思曾经指出,对工作日长度的限制是走向革命的第一步。所以,为每一个人争取体面的城市生活、体面地居住的权利,是走向全面革命运动的第一步,要把"城市权利"作为动员反资本主义斗争的根本口号。"城市权利一定不能成为一种对待已存事物的权利,而是应以完全不同的形象,把城市重新改造和创造成为一个社会主义政治体制的权利,那里根除了贫困和社会不平等,那里治愈了灾难性环境退化的伤口。"③城市权利的实质就是要对城市生产中由劳动者创造的剩余价值的使用和生产进行民主监控与管理的权利,从根本上消除资本主义制度下的贫困和社会不平等。停止促进永恒资本积累的摧毁性的城市化生产,治愈资本对环境的灾难性破坏,创造人类共享的、人与自然和谐相处的家园。

---

① [美]戴维·哈维:《叛逆的城市:从城市权利到城市革命》,叶齐茂、倪晓晖译,商务印书馆2014年版,第74页。

② [美]戴维·哈维:《叛逆的城市:从城市权利到城市革命》,叶齐茂、倪晓晖译,商务印书馆2014年版,第78页。

③ [美]戴维·哈维:《叛逆的城市:从城市权利到城市革命》,叶齐茂、倪晓晖译,商务印书馆2014年版,第140页。

二、重建地方性反抗力量

"地方"是当代西方社会批判地理学的核心概念,包含区位、场所和地方感三要素。列斐伏尔开辟了从资本批判角度来理解地方性建构及当代的意义,他指出,地方差异的产生根源在于资本流动过程中的"不平衡发展"。哈维从政治经济学角度探讨了地方的构造和重建问题。当今资本主义在追求资本积累过程中,时间成为资本主义生产技术提高的重要参考系,时间一层层冲破了空间的阻隔,消解了资本积累的各种瓶颈,造成"时空压缩"现象。"时空压缩"的一个直接结果是抹杀地方特性,把地方转换为空间,但"时空压缩"又致使高度一体化运行的全球资本流动空间内部的急剧分裂和不平衡性。过去,地方建设还可以借助当地的垄断保护措施进行较为多样化的选择,但在经济全球化浪潮中,"吸收过剩资本的有利可图项目越来越难找,相当大部分剩余资本无意中陷入了投机性的地方建设"①。当今的"地方"已经成为一种特殊商品并被纳入资本积累的逻辑,出售"地方"并想方设法挖掘"地方"独特的品质已变得越来越疯狂,甚至不惜破坏历史景观和自然环境,尽力打造出能让资本从中迅速盈利的休闲观光和旅游度假的胜地、高档的社区别墅等。

哈维强调我们要以辩证的眼光看待"地方"的资本化。"地方"的资本化不可能消除地方性,反而激起了地方的反抗,地方仍然是建构正义与反抗的基础。"空间障碍的瓦解越彻底,世界人口就越来越多而不是越来越少地依附于作为特殊身份标记的地方、邻里或国家、地区、种族群体或宗教信仰。"②当地方受到资本普遍威胁时,地方的一般意义和特殊意义也就凸显出来。那么,我们该如何将地方性力量动员和团结起来以抵抗地方建设的资本逻辑呢?

首先,哈维从海德格尔的"本体论追问"中激发了他重建地方的决心和信心。海德格尔对空间资本化过程中空间边界的消除深感不安,他认为,当今所有人都正遭受物的奴役和威胁,人类生态状况的恶化和赖以生存的自然环境的极度破坏隔断了人类朝向自由的理想生活进程,"人类何以为家"应成为哲学思考的重要问题。为此,海德格尔提出,地方是存在之真理的场

---

① [美]戴维·哈维:《正义、自然和差异地理学》,胡大平译,上海人民出版社2015年版,第342页。

② [美]戴维·哈维:《正义、自然和差异地理学》,胡大平译,上海人民出版社2015年版,第280页。

所,地方建设应尽力从资本全面渗透和控制的局面中摆脱出来,恢复人类的根基和"居"(dwelling)的艺术,"居"是在人与物之间实现的一种精神统一的能力,只有拥有"居"的能力,我们才会"筑"(build)。为此,海德格尔强调,人类要追寻"诗意栖居"的生活,诗意让栖居更美好,人如果没有了诗意,大地就会遭到蹂躏,不再是家园。人类要重新寻求生存根基、重建价值信念。自然环境是所有生命存在的前提和基础,人类要构建人与自然相互依存、和谐共生的关系,注重科学精神与人文情怀的互相融合。

由此,哈维强调我们要积极唤醒人们重建地方、增进地方认同的信念,激发地方的反抗意识。正义的建构正是基于地方的重建才有可能,空间正义的建构与应用必须回到地方,立足于地方。当然立足地方并不是为了排除或者脱离全球空间布局,而是为了更好地占据重要据点,这正所谓"全球思考、地方行动"。同时,哈维也批判了海德格尔思想中过于强调人与土地之间的有机认知而倾向于民族主义情绪。他说道:"我觉得对地方的情感很重要,但我不觉得它需要植根于对土地的有机认知。近期的国家主义复兴,尤其在欧洲,是非常危险的。"①实际上,在马克思主义理论体系中,全球化是社会历史发展的必然趋势,是生产力发展和科技进步的必然结果,那种过于强调"人与土地之间的有机认知"必将导向一种极端的"地方主义"和"排外主义",是逆历史潮流的,必将走向封闭和落后。

其次,那种缺乏辩证思维片面强调"地方"情感及排斥一切资本运动的行为方式是不可取的。在重建"地方"过程中,任何去市场化和去资本化的行动都是不现实的,"地方"建设需要资本,但又要尽力避免与资本同谋并积极抵抗资本的同质化。"地方"仍然是所有社会成员进行身份认同的基础,地方的反抗必须增强地方的这种社会身份认同,这种认同意识又是以尊重与包容地方的"差异、他性"为前提的,地方认同实质上是一种"差异性的认同"。我们正是奠基于地方身份认同意识的觉醒,开启凝聚地方性反抗力量,走向联合斗争。空间的政治解放不能脱离地方,我们必须通过地方空间之间的互动来寻求空间正义实现的可能性。为此,我们要"在物质上、象征上和比喻上把地方解放出来,这是任何进步的社会生态政治学之必然组成部分"②。"重建"地方包含着三层含义:第一,把地方建设从倾向商品、资本

---

① 张一兵、[美]大卫·哈维:《历史地理唯物主义与关系性存在论——张一兵与大卫·哈维的对话》,《南京大学学报(哲学·人文科学·社会科学)》2017年第1期。

② [美]戴维·哈维:《正义、自然和差异地理学》,胡大平译,上海人民出版社2015年版,第376页。

和交换中解放出来,改变通过资本主义发展逻辑建立起来的地方网络,并将之用于进步目标,而不是拒绝或破坏地方;第二,把地方建设从强调声望、权威、身份和权力的象征性构造中解放出来;第三,把地方建设从建设想象之地解放出来,只有走出当前地方建设的诸多误区,我们才能真正解放地方、重建地方。①

三、战斗的特殊主义与联合行动

东欧剧变和苏联解体曾被一些西方右派学者认为是历史的终结和资本主义自由市场的最终胜利。然而当今世界劳资矛盾依然存在,不同地区存在着大量的贫穷、压迫、剥削和环境恶化状况,不同地方和不同阶级中不断涌现出反资本主义的力量及运动。由于资本的空间生产和资本积累所造成的不平衡地理发展,许多不同的地方的反资本主义政治运动的形成。哈维认为要打破当今全球资本主义的铁笼,必须诉诸英国马克思主义理论家、文化批判家雷蒙德·威廉斯的"战斗的特殊主义"思想。威廉斯把"地方"当作当代工人阶级反抗资本主义斗争的重要场所,而"战斗的特殊主义"意味着需要把各种特殊利益适当地集合起来,即由一个个地方性的团结经验塑造出来的理想最终一般化和普遍化为对全体都有益的运行模式。无疑,这种强调"他性"和"地区抵抗"的反资本主义行为模式,对于一些正遭受资本疯狂剥削和压榨的特殊地方具有积极的斗争意义,为阻止资本积累的简单、野蛮扩张行为提供了一条有效途径。

哈维又进一步指出,这种"战斗的特殊主义"在激励社会主义事业的同时,在某种意义上又具有深刻的保守性和排他性。因为它们依赖于固定的社会关系和地方共同体的团结(即忠诚),而对地方的忠诚是不会轻易实现并转化到全球反资本主义运动水平的。为此,我们要以辩证的思维把斗争的"特殊性"和"普遍性"统一起来,把"战斗的特殊主义"上升到追求资本主义替代方案的普遍性权利的斗争之中。

第一,借助马克思主义理论,在差异思想中寻求政治共同性。无产阶级反资本主义运动经历了由自发到自觉、由分散到联合的进程,形成了基于工厂、行业、地区工人间团结战斗的过程,最后马克思恩格斯提出"全世界无产者联合起来"的战略思想,以实现无产阶级彻底解放。马克思恩格斯的这一

---

① 张佳:《大卫·哈维的历史—地理唯物主义理论研究》,人民出版社 2014 年版,第 179 页。

战略思想就是一种联合"地方"战斗的思想,面对当今全球空间的资本化情形联合"地方"反抗既有必要也有可能,马克思主义思想传统对今天实现工人阶级的联合斗争仍具有重要的指导意义,人们可以借助马克思主义理论,在差异和多样化思想中取得共识。

其一,寻求一种具有普遍性意义的反资本主义运动。单一的地方力量是薄弱的、独立的,各国工人应该团结起来与全球化进程作斗争。在今天网络信息技术的基础上,地方空间之间的阻隔逐渐消除,空间互动与关联也不断增强,全球性力量与地域性力量交叉作用于地方,空间正义的推进不能只是考虑地方性的力量,必须把地方性斗争和普遍性目标综合起来,形成一个基于全球的具有普遍性意义的反资本主义运动。无产阶级要想有尊严地存在于世,唯有通过联合的阶级斗争才能达成,而关于普遍权利的斗争则敞开了这个值得期盼的前景。

其二,在相互配合中展开联合斗争。既然当今世界是一个多元和差异化的世界,那么工人阶级运动必须学会在多样化和差异化中寻找可以与一切反资本主义剥削、压迫的主体进行沟通的共同议题,以此把各种形式不同的社会运动集中到共同议题之下,在相互配合中展开联合的斗争。比如,环境主义运动、无政府主义运动、社会主义运动、女权主义运动等,虽然在许多方面它们并不完全一致,但它们起码在反抗资本主义这一点上是一致的,有共同的语言。哈维认为并非所有这些斗争都是古典马克思主义意义上的"阶级斗争",我们要在当代条件下去理解这些斗争的多面特征,用来打造反资本主义联盟,以遏制资本剥削和掠夺的所作所为。这些共同的议题实际上可以归结为地方、国家以及全球等不同空间规模上的一体化的斗争策略问题。不同空间规模上的斗争具有内在的联系,只要抓住这种联系,就有可能取得一体化的胜利。资本全球的不平衡发展造成了不同地方反资本主义运动的不平衡性,这就需要把不同派别、规模、地方的战斗统一起来,寻求把各种地方特殊利益结合起来以反对普遍物化和资本统治的社会主义道路,"我们需要想方设法来建构一种可以在微观规模与宏观规模之间自由穿梭的政治辩证法"[①]。哈维竭力在"全球化"和"身体"这两个不同的空间规模上阐述一体化的斗争策略,试图挖掘出其中所包含的空间政治革命潜能,从而为自己的空间乌托邦理想寻找来自现实状况的曙光。

第二,承担起对自然和社会的双重责任,按照本心和愿望来创造生活。

---

① [美]大卫·哈维:《希望的空间》,胡大平译,南京大学出版社2006年版,第50页。

在全球化时代,人与人之间相互影响、相互依赖、休戚与共的现实状况越来越凸显,人类要想真正作为"类"而存在,就必须担负更多的共同命运与责任。在资本主义社会,人类为了满足自己的特殊利益而不惜以破坏环境为代价,这是一种只注重时间和历史的过程乌托邦。"万物的商品化"态势已侵入人们日常生活的方方面面,人与人、人与自然之间相互依赖的"生命之网"实际上已成为资本罗网,实际上是"不受控制的资本积累、阶级特权和政治经济权力的总体不平等所强加的社会—生态形式"①。人类必须在时空统一的立场中坚持辩证空间的乌托邦理想,承担起对社会和自然的双重责任,在他者、社会和自然所组成的"生命之网"中思考个体的行动方案,探寻人与自然相处的路径。

第三,生态环境问题实质上是人、社会和阶级的问题,要将阶级政治学引入环境主张中。面对已在话语和行动上掌握着霸权与优势的当下资本力量,一切受资本力量所侵害和剥削的人们都必须切实有效地组织起来,在所有的冲突和差异之中实现对话并达成某种广泛的共识,切实提出建构整套生产、交换和消费的替代模式问题。其实我们每个人都具有改造环境、按照自己愿望安排时空秩序的基本技能,但是我们当中的绝大多数沦为资本的附庸,顺从地按照资本的规划来生活,最终失去了自我。哈维呼吁,我们要重申并收回按照本心和愿望来创造生活的权利,积极联合行动,做回我们自己! 在当代资本主义的弹性积累体制条件下,地方、社区的组织力量已成为抵抗全球资本空间扩张的政治行动的基础,我们必须把地方、社区的重塑和激进政治学联系起来。

总之,无论是"捍卫城市权利""地方重建"还是"联合行动",在实践中都不得不屈从于资本主义体系,最终被资本逻辑所逆转。哈维的资本批判理论和空间正义寻求最终都转向了一种"乌托邦"和身体革命诉求。不可否认,哈维探讨构建空间正义的理论具有时代意义。在资本主义时空发展呈现复杂化、多样化的今天,我们需要重视争取普遍权利和地方建设并采取多元化的斗争形式,才能为未来人类获得彻底解放打好基础。

---

① [美]大卫·哈维:《希望的空间》,胡大平译,南京大学出版社 2006 年版,第195 页。

第六章
哈维空间正义理论的评析及启示意义

哈维的空间正义批判理论,紧紧立足于马克思主义理论立场,细致入微地剖析了资本空间化的运作逻辑,揭示了资本主义空间生产非正义性,积极探索了全球化背景下如何构建一个空间正义的社会。他的空间正义理论避免了单纯的道德化批评,推进了马克思主义空间正义理论,拓展当代城市正义与实践,深化了全球化时代下的资本批判。当然,哈维的空间正义理论还存在着一些缺陷与不足,对此,需要加以辩证地分析和批判性运用。面对当下中国特色社会主义现代化进程中的空间矛盾和冲突,如何厘清中国本土发展模式和公平正义问题,我们在大胆借鉴西方理论的同时,应始终保持理论自觉,回应与解决当下中国所面临的重大课题。

第一节 哈维空间正义理论的现实影响

在历史—地理唯物主义的框架内,哈维开创性地将"社会正义"纳入其空间分析视野,在资本逻辑的时空运行中详细阐释空间非正义性的表现、本质及解决路径,从而丰富了马克思主义的空间理论与社会正义思想。经过哈维的理论创造,其空间正义理论为马克思主义的理论宝库增添了新的批判性武器,有力地拓展了城市空间正义理论与实践,激活了全球化时代下的资本批判。

一、推进马克思主义空间正义思想

在马克思恩格斯那里,时间是从过去过渡到未来的主要桥梁,无产阶级是推动历史进步和实现共产主义社会的政治武器。显然,随着时代的发展,马克思恩格斯所展现出的那种乐观和宏大的历史叙事,已无法承载和具体展现社会历史进程以及当代社会的复杂性和丰富性。这也恰恰对当代马克思主义者提出新的挑战和任务。正是在这一背景下,当代西方社会批判理论出现了"空间转向"以及"空间正义运动"。作为当代马克思主义理论的研究者和传播者,哈维重新回到历史唯物主义并推进历史唯物主义空间化发展,为反思当代空间正义问题提供马克思主义话语权。

第一,推进了历史唯物主义理论空间化发展。在马克思恩格斯的历史唯物主义理论中,相对于时间来说,空间并不占据主导地位,也未充分地展开。但社会是多维的、复杂的,随着社会的发展,社会历史观也应不断发展,得到补充和完善。历史真理如何能转化为政治行动,这仍需根植于具体时代才能得以具体规划。事实上,马克思恩格斯在对 19 世纪的资本主义生产方式的论述中,已经提出了一些关于空间的深刻洞见。在当代全球新自由主义的现实语境中,这些洞见日益显示出巨大的历史穿透力。

哈维深入挖掘马克思主义理论的空间思想,并将西方空间理论马克思主义化。直接提出了把历史唯物主义升级为历史—地理唯物主义的口号,并围绕着"资本积累—空间不平衡发展—空间的乌托邦"这一主线的马克思主义言说路向,准确而细致地说明当代资本全球空间的重新布局,以及阶级、生态、种族、国家和其他政治主题的深刻变化,这有利于重新唤起人们对全部马克思主义发展史中有关空间问题的兴趣,为当代资本主义非正义批判提供了一个重要维度。哈维的理论具有两方面的独特性:一是始终坚持马克思主义理论基本立场。哈维自脱离逻辑实证主义研究以来,始终把马克思主义理论作为自己理论建构的核心要素,这既表现为他把地理学马克思主义化,又表现在他从生产方式这个角度深刻地揭示当代资本主义体系各种变化背后的资本逻辑和政治经济结构,把握变革资本主义的内在动力和方向,还表现在他对传统马克思主义以及当代各种"后学"(例如后现代主义、后结构主义、后马克思主义等)的有力批判和合理定位。"实证主义仅仅满足于理解世界,而马克思主义则是要改造世界。换言之,实证主义从现存的客观世界静态得出范畴和概念,马克思主义的范畴和概念则基于对历史发展以及事件和行动的动态辩证分析基础之上。"①总之,哈维力图根据当代西方社会经济条件的新变化,继承并发展马克思主义,自觉地在解决问题的过程中去探求建立全新的对解决问题有帮助的观点。二是完成了后现代主义与现代主义的对接。哈维的独特之处在于更注重从生产方式与时空变幻

---

① [美]大卫·哈维:《世界的逻辑》,周大昕译,中信出版社 2017 年版,第 13 页。

的角度来理解后现代,完成了后现代主义与现代主义的对接,为探讨当今全球化背景下的不平衡地理发展、空间正义等话题,拓宽了研究路径。

第二,推进了正义理论空间化发展。虽然传统马克思主义致力批判资本主义制度的不合理性和非正义性,但是,传统马克思主义并没有很好地把握资本所蕴含的空间性和挖掘"空间"在政治解放中的重要意义。同时,传统马克思主义研究,往往把马克思描述成一个道德规范论思想的反对者,历史唯物主义与道德规范以及正义价值论往往是割裂的,这种论断完全无视马克思对资本主义社会的非正义性质所做的全面而深刻的道德批判,是对马克思主义思想最大的误解。当代西方马克思主义学者从多个角度推进了马克思主义理论研究的新发展,许多新马克思主义者却并没有走出传统西方马克思主义研究的误区,他们最大的问题在于偏离马克思主义哲学的核心,即生产方式理论,而把关注点聚集于文化、符号、景观等议题,过于追随后现代主义思潮,其思想也就越来越偏离马克思主义理论的基本立场。

由此,哈维认为在全球化盛行和后现代主义思潮兴起的历史背景下,在没有改变生产方式的情况下妄图实现彻底的社会变革和社会正义是不可能的。所以,有必要重新引进正义概念,但又不失改变生产方式的基本目标。哈维肯定了正义的批判力量的重要意义,强调重建正义的目的就是通过对资本主义的空间生产过程与方式的批判,实现空间正义的社会。

第三,为构建空间正义社会指明了方向。马克思的正义思想的独特方式和路径就是实践及其所塑造的历史进程的展开与完成,把"消灭分工""消灭劳动"并彻底地"消灭私有制""自由个性"的人的形成诉诸历史本身,诉诸社会实践的进程。资本逻辑主导下的空间生产必然导致空间资源和分配的不平等,寻求空间正义必然要立足于资本主义空间生产的非正义性批判,但空间正义的实现并不限于"批判"本身,"至关重要的不是仅仅试图解决问题本身,而是首先对抗并改造产生问题的过程"①。因此,空间正义的诉求最为根本的是要从根源上对抗资本主义的空间生产过程。哈维将"社会正义"纳入其空间分析视域,倡导通过空间革命实现空间正义,即在资本全球化时代,"新工人阶级"要凝聚一切反抗力量,"建设一种在社会上公正的、在生态上敏感的替代性社会"②。

---

① [美]戴维·哈维:《正义、自然和差异地理学》,胡大平译,上海人民出版社 2015年版,第 460 页。

② [美]大卫·哈维:《希望的空间》,胡大平译,南京大学出版社 2006 年版,第 68 页。

总之,哈维的许多思想和马克思的正义诉求形成了强烈呼应,超越了传统马克思主义者仅仅局限于时间维度内探讨正义问题。而是让他的空间正义理论逐渐摆脱传统元理论研究和时间维度的束缚,转向社会实践的空间正义诉求,这是一种真正意义上的"空间转向"。哈维的空间正义理论有利于我们分析、研究当下全球空间失衡问题以及中国出现的或遭遇的非正义现象,开启更为广阔的逻辑思考和现实改造视域。

二、拓展当代城市正义理论与实践

哈维对空间正义研究着眼于城市正义问题的探讨,他在马克思的正义思想框架内对资本主义城市和城市权利问题展开了经济分析和政治解读,具有重要的理论价值和现实意义。

第一,开拓了马克思主义城市空间理论的新发展。哈维的城市空间理论直接受到马克思《资本论》的启示。从历史—地理唯物主义视野出发,他解剖了资本主义城市化进程中的空间不平等及其根源问题,将正义理念融入城市空间生产的研究中。在哈维的理论中,城市是资本主义的产物,城市化的形成主要是资本积累直接驱使的结果,实质上是资本利益的追求在城市空间塑造中的体现。而自由市场的资本积累是在多样化的区域中进行的,这不可避免地强化了城市空间的不平衡地理发展,致使财富和权力在地理差异上也越拉越大。富裕地区越来越富,贫困地区越来越贫困;资产阶级取得的财富越来越多,而弱势群体却越来越贫困。资本积累在某一时刻建造自身条件的物质景观,当发生各种危机的时候,这种物质景观又不得不在随后的一段时间被破坏。由此,陷入一种旧的城市空间不断被摧毁而新的城市空间不断被创造的所谓"创造性破坏"的过程。这势必造成资本主义城市空间的危机和灾难,而危机往往以转移到边缘性地区和群体为结果。

资本主义的城市化必然导致阶级斗争和资本积累之间的内在矛盾。那种新自由主义者所标榜的自由、平等、民主的市场运行机制恰恰掩盖了空间生产上的不平等性。哈维还以地理学家的独特视角,选择了一个具体的城市即巴黎作为剖析对象,哈维发现旨在缓解城市迅速发展与其相对滞后的功能结构之间的矛盾以及缓解城市危机与内在矛盾而展开的奥斯曼巴黎大改造(1853—1870),在推进巴黎现代化的同时却造成巴黎郊区累积的贫困,最终使社会矛盾爆发、第二帝国走向垮台。不仅如此,城市的危机和矛盾在历史上并没有被消除,而是一直被承袭到今天,愈演愈烈。从近年来的几次"巴黎大骚乱"和"欧洲难民危机"现象,资产阶级政府明显忽视了移民群体长期积怨所隐藏的种种爆炸性迹象，更低估了个别冲突事件给社会带来重大失稳后果的可能性。

　　资产阶级试图以"空间修复"的方式解决空间矛盾是不可能的。因为空间矛盾是空间生产的运转动力，内在于资本主义制度本身、来自资本增殖过程，集中表现为资本和需求的矛盾、资本增殖与公民追求空间使用价值的矛盾。面对越来越恶化的城市现实，哈维开启了对现代城市的替代性方案的规划，这个方案应该是社会秩序的合理安排和城市空间的主体性建构，体现着城市空间的公正与平等。

　　第二，探寻了实现城市空间正义的可能性。从历史唯物主义视角出发，哈维始终强调空间正义应该超越分配正义的表面争辩，重点在于培育一种社会主体的空间意识，保持对当下资本主义空间生产过程非正义性的批判，激发社会行动，以抑制根植于空间系统中的非正义现象。而替代性空间正义的城市就是要体现空间生产实践与正义原则的统一，凸显空间生产的持续发展与主体的终极关怀。这就要把空间正义的原则和价值贯彻到新型城市化发展中，使每个城市居民都能成为城市生产和城市管理的参与者，空间正义的城市必然是共享共治的城市、城乡融合一体化发展的城市。空间正义的城市也是生活、休闲和精神愉悦的乐园而不仅仅是生产和财富制造的机器。空间正义的城市要能包含着可持续发展的诉求，表征着人与自然、人与社会的公平与公正的"空间分配结构"关系，能容纳不同阶层、民族、肤色和文化的人群，相互包容，人与自然和谐共生。

　　城市本身是由千千万万的工人生产出来的，工人阶级应控制他们生产出来的城市，夺回他们对城市的占有权和使用权。当然哈维也意识到，在后福特时代，弹性的生产方式致使传统无产阶级已经基本消失了。为此，要重新定义无产阶级的概念，将一切受资本剥削和压榨的劳动者以及规模巨大的临时性、无就业保障的、无组织的广大劳动者都包含在内，倾听他们的诉求，唤醒他们内在的革命力量，为重获城市权这一集体性的权利而斗争。

　　总之，哈维把城市化问题与当代资本主义运行机制紧密地联系起来，注重空间辩证法的运用，将一般与特殊、具体与抽象巧妙地结合起来。哈维的城市空间正义理论克服了传统历史唯物主义忽视空间维度的弱点，以新的理论视角解释了资本主义社会城市的本质，有利于我们深入理解今天新时代下的城市特性。当然，哈维的城市正义思想中也存在着一些理论不足，比如，他并没有给我们提供一个如何构建城市可持续发展的规划蓝图，更没有提供一个如何实现当下城市的经济结构或经济制度的重组方案。

三、深化全球资本扩张的正义批判

"时代是思想之母,实践是理论之源。实践发展永无止境,我们认识真理,进行理论创新就永无止境。"①这也是说,我们要以时代的方式与马克思发生关联,我们的研究不应当只是基于马克思个别的概念和语句,而是基于当下活生生的现实生活。在现实生活中所遇到的任何问题,我们都可以回到马克思寻找到答案,因为马克思所批判的对象是资本,而不仅限于具体的某个时代。在马克思的时代,资本可能只是在世界一个角落发生的事情,而今天,资本却变成了全球性的现象。从这一点来说,马克思应该是个当代的思想家,而不是一个过时的思想家。哈维更细致入微地剖析了资本生产过程和资本分配所具备的空间性,高扬资本批判的大旗。

第一,推进了马克思资本批判理论新发展。在马克思的理论体系中,资本批判既是实现从唯物史观理论基础建构到提出共产主义远大理想的重要"中介",又是解构当今资本主义社会内在矛盾的一把"钥匙",从而实现了人类社会远大理想与现实解放的有机结合。基于马克思《共产党宣言》和《资本论》的资本批判理路,沿着列斐伏尔"空间生产"所开辟的理论路向,哈维紧紧抓住"资本主义怎样生产了它自己的地理"这个核心问题,从具有自身动力的社会关系(结构)角度剖析当代资本主义空间生产的非正义性。基于空间视角推进马克思的资本批判理论。主要表现在以下方面:在马克思资本原始积累理论的基础上,提出了空间生产的主要手段即"剥夺性积累";在马克思的生产与再生产理论的基础上,提出了"空间"的生产与再生产;重新审视了马克思的经济危机理论,并提出了"时—空间修复"理论等。哈维对马克思《资本论》及手稿的空间解读,在固定资本的形式、人工环境、租金的占有、货币、金融和信用的生产、金融危机等问题上提出了很多新颖的观点,并突出马克思未展开而在今天又十分重要的"时空压缩""空间生产的组织变迁""固定资本循环""新帝国主义"等理论。

此外,在实际讨论的路径方面,哈维的研究也极具独特性。比如,他更为注重《资本论》第二卷和第三卷的研究,把"使用价值"②置于问题的中心并

---

① 《习近平谈治国理政》第 2 卷,外文出版社 2017 年版,第 34 页。

② 哈维更为关注马克思的"使用价值"而不是价值问题,这一点与当今流行的马克思主义经济理论极为不同,哈维认为马克思强调的使用价值是一种生产出来的"社会的使用价值",也就是固定的资本,在资本主义条件下,离开交换价值和价值,使用价值亦不可能被正确理解。这也为把马克思关于资本生产的理论引入空间分析打开了大门。

在总体性方法支持下把使用价值视为社会构造的出发点。总之,哈维在空间问题上的可贵探索,具体地再现资本运动是如何塑造空间形式的,扭转了传统马克思主义长期固守的对马克思理论的线性式解读方式,从多维视域推进了马克思主义的发展。

第二,从资本逻辑出发揭示了全球化的实质。早在18世纪,伴随着资本主义生产力的快速发展和社会生产力的巨大提高,马克思从以下两个角度探讨了全球发展图景:一是探讨了人类交往和生产实践必将突破一切民族地域限制而达到全球规模;二是探讨了资本主导下的世界秩序必然带来等级化的全球空间结构。资本总是力图打破一切空间障碍,并将资本积累的触角延伸至全球范围。资本在开创全球空间发展的物质基础的同时,又加剧了人类社会空间的矛盾和危机以及全球空间的不平衡发展,造成全球空间的断裂。全球化往往被资本主义的意识形态话语扮成一个不同于旧世界的,可以解决以往任何矛盾和实现人类普遍利益的时代。然而,全球化只不过是经济在全球范围内的展开,是资本逻辑在新时期的体现。正是在这一意义上来说,哈维强调了"全球化"问题是当代马克思主义的重要政治议题,并将资本主义全球化进程纳入人文地理学的空间向度进行宏观考察。

当前,那种受资本主义操纵的全球化,无非资本积累的内在需要,并服从于资本主义生存发展的空间战略。在资本主义发展历史上,当今资本主义生产方式才真正表现为全球性的抽象,从本质上说全球化就是资本在全球空间的延展和雇佣劳动的全球实现,是资本主义对其内部过度积累的一种转移,从而形成"资本积累—空间景观—政治秩序"的世界经济扩展模式。以此为出发点,哈维从资本与空间的辩证关系中揭示了全球正义失衡的内在根源和解决路径。

第三,为重塑全球空间生产布局提供了新思路。马克思指出:"资本不可遏止地追求的普遍性,在资本本身的性质上遇到了限制,这些限制在资本发展到一定阶段时,会使人们认识到资本本身就是这种趋势的最大限制,因而驱使人们利用资本本身来消灭资本。"①实际上,资本主义空间生产的最终限制也在于资本本身。资本逻辑主导下的空间生产方式植根于全球,形成资本不均衡发展和劳动强制性的国际分工的全球空间生产布局,并通过这种全球等级化的空间布局确立对广大发展中国家的剥削和压迫,造成全球空间生产与分配的非正义性。同时,资本需要国家权力保护,资本积累产生

---

① 《马克思恩格斯全集》第30卷,人民出版社1995年版,第390~391页。

的逻辑起点是权力的政治逻辑,资本逻辑与权力逻辑相互支持、彼此互补。

资本主义经济全球化是资本过度积累的必然产物,本质上是资本主义国家向发展中国家转嫁资本积累危机、追逐剩余价值的资本主义空间生产。资产阶级狭隘的阶级局限性必然使发达资本主义文化意识形态、政治伦理制度向落后的国家和地区展开持续灌输,甚至直接干预后者的经济发展模式和政治道路的选择,资本主义体系内部的矛盾和危机伴随着全球发展而蔓延,最终泛化为全球非正义的政治统治秩序。但"资本逻辑必然产生危机。无论如何,资本自身只能够管理危机,但绝不能解决危机"[①],摧毁这种非正义性全球空间等级布局,寻求空间解放是历史的必然。为此,工人阶级需要"把私有产权吸收到一个集体管理公共资源的完整计划中,以及瓦解独裁专制的国家权力,建立民主的集体管理组织,成了仅有的值得追求的长期目标"[②]。哈维主张工人阶级要由地方性逐步走向全球性的联合反抗,不断优化区域生产与资源分配,建构多元化的全球空间生产格局。

可见,哈维通过对资本空间生产格局的非正义性批判,深化了马克思空间正义思想的认识,也为广大发展中国家如何正确对待资本、构筑全球治理正义性提供新思路。

第二节　哈维空间正义理论的消极成分

从思想内容来看,哈维试图在马克思主义"历史—地理唯物主义"的立场上全面地、准确地把握后现代主义,他的空间正义理论确实"补充"和"发展"了马克思主义正义理论。但如何在社会正义的目标之下集合各种差异性力量以对抗强大的资本力量,实现正义的社会秩序,仍然是哈维所面临的理论和现实难题,同时哈维在具体的理论论证过程中也存在着一些未能解决的问题。这些都制约着哈维空间正义理论的理论价值和现实意义。

---

① ［埃及］萨米尔·阿明:《全球化时代的资本主义:对当代社会的管理》,丁开杰等译,中国人民大学出版社 2013 年版,第 84 页。

② ［美］大卫·哈维:《资本社会的 17 个矛盾》,许瑞宋译,中信出版社 2016 年版,第48 页。

一、对马克思主义理论的误解

第一,哈维对历史概念的理解往往比较简单。当代资本如何利用空间生产实现社会再生产的目的? 哈维认为马克思的历史唯物主义对当代的这一新情况已无法做出充分说明,由此他强调必须从一个新的视角进行资本批判,即历史唯物主义必须升级为"历史—地理唯物主义"。但在哈维的研究中,"历史概念所指往往比较简单,就是指时间"①。他仅仅从历史学层面来理解"历史",并把历史看作资本权力制造的一连串政治事件。他说道:"历史就成为一连串有关存在的或政治学的选择,这些选择不具备必须的导向性逻辑或任何清晰可辨的终结状态。"②虽然哈维也强调差异性的重要性,但他对历史的理解往往导向历史的一般化概念,特别是没有基于生产方式角度来理解历史,这大大制约了他对空间问题研究的广度和深度,这与马克思的历史观相去甚远。

马克思强调历史是人自己展开其实践活动的复杂的动态过程。马克思唯物史观的提出正是针对"历史"是在一切旧唯物主义者的视野之外而提出的,"历史—时间"的维度无疑是马克思分析资本秘密和阐释人类社会发展之合规律性的基本工具。历史又是具体的社会历史,与具体的社会生产方式、阶级阶层紧密相连,没有一个一般的历史。"历史不外是各个世代的依次交替。每一代都利用以前各代遗留下来的材料、资金和生产力;由于这个缘故,每一代一方面在完全改变了的环境下继续从事所继承的活动,另一方面又通过完全改变了的活动来变更旧的环境。"③历史在本质上是人们不断变革或革命的实践活动,历史发展的动力也源自人们的实践活动的变革。可见,哈维在一些地方直接将马克思的历史唯物主义中的"历史"看作时间的时候,其理由并不充分。从这一意义上说,哈维的"历史—地理唯物主义"明显存在着理论嫁接的痕迹和空间解读视域的限制性。

第二,哈维事实上造成时空的对立与割裂。虽然哈维一再强调时空的辩证关系,但由于其理论研究视域的局限性,在"刻意"提升空间维度的同时又弱化了时间维度应有的地位,在事实上造成时空的对立与割裂,其空间正义理论似乎是"超越"现实社会生活的"解释世界"的理论。其实在马克思的

---

① 强乃社:《历史—地理唯物主义及其意义》,《现代哲学》2011年第3期。

② [美]大卫·哈维:《希望的空间》,胡大平译,南京大学出版社2006年版,第169页。

③ 《马克思恩格斯选集》第1卷,人民出版社2012年版,第168页。

社会历史的时空结构中,时间的因素是首要的并和人的积极存在紧密联系在一起,"时间是人类发展的空间"①,"时间实际上是人的积极存在,它不仅是人的生命的尺度,而且是人的发展的空间"②。在历史唯物主义的时空结构中,时间与空间辩证统一,我们所创造的"历史",实质上是处于一定的社会空间的人的现实的实践活动,社会历史规律相应体现为一个在人的实践活动中不断生成的过程,这个过程始终伴随社会空间的重组与转换。马克思主义空间理论中始终强调空间主要是一个社会化的空间,空间和生产、生活紧密相连。历史唯物主义本身并不是一种终极真理,它具有开放性和时代性,是我们的研究和行动的指南,而哈维强调马克思历史唯物主义缺乏地理和空间维度的研究至少是有局限的。③

第三,哈维对《资本论》解读的有限性。哈维的空间正义理论源于马克思《资本论》,他深入研读《资本论》及手稿,试图在空间结构中探寻资本主义的内在矛盾。在对《资本论》解读的过程中,哈维注重对"使用价值""固定资本""金融资本"的问题进行阐述,提出了一些独到的见解,但他却未对《资本论》最核心的问题即资本主义私有制及其内在矛盾进行深入研究,也几乎不提社会主义公有制问题。纵观哈维的理论,他试图以马克思的政治经济理论部分去整体改造马克思的历史唯物主义,无论从内容上还是方法上来说都是片面的、不可取的。可以说,哈维在进行《资本论》的解读及理论建构的整个过程中,仍局限在资本现象和"物的"维度方面的描述,实证主义地理学的魅影依然存在。

第四,哈维的理论隐含着思想张力的保守性与体系建构的无序性。不可否认,哈维的空间正义理论具有一定的独到见解和理论深度,他坚持和发展了马克思关于生产正义的思想,将空间正义的研究主题从城市空间正义拓展到全球空间正义和环境正义领域,对资本主义空间生产非正义性展开了深入的批判,并提出未来理想的公平正义的替代性社会方案,但哈维的理论与马克思主义理论相去甚远。在马克思的正义理论中,资本批判既是实现从唯物史观理论基础建构到提出真正的正义国家(即"自由人的联合体"或"真正的社会共同体")的重要"中介",又是进行解构资本主义非正义的一把"钥匙"。通过资本批判,马克思揭示了资本主义私有制的消亡是空间正

---

① 《马克思恩格斯选集》第 2 卷,人民出版社 2012 年版,第 61 页。
② 《马克思恩格斯全集》第 47 卷,人民出版社 1979 年版,第 532 页。
③ 强乃社:《历史—地理唯物主义及其意义》,《现代哲学》2011 年第 3 期。

义实现的前提条件,为此就要依靠工人阶级的力量来完成对资本主义社会的革命性改造,以实现对资本主义财产制度的彻底扬弃和社会物质生产力的高度发展。可见,马克思的空间正义思想是在科学把握人类社会发展规律基础上,实现对人类社会未来目标与现实之路的有机结合。工人阶级是推翻资本主义真正实现空间正义的主体。虽然哈维提出要把平等性、差异与开放性同政治主体有机结合起来,但他并没有深入论述到底如何实现这种结合以及中介是什么。虽然他也在追求空间正义的设想中注重地方的特殊性和差异性问题,但在一个强大资本逻辑统治的全球空间场域中,这种差异性何以可能存在、如何联合行动?这些理论性和实践性难题,哈维并未做深入的剖析。当面对强大的资本逻辑时,他最终将理论诉诸生命本能所具有的反叛精神以反抗空间生产的资本化,强调"作为类存在物的我们"如何重组各个技能要素,打造出新型的社会生产模式,表现出鲜明的乌托邦色彩。

总之,哈维的空间正义诉求并没有找到具体可实现的途径。哈维的资本批判理论和空间正义寻求最终也转向了一种"乌托邦"理想和身体革命诉求,陷入一种非历史唯物主义视野,离马克思主义的社会革命理论越来越远。正如诺埃尔·卡斯特里指出的,其理论的这一缺陷使学者担心"哈维的宏大理论抽象不能够有效地处理现实世界的混乱复杂性"①。其实,阶级斗争和反资本主义斗争根源于资本主义生产制度本身,这就要我们从历史必然性出发去寻找消除资本空间不正义的科学途径,也就是要我们深入资本主义制度内部并通过无产阶级斗争,才能消灭剥削和奴役、实现人的自由和全面发展。在此意义上看,哈维所提供的一套构建空间正义社会的方案,也只是露出解放政治的微光而已,还远没有触动资本主义生产和政治经济制度体系本身。

二、空间正义理论与实践上的不彻底性

第一,哈维的理论是一种不彻底的历史唯物主义。鉴于西方马克思主义的空间诉求导向的是一种主体向度的浪漫主义情结,哈维强调要在"历史—地理唯物主义"的基础上将主体与客体重新统一起来,并最终建构一种激进而有效的政治策略,他从资本主义空间生产运行逻辑中详细剖析了空

---

① [英]诺埃尔·卡斯特里:《戴维·哈维》,潘纯琳译,曹顺庆:《中外文化与文论》(34),四川大学出版社2016年版,第151页。

间非正义性的表现、后果及内在矛盾和解决途径,但可惜的是,哈维本人最终没有走出浪漫救世主义的倾向。因为,哈维忽视了资本主义社会发展的历史必然性和内在基本矛盾,忽视资本逻辑、权力机制与阶级利益等客观结构,其空间正义诉求似乎又返回到经典西方马克思主义革命传统——寻找革命主体并探索西方人的自由和解放之路,是一种包括文化意识形态革命、经济革命和政治革命在内的总体革命论。哈维"将解决不平衡问题的出路寄希望于社会主体的原初情感或主观想象,试图'悬置'资本的生产来消除不平衡问题,从而透射出其背后的现象学或存在主义的理论色彩,并与其唯物主义背景相纠结"①。

虽然哈维也极大关注那些围绕基本权利而进行的反资本主义斗争,代表着一种现实主义的政治追求,但只是一种理论姿态,并不能在实际的政治斗争中直接产生结果。说到底,哈维并没有给我们一个可行的替代方案。他只是提出了建构替代方案的一些理念。"他所论述的主题是:面对资本的全球空间规划,我们如何才能真正地达到一种激进的批判意识。对于他来说,这种批判意识才是建构规划的基础。"②

第二,哈维并没有提出能够付诸现实的更好的应对策略。虽然哈维对当代资本主义的空间剥削和空间压迫进行了深入的揭露和批判,也探讨了实现社会主义空间解放的途径和策略,但理论有余而实践不足。

其一,哈维对"新工人阶级"主体地位的描述很模糊。哈维强调阶级斗争的重要性,广大"新工人阶级"是反抗剥削阶级的主体。但他又认为在资本主义"弹性生产"和新自由主义统治的时代,从整体上"新工人阶级"已经被资产阶级分化和瓦解。工人阶级的凝聚力已经不如以前那么强烈了,阶级意识越来越淡薄,有些工人阶级已经与资产阶级成为"共谋"关系,成为普通工人甚至是"工人贵族"。正如英国学者朱迪·考克斯评价的:"哈维指出,事实上,发达资本主义国家的工人阶级落入了支持帝国主义来维护自身特权的陷阱之中。"③显然,哈维对"新工人阶级"是否能承担起主体地位和历史使命并未做出令人信服的论证。

---

① 薛稷:《空间批判与正义发掘——大卫·哈维空间正义思想的生成逻辑》,《马克思主义与现实》2018年第4期。

② 仰海峰:《弹性生产与资本的全球空间规划——从马克思到哈维》,《江海学刊》2008年第2期。

③ [英]朱迪·考克斯:《如何理解当前阶段的帝国主义——评〈新帝国主义〉等四本著作》,王占宇摘译,《国外理论动态》2004年第11期。

其二,哈维没有阐明实现反抗的武器和行动方案。虽然哈维多次强调整合差异性力量采取的"联合行动"是对抗现代资本逻辑的有效形式,但在不同的规模上包括全球是否有必要以及如何建立起联合行动的组织,哈维却未做明确的阐释。哈维明确反对建立列宁式的工人阶级先锋队的政党,这又使他争取普遍人权的主张流于乌托邦式的空想。哈维也未能将他主张的辩证的紧张关系在实践中坚持到底,他批判的对象仅局限在发达资本主义国家过度资本空间化问题,对广大发展中国家的空间问题并未深入研究;他所倡导的激进的民主方案只不过是激烈地批评资本逻辑的凶残,并没有激烈地反对资产阶级统治本身。因此,哈维基于空间视域的资本批判避免不了"空间拜物教"之嫌,他所谓"希望的空间"仅仅是一种"埃迪里亚"式的愿望,最后面临的依旧是残酷的现实。

其三,哈维所谓的"辩证乌托邦"的实践方案不具有可操作性。哈维主张综合的辩证乌托邦理想,他关注那些具体的行动来逐步改变资本主义物化现状的规划,从而代表着一种现实主义的政治诉求。这仍然只是一种理论姿态,并不能在实际的政治斗争中直接产生预期的结果。无论哈维所主张的"地方重建"还是"捍卫城市正义和权利",在实践中都不得不屈从于资本主义体系,甚至为资本主义体系所利用,成为资本逻辑主导下的逆转和变异过程。多元主义立场的差异政治是不能彻底地解决边缘空间的现实困境的,人类解放不可能仅仅基于边缘空间的呐喊,而是要寻求真正能够替代同一性霸权并且最终彻底瓦解霸权结构的力量。因此,边缘空间的斗争注定不可能成为解放政治的落脚点。薄弱环节抑或边缘空间的斗争只是实现人类解放目标的一种有效手段或途径,哈维强调的"边缘革命"差异斗争恰恰是错将手段当成了目标,从而使差异政治替代了解放政治的根本诉求。因此,"他者空间"的解放只有在坚守工人阶级的普遍主义空间规划下,并结合马克思曾预言的突破资本主义薄弱环节等特殊性方式,才能获得最终的胜利。

总之,哈维从空间正义角度揭示了当代资本主义剥削的新形式以及由此带来的灾难性后果,并努力探索可能性的替代方案。但哈维"刻意"提升了资本权力的地理秩序和空间实践,预设了事物发展变化都是由资本追求剩余价值而推动的,却忽视了资本主义生产关系的内在规律性,因而不可避免地浸染了一定的空想色彩。虽然哈维也极大关注那些围绕基本权利而进行的反资本主义斗争,代表着一种现实主义的政治追求,但这也只是一种理论姿态而已。客观上,当今以美国为首的新自由主义和新帝国主义,仍然支配着全球。哈维并没有说清楚,能够超越新自由主义的未来理想社会到底是什么样子的? 变革现实社会的主体是谁? 具体可行的替代方案是什么? 而马克思的理想无疑要丰富得多,马克思所追求的是人类的普遍解放与自由的实现,并不是单靠高呼那种权利保障的制度就可以达成的。因此,面对当下复杂多样的资本空间问题,我们在推进空间研究过程中,要始终坚持以马克思历史唯物主义为科学指导,避免陷入极端主义和相对主义的做法。

三、价值取向上的"西方中心主义"情结

自 18 世纪的欧洲工业革命以来,伴随着生产力的巨大发展,资本在扩张性积累中传播和扩散了资产阶级意识形态与文化价值观念。枪炮的暴力压迫与思想文化的渗透营造了资本主义遍地开花的环境,重新勾勒出一幅以西方为中心的"世界地图"。"西方中心主义"实际上是"欧洲中心主义"的拓展和延伸,是地域扩大了的欧洲中心主义,它沿着西方国家自身现代性模式,逐渐展开为一条西方、白种人、理性、逻辑、有序、历史、文明的道路,由此与非西方的道路(即东方、有色人种、非理性、混乱、神秘、无序、无历史、野蛮)分立和对立起来,由此形成西方中心主义的意识形态。① 也就是说,"西方中心主义"是在不平等的交往过程中逐渐形成的一种以西方国家创造和主导世界历史的价值观念与话语模式。

当然,"西方中心主义"也是思想文化领域中的一种客观存在,这也是它能够得以持续传播并影响甚至左右许多非西方国家的思想文化界的原因。资本主义创新的生产方式、资本主义制度的全球扩张以及西方"普世价值"的全球流动,重新塑造了区别于中世纪的"西方中心论"思想。但"西方中心主义"以扭曲的形式反映了西方国家在世界历史中的优势地位、肆意剪裁或否定非西方国家发展模式的合理性。无疑,作为当代西方马克思空间批判理论的领军人物,哈维对所谓的"新自由主义""历史虚无主义"等思潮给予了有力批判。哈维是进步主义运动中最敏锐和最具智慧的思想者之一,他的理论启发了那些迫切追求世界新秩序的人。纵观哈维的理论,其价值取向上仍具有"西方中心主义"情结,即其研究的出发点和立足点仍局限于西方发达资本主义国家,并试图通过建立一套尽可能包罗一切问题域的"空间理论"以对比广大发展中国家的现实来发现"问题",凸显"理论"的最高优先权。

---

① 邹诗鹏:《马克思对欧洲中心主义的批判与超越》,《哲学研究》2018 年第 9 期。

第一，哈维将西方发达资本主义国家作为研究的重点，却极少关注发展中国家的现实问题。哈维批判阿明、弗兰克等人只从相对狭隘的角度即第三世界立场出发批判当代资本主义非正义的"世界体系"问题，却忽视了全球化的广阔视野。为此，在经济全球化和新自由主义条件下，哈维强调要从宏观和微观维度，将空间正义主题深度拓展到全球空间正义、环境正义和身体正义。但哈维在理论拓展的过程中，又使自己走向了另一极端，即哈维虽然意识到了全球化的现实过程，但几乎没有从语法上展开描述和分析。实际上，哈维只关注发达国家，却很少关注南半球的发展状况，更鲜有关注中东或者后殖民世界的实际发展。可见，哈维的研究视野也是极其狭小的，他始终强调空间是社会空间而不是物理空间，但他在实际操作过程中似乎忽视了这一点，他并没有深入第三世界去了解真正全球非正义状况。哈维的空间正义理论存在片面性和不完整性，"他现在强调地点和规模占据不平衡地理发展需要被限定。那种把空间当成容器的观点忽视了空间持续不断的连通性影响"[1]。综观哈维的空间正义理论，往往倾向于借助不平衡的社会现实来证明方法论上的融合与创新，却很少关注理论的具体运用，这也制约了其理论的现实意义。

第二，哈维重视空间资本批判的重要性，却回避了空间资本在经济危机中的基本角色定位。他紧紧抓住资本运动是如何塑造其空间的核心命题，对当代资本主义空间生产的非正义性展开批判。其理论视野具有现实针对性和广阔的开放性，扭转了传统马克思主义的抽象化和线性式的理论解读立场，但到底空间资本在经济危机中起什么作用，哈维并没清晰地回答。其一，哈维的"时空修复"理论存在着矛盾性。在资本主义体系内可以通过资本积累三次循环过程来应对经济危机，哈维将这种推迟与缓和危机的方式命名为"时空修复"，并认为"时空修复"是资本主义体系得以延续的原因。但哈维的"时空修复"理论存在着矛盾性，一方面他认为资本主义自身具有强大的灵活性和适应能力，资本主义似乎总可以通过不断"修复"而不至于自动解体或崩溃；另一方面他又认为"时空修复"虽然可以使资本主义暂缓或推迟过度积累危机，但资本主义的根本矛盾不可能根除，资本以"不平衡地理发展"形式向全球空间拓展，最终将引发全球性的资本主义系统危机。其二，哈维对劳动价值论的理解过于片面。他对劳动价值理论的分析过于强调经济层面的决定性作用，却鲜有对政治斗争和国家制度层面展开分析，

---

① 赫曦滢：《空间转向：大卫·哈维辩证的时空观窥见》，《前沿》2011 年第 20 期。

第

六

章

哈

维

空

间

正

义

理

论

的

评

析

及

启

示

意

义

157

也没有明确国家在未来构建资本主义替代性方案中的作用,这些都在一定意义上制约了哈维理论的完整性。

第三,哈维重视方法论创新大于社会事实的"揭露与批判"。20世纪70年代以来,西方马克思主义者开始基于空间视角来认真观察资本主义社会的生成、发展以及最新形态,实现了所谓"空间转向",但这种"空间转向"只是一种观察问题视角的转换,一种对社会现实的解释方法而已,并没有对当代资本主义社会事实作出颠覆性的实践说明。哈维的空间正义理论无疑延续了这一西方空间批判传统,其方法论意义大于社会现实意义。哈维虽然关注空间的主体维度,但只注重从主体的想象力、非理性因素去探寻空间革命的主体力量,将阶级问题、民族问题、性别问题、生态环境问题、审美问题等纳入空间批判范畴,期待以大众身体本能或潜意识等因素唤起未来的空间革命,其唯心主义意蕴更加浓厚,这与他所主张的坚持马克思主义唯物主义理论相去甚远。

第四,哈维对"中国道路"存在诸多误读。从思维方式和话语系统意义说,"西方中心论"是一种在思维的习惯性范式和长期的文化偏见积淀的基础上形成的思维定式与话语环境,与自觉不自觉接受或认可这种思维范式和话语系统影响的人的政治立场与价值观念无直接的关系。① 长期生活工作于英美发达资本主义国家的哈维,这一思维方式和话语系统影响了他对"中国道路"的认知。哈维囿于"共时性"的空间视域,立足于"西方中心主义"同质化解释路径,将"中国道路"视作对西方模式的模仿,是资本逻辑主导的中国特色的发展道路。他认为:"中国作为全球经济大国的醒目出场,部分而言是发达资本主义世界的新自由主义转向所带来的意外结果。"②他把中国改革的成功归因于中国转向新自由主义道路,将中国道路误读为"有中国特色"的新自由主义道路。他将中国推动共建"一带一路"误读为缓解并促进资本积累的"时空修复"实践和扩张性发展模式的手段。"中国在致力于一个'为积累而积累,为生产而生产'的资本主义体系的持续扩张中所扮演的至关重要的角色。"③此外,他将中国利用外国直接投资、市场规模与对外需求、城乡发展的大规模经济建设、社会民生事业的大量投资、国有企

---

① 叶险明:《马克思超越"西方中心论"的历史和逻辑》,《中国社会科学》2014年第1期。

② [美]大卫·哈维:《新自由主义简史》,王钦译,上海译文出版社2016年版,第125页。

③ [美]大卫·哈维:《跟大卫·哈维读〈资本论〉》第1卷,刘英译,上海译文出版社2014年版,第331页。

业改革等,都归结为新自由主义化全球性扩张的结果,是中国吸收过剩生产力的现象。哈维说道:"在 2008 年金融危机之后,中国的出口因美国消费者需求下降而出现暴跌,为此中国政府推出了将剩余资本和劳动力引入城市化和基础设施建设的国家战略。"①可见,哈维深陷于资本自由化逻辑与空间化逻辑话语模式,夸大了资本决定逻辑,忽视了中国道路的历史背景、独特动因和现实特质,不可能正确认识和解读中国发展的成就与意义。

实际上,中国特色社会主义实现了社会主义制度和市场经济的有机结合,超越了资本逻辑的市场经济。改革开放后,中国共产党明确地认识到市场对于生产力发展与物质积累的积极作用。邓小平明确指出,社会主义市场经济"虽然方法上基本上和资本主义社会的相似……但是归根到底是社会主义的……社会主义也可以搞市场经济。同样地,学习资本主义国家的某些好东西,包括经营管理方法,也不等于实行资本主义。这是社会主义利用这种方法来发展社会生产力"②。所以,中国在克服经济决定论的理论探索中内含了对市场经济与资本要素的包容性。坚持中国道路是中国共产党的百年奋斗积累的宝贵经验之一,就是"党领导人民成功走出中国式现代化道路,创造了人类文明新形态,拓展了发展中国家走向现代化的途径,给世界上那些既希望加快发展又希望保持自身独立性的国家和民族提供了全新选择"③。中国特色社会主义道路主体始终是在中国共产党领导下的中国人民在经济上采取市场化的中国道路,绝非哈维所理解的片面的"有中国特色"的新自由主义。

中国共产党在百年领航探索中走过了西方发达国家 200 多年的现代化历程,开创了中国式现代化道路。中国式现代化新道路深刻彰显了空间辩证法意蕴,需要基于空间维度来把握蕴含于其中的运动变化与张力、政治与意识形态。这条道路在中国共产党的百年探索中被不断充实和丰富,各个历史时期特殊的、复杂的社会历史构成了其具体空间场域。其一,立足"五个文明"的协调推进,内蕴着创新、协调、绿色、开放、共享的新发展理念,体现了对西方"单向度"文明的历史性反思和超越。其二,中国式现代道路是运用马克思主义解决中国问题的伟大创新,是马克思主义的时代精华,是对资本主义现代化的全面超越,是中国人民的历史选择、实现中国梦的必由之

---

① ［美］大卫·哈维:《世界的逻辑》,周大昕译,中信出版社 2017 年版,第 76~77 页。
② 《邓小平文选》第 2 卷,人民出版社 1994 年版,第 236 页。
③ 《中共中央关于党的百年奋斗重大成就和历史经验的决议》,人民出版社 2021 年版,第 64 页。

路。其三,在马克思主义中国化的历程中,中国特色社会主义理论体系是与制度相互联系、内在统一的,中国道路内含着以人民为中心的特征、中国特有的历史性与理论的科学性。其四,中国式现代化既遵循着人类社会发展规律和现代化规律,又根据我们的国情,从中国的实际出发,坚持独立自主,代表人民的根本利益,是合规律性和合目的性的统一。中国式现代化是人口规模巨大的现代化,是全体人民共同富裕的现代化,是物质文明和精神文明相协调的现代化,是人与自然和谐共生的现代化,是走和平发展道路的现代化。党的二十大报告提出:"中国式现代化的本质要求是:坚持中国共产党领导,坚持中国特色社会主义,实现高质量发展,发展全过程人民民主,丰富人民精神世界,实现全体人民共同富裕,促进人与自然和谐共生,推动构建人类命运共同体,创造人类文明新形态。"在空间正义视野下,中国式现代化新道路及由此孕育的人类文明新形态,将人类几千年来孜孜以求的民主、自由、公平和正义等文明因子,通过自己"榜样示范"的方式传递给全世界。这个"新道路"和"新形态"内涵更丰富,外延更广泛,很有可能成为未来"空间社会"治理的新的风向标。

总之,哈维对资本主义的非正义批判延续了西方马克思主义学者的传统"政治解读"思路,即依据马克思的某一个或某几个文本,选择某个领域的阅读方式,进而发挥其中重要概念和范畴的作用,建构一个独特的被其认为是"真正的马克思主义",表现为对结构主义方法的过度依赖而对历史规律和矛盾分析方法的轻视。哈维虽然也强调马克思辩证法的重要性,但他只是表达了一种理论姿态,并没有把矛盾分析方法在实践中贯彻到底,更没有从发展中国家的具体实际出发阐释理论。由此看来,哈维并没有超出"西方中心主义"的文化传统的"窠臼",其空间正义理论具有很大局限性。为此,我们要警惕理论研究中的"西方中心主义"情结,在大胆借鉴西方理论的同时,始终保持"中国问题意识"的理论自觉,回应与解决当下中国所面临的重大课题。

第三节　拓展空间正义的当代中国实践

空间正义是一个全球性的现实课题,无论是西方资本主义社会还是中国这一正处于社会主义初级阶段的国家,都会遇到"空间正义"问题,从这一层面来说,空间正义具有共性的一面。但正义相对于一定的历史语境才具有价值和意义,我们讨论空间正义问题也必须从当代中国的具体历史语境出发。当然,正如邹诗鹏所指出的:哈维的空间理论为把握中国道路提供了不错的视域,但是,恐怕也只能是参考性质的视域,因为哈维把中国的发展纳入全球新自由主义的空间,提出了所谓"有中国特色的新自由主义",这显然回避了中国道路与"世界历史"时代的新开启这一更富于历史想象的问题。[①] 为此,我们要基于马克思主义辩证法,对哈维的空间正义理论进行批判性的运用,以一种积极的"空间正义"视角来把握当下,坚持以习近平新时代中国特色社会主义思想、马克思主义空间正义思想为指导,明确中国特色的新发展理念、新城市发展思路、新生态文明举措、新全球治理思维,推动中国特色社会主义空间正义实践创制。

一、探寻社会转型发展新理念

自改革开放以来,中国经济持续高速增长,特别是我国已经从一个经济发展落后的国家跻身为世界第二大经济体,为我国空间发展积累了充足的物质条件。但局部的高速发展形态并不是当前我国空间发展的全部景观,中国也面临着经济持续下行和社会转轨期矛盾不断叠加之势。中国发展正处于"时空压缩"的复杂环境,传统性、现代性和后现代性集中压缩到了一个时空之中。从实践来看,我国作为一个"后发国家",充分发挥"后发优势"并成功地走出了一条非常规的跨越式的发展道路,但又存在"后发劣势",这就是要把发达国家曾经在200~300年中不断出现和解决的矛盾与问题,集中到了改革开放后40多年中加以解决,加剧了改革进程的严峻性。当然,这种"时空压缩"的双重效应对我国经济社会的全面发展提出了紧迫性、必要性和现实可能性的挑战。为此,在当下中国特色社会主义新时代的"时空"背景下,我国应积极建构适应本国的空间发展新理论,寻找转型发展的新路径,用以阐释和矫治我国社会发展过程中存在的诸多空间不平衡不充分问题。

第一,贯彻新发展理念,努力实现空间正义的高质量发展诉求。新时代,我国经济社会的发展面临着时空二维的不平衡不充分发展问题。"新发展理念"(即创新、协调、绿色、开放、共享)是引领我国经济发展新常态的根

[①] 钱厚诚:《辩证的乌托邦理想——大卫·哈维空间理论的文本解读》,中国社会科学出版社2016年版,序言第7页。

本理论保证,为解决当下我国复杂的空间发展问题提供了新路径。创新是空间发展的动力,协调是空间发展的路径,绿色是空间发展的模式,开放是空间发展的保障,共享是空间发展的目标。新发展理念回答了关于发展的目的、动力、方式、路径等一系列理论和实践问题,阐明了关于发展的政治立场、价值导向、发展模式、发展道路等重大政治问题。新发展理念是当代中国新发展的价值观,共同建构起一个完整、公正的新空间发展系统,有力地促进了自然空间、人的生存空间、社会发展空间和谐发展,新发展理念本质上是空间问题在发展上的体现,空间正义为新空间发展进程提供了衡量是否科学的评价原则,实现空间正义既是新发展理念的重要手段也是重要目的。

"空间正义"的提出拓展了正义的维度,为我们的空间发展提供了价值标准和价值原则,凸显了当代中国城市空间与区域发展的正义底蕴。新时代我国社会主要矛盾已经转变为人民日益增长的美好生活需要和不平衡不充分的发展之间的矛盾,决定了我国经济发展须从高速度向高质量发展转变,坚持质量第一、效益优先,扎实推进质量变革、效率变革和动力变革。新发展理念是使我国从大国转向强国的根本之道、核心支点,由过去的要素驱动、投资规模驱动转向更加注重创新驱动,这是我国发展动力上的大逻辑。创新驱动致力于解决发展不充分的问题,它是我国发展起来以后由大国成为强国的根本动力。"现代化是在超越'人的依赖'且使人成为独立主体的历史进程中生长出来的,现代化在根本上发源于社会结构转型,即由以'权力'为主导的社会结构转向以'物'和'个人独立'为主导的社会结构。"在差异中推进人的全面发展,实现人的现代化。①

未来阶段,中国将努力构建新发展观的支持保障,努力实现空间正义的发展诉求。把握未来发展主动权的战略性布局和先手棋,就是要依据新发展理念加快构建以国内大循环为主体、国内国际双循环相互促进的新发展格局。从现实角度看,自 2008 年国际金融危机以来,中国经济呈现新发展格局,国内需求对经济增长的贡献率已经大大超过对外出口份额,只有立足自身,把国内大循环畅通起来,才能在百年未有之大变局形势下,始终充满朝气。在制定空间发展政策时,从中央政府到地方政府都应肩负起引导和贯彻新发展理念的重任,中央政府要注重从宏观上指导和规范空间生产,制定好社会发展规划;地方政府则要在空间发展过程中扮演好设计师、管理者的

---

① 韩庆祥:《强国逻辑:走向强国之路》,红旗出版社 2019 年版,第 104 页。

角色,在行使空间权利的同时履行好空间义务,特别要注重保障空间产品的公益属性。

第二,利用好空间化资本,构建以美好生活为价值导向的空间正义观。哈维的资本批判与空间正义理论指出通过空间的变革以实现整个社会的变革的重要意义。传统上我们往往强调社会变革的重要性而忽视空间重构的力量,这是不合理的,需要通过空间的重构与社会变革的同步推进,以此为基础实现历史的变革。在推进空间变革过程中,我们又要辩证地、历史地看待资本的空间扩张与转移对我国社会发展的作用。中国在空间变革过程中必然面对资本,资本要素是塑造空间形式和推动空间生产关系现代性转换的重要力量,但中国长期以来对生产性资本的依赖也致使"空间非正义"现象出现。这就要求我们,既要看到空间化资本所造成的日益加剧的空间正义问题,又要承认空间化资本的历史意义与进步价值。正处于"社会转型"的当下中国,仍需利用空间化资本的推动,大力发展社会主义的空间生产,让市场经济在资源配置中发挥决定作用,以夯实人民追求美好生活的物质基础。但政府决不能为了 GDP 的增长而以牺牲人民的福祉为代价,更不能单纯受资本逻辑支配而把空间变成资本的空间。我们在空间发展过程中要努力做到以人为本、统筹兼顾,注重规范、引导空间化资本为社会服务,尽量减少和避免空间化资本所带来的种种异化、失调和危机,实现社会主义空间生产的公平与正义,走一条适合中国自身发展的"创造人民美好生活"的新道路。

关系性空间的最大特征就是开放性。开放性意味着空间总是处于永远流变的、发展的状态。面对当下资本全球性的剥夺式积累,我们在对外开放的过程中始终要保持民族发展的独立性,大力发展实体经济,大力推进民族工业现代化、产业化和品牌化,支持本民族工业走出去。要积极培育国内资本市场,规范、引导好资本为社会服务,提高知识资本和人力资本,警惕国际资本大鳄操纵国内市场,提升有效防范和化解金融风险的能力与水平。同时,国家利益的实现又不可能脱离全球空间资源,我们要立足于现实,采取足够的开放政策和策略,以开放包容的姿态吸收世界发达的科学技术、管理经验和建设资金;要注重联合的力量,加强各民族国家间的沟通、协调与合作,努力达成普遍性的共识,共同应对人类面临的各种挑战和全球性问题,共同参与构建新的世界体系,维护和拓展全球性的利益空间。

第三,变革空间生产与分配方式,在空间资源配置上更加注重公平正义的优先性。作为一种物质和社会关系的空间生产方式,本身就蕴含着正义的维度,空间生产的内在矛盾需要空间正义的规约和引导。从总体上说,伴随着我国生产力的不断发展、物质产品的极大丰富,人们的生活水平、城乡居民收入不断提高,必然带来资源环境、空间配置、社会融入等方面的矛盾激化,社会发展不平衡由此加剧。解决这种复杂矛盾与冲突的关键点在于变革空间生产与分配方式,重视区域间的空间权益,在空间资源配置上更加注重公平正义的优先性。在全面深化改革中要特别关注具有社会价值的资源和机会的空间分配问题,包括就业机会、医疗保健、公共交通、教育机会、居住空间等,以满足不同空间群体的基本空间需求。同时,要大力推进城乡要素的平等交换和公共资源的均衡配置,构筑更加公平和谐的城市社会,让发展的成果更多更公平地惠及全体人民。当然,这种公平性不是平均主义的,而是要对弱势群体做最为有利的差异性安排,正如哈维所说的"最少的优势领地"和最穷居民的财富最大化。

建构合理的按劳分配制度是实现人民共享发展的根本保障。收入分配是民生之源,合理的分配制度有利于解决社会发展过程中的不平衡和不充分问题,确保实现人民美好生活新期盼。我国的社会主义性质和生产力发展状况,决定了我国现阶段社会主义基本经济制度是坚持以公有制为主体、多种所有制经济共同发展的所有制结构,坚持按劳分配为主体、多种分配方式并存的分配制度,坚持社会主义市场经济体制。按劳分配是社会主义的分配原则,是人们获取维持自身生存所必需的各类资源的基本途径。科学的分配制度既有利于激发各类市场主体活力、解放和发展社会生产力,又有利于促进效率和公平的有机统一、推动全体人民共同富裕。

按劳分配所显示的经济公平性,内在地体现了劳动的平等和产品分配的平等。相较于资本主义社会的"按资分配"原则,按劳分配既肯定劳动者在起点、机会、过程和结果方面的差别性,又强调平等的分配制度。按劳分配的思想内核在于只有劳动的才是正义的,它最大限度地体现了劳动者的根本利益,由此,按劳分配是正义原则理应介入的基本领域。社会主义市场经济的条件下要不断完善多种分配方式,既要增加一线劳动者报酬,又要兼顾不同人群的劳动付出,"健全劳动、资本、土地、知识、技术、管理、数据等生产要素由市场评价贡献、按贡献决定报酬的机制"[①]。当然,社会主义市场经济条件下按要素分配机制是建立于按劳分配的基础之上,是在公有资本引

---

① 《中共中央关于坚持和完善中国特色社会主义制度 推进国家治理体系和治理能力现代化若干重大问题的决定》,《光明日报》2019 年 11 月 6 日第 1 版。

导下依法进行的,这种分配方式有利于效率和公平的辩证统一中实现人民共享发展成果,有利于增进劳动者的创造性和主动性、获得感和幸福感。

维护劳动者的合法权益是保障劳动公平正义的内在诉求。在现代化过程中,法治是保护劳动者合法权益的最根本途径,要切实维护劳动者的合法权益,制定和完善劳动保护法律和规章制度。树立正确的利益观,依法处理劳动关系纠纷,构建起以人为本、互助共赢的和谐劳动关系,维护每个人的平等权利。坚持经济增长与居民收入、劳动生产率与劳动报酬同步增长,缩小不同地区、行业、人民之间的收入差距,促进分配更加合理有序。在高质量发展中促进共同富裕,正确处理效率和公平的关系,构建初次分配、再分配、第三次分配协调配套的基础性制度安排。"鼓励勤劳致富,保护合法收入,增加低收入者收入,扩大中等收入群体,调节过高收入,清理规范隐性收入,取缔非法收入。"①这就要求做好以下三方面工作:

其一,坚持完善制度、规范秩序的原则,促进中国特色社会主义初次分配工作。坚持按劳分配主体地位,增加劳动者特别是一线劳动者劳动报酬,提高劳动报酬在初次分配中的比重。完善按要素分配体制机制,允许一部分人靠诚实劳动和合法经营先富起来。

其二,坚持统筹兼顾、公平合理的原则,做好中国特色社会主义再分配工作。政府履行好再分配调节职能,强化税收调节,合理调节城乡、区域、不同群体间的分配关系;合理调节过高收入,清理规范不合理收入,强化互助共济功能,把更多人纳入社会保障体系,加大对革命老区、民族地区、边疆地区、欠发达地区的转移支付;健全基本公共服务体系,提高公共服务水平,增强均衡性和可及性,扎实推进共同富裕取得更为明显的实质性进展。

其三,坚持鼓励引导、自觉自愿的原则,做好中国特色社会主义第三次分配。发挥第三次分配作用,发展慈善等社会公益事业,加强公益慈善事业规范管理,鼓励高收入人群和企业更多回报社会,提升社会公益事业透明度,推动社会公益资源配置更加公平公正。

二、寻求当代城市发展新思路

空间正义追求一种相对平等、动态地享有的空间权利,逐步实现特定空间范围的社会公平和公正,最终实现人的自由而全面的发展。城市空间正

---

① 《中共中央关于坚持和完善中国特色社会主义制度 推进国家治理体系和治理能力现代化若干重大问题的决定》,《光明日报》2019 年 11 月 6 日第 1 版。

义指城市空间生产应遵循正义原则的基本价值向度,实现城市空间正义,关键在于达到对城市资源的公平分配、享有,实现城市主体的自由与全面发展。

城市化是社会经济发展的必然结果,是衡量一个国家或地区现代化程度的主要标志。城市是经济社会现代化的物质表现,也是实现国家治理体系和治理能力现代化的主阵地。新中国成立以后,伴随着中国共产党的工作重心由农村转移到城市,推进城市化建设就成为我国经济社会发展的重要战略任务。我国的城市化起步低,改革开放前发展相对缓慢,中华人民共和国成立初期的城市化率是 10.64%,1978 年城市化率也才达到 17.8%。而改革开放后,中国经济取得快速发展的同时,城市化发展迅速,城市的发展进入了新的历史阶段,根据国家发改委印发的《2022 年新型城镇化和城乡融合发展重点任务》,2021 年中国常住人口城镇化率达 64.72%。这得益于中国从高度集中的计划经济体制向社会主义市场经济体制转变,由此开启了中国从农业的、乡村的传统社会向工业的、城镇的现代社会转型,这是一种乡土中国的解构和新型社会空间的重塑。在计划经济体制下,中国城市建设是按照"苏联模式"来建构的,城市空间的生产是由国家统一规划和调配并通过各生产单位和社区部门的相互配合实现。城市空间生产的主体是政府,国家在城市空间生产中起支配性作用;城市空间生产的微观执行者则是各种行政级别和功能属性不同的单位,城市建设以单位为基本单元形成自己独立的社区。市场经济制度的确立则打破了城市建设的计划经济模式,城市社会空间也发生了翻天覆地的变化。原有的社区在短时间内被新的城市规划和建设所代替,大量资本涌入城市也瞬间更新了城市的面貌。当下中国城市的迅速发展极大地促进了人们生活的现代化,城市已成为人们主要的生存空间,这也说明中国经济社会的发展已迈入一个新的阶段。

城市在为人们提供舒适便捷生活的同时,中国城市发展也不可避免地出现了"城市问题"。中国的城市建设是在大举效仿西方城市化经验的基础上不断推进的,在全面推进城市转型过程中,地方政府日益与企业结成"增长联盟",城市则作为推动当地经济发展的增长机器,房地产开发成为地方社会空间发展的引擎和支柱性产业。正如哈维所指出的,"资本积累向来就是一个深刻的地理事件"①。当空间被整合进资本积累与循环过程之后,资本逻辑在驱动空间扩张的同时,又必然带来了城市空间畸形发展,空间正义

---

① [美]大卫·哈维:《希望的空间》,胡大平译,南京大学出版社 2006 年版,第 23 页。

问题凸显,这就是现代资本逻辑的悖论。在当前现代化和城市化高歌猛进的背景下,城市空间问题或空间正义性风险显得异常突出,主要表现为空间剥夺、空间隔离、空间排斥和空间话语权的剥夺、空间不平衡发展、公共空间私人化、空间资源分配不公等方面。这些问题或风险还加速发酵了一系列生态问题乃至空间矛盾和冲突。城市空间的大规模发展与人们适宜的居所的愿望越行越远,存在着区域性的、局部的"营养过剩"和部分的"营养不良"现象,存在着普遍性的"城市病",如环境污染、资源浪费、交通拥堵、传染病肆虐、暴力事件频发、房价居高不下、城市空间发展不平衡、市民城市权利缺失等。如何加快推进城市治理,构建公平正义的城市空间,是当下我们国家要着力解决的重要社会问题。

第一,优化城市空间环境,实现城市可持续发展。哈维认为城市建设是对中国经济增长贡献最大的元素,中国通过城市化吸收过剩的资金和过度积累的资本,确实能在短期内起到稳定资本积累的作用,但是如今的城市成了资本主义资本积累和剩余价值生产的发源地,城市权利日益落入了私人或巨大的资本和财团手中,迅速扩大的社会不平等以及随着世界金融危机导致的失业问题、生态恶化、对农村土地和农民工劳动力的剥夺、投机资本的发展等都意味着"中国模式"存在着隐患。今天的中国城市建设,部分地区确实是在政府权力和市场主导下进行的,身处政府机构和资本流动所组成的网络之中,社会力量较弱,公众参与不够,在这样的背景下,容易造成城市规划中的正义价值缺失和空间正义原则的损害,导致城市空间的不公正问题。"所以,我们在今天高速城市化或城镇化的发展过程中,要谨防城市主义的泛滥,谨防盲目乐观的城市化大跃进。在制度和政策设计上,要尽量规避其负面效应,彰显其积极价值,以防掉进过度城市化的'半现代性'陷阱中。"[1]特别是在发展城市中,要谨慎对待国际资本的空间扩张和生产行为,以防单纯成为资本空间生产的"增殖机器"。

城市规划及其他公共政策更应该充分发挥其服务于大众社会的职能,保障底层群体与社会公平正义。实际上,公民权利是否有效实施体现在弱势群体的利益是否得到保障。社会的经济进步要消除不平等,就必须为弱势群体包括广大农民争取同样的平等权利。政府要加强政策引导,积极化解城市空间资源占有的矛盾,构建城乡之间、空间富有者与相对贫困者之间

---

① 王文东、赵艳琴:《〈英国工人阶级状况〉中的空间生产与空间正义思想解读》,《苏州大学学报(哲学社会科学版)》2016年第4期。

的和谐共生关系,优化空间环境,实现可持续城市化。在制订空间发展规划过程中要防止趋同性空间对于人们认同感和归属感的消解,要注意人本性、多样性和文化性保护,防止资本逻辑形塑的"千城一貌",打造突出历史独特性和文化多样性的"千城千貌",统筹推进城乡一体化建设。

第二,引导人工智能科学发展,促进城市正义。在马克思主义哲学中技术是人类的一种最基本的实践活动,是连接人与自然的真正桥梁。马克思在《1844年经济学哲学手稿》中指出:"工业的历史和工业的已经生成的对象性的存在,是一本打开了的关于人的本质力量的书,是感性地摆在我们面前的人的心理学。"①因此,人类正是在技术实践的客观结果中,直观认识到了自己的本质力量。伴随着信息技术的迅速发展,当下"智能浪潮"背后蕴含着空间内容、空间进程、空间关系,这也是哈维空间正义理论所关注的。当人们为机器智能带给人类的福祉高唱赞歌之际,哈维基于空间正义角度批判了机器智能资本主义生产和资本积累,再度反思资本主义制度自身所固有的缺陷。哈维说道:"资本家钟爱机器,因为它们是剩余价值和相对剩余价值的来源。"②如果有人认为,"可以通过大数据挖掘来实现智慧城市管理,然后贫困、不平等、阶级和种族歧视以及剥夺式积累、财富窃取等一切城市病就会迎刃而解,这样的想法显然是极其天真的"③。随着人类科学技术的发展,技术的发展也必须考虑正义的尺度,人工智能技术也概莫能外。从某种意义上说,机器技术无论它多么实用和便捷,如果导致了不正义的结果就必须加以修复甚至拒绝。对于正处于发展初级阶段的人工智能来说,如何以正义为尺度规约人工智能发展是值得人类思考的迫切问题。

人工智能的快速发展无疑有利于打破技术中立的固有观念,以正义维度切入人工智能的讨论,必须首先思考作为正义之首要价值的平等问题。从全球发展空间来看,人工智能有助于传统产业的转型升级和促进社会各方面的进步,发展好人工智能技术无疑能给"边缘"的国家提供赶超"中心"国家差距的机会,促进全球空间内部的实质平等。从一国之内的地理空间来看,以大数据、云计算、互联网等信息技术为支撑的人工智能产业属于新兴产业,大力发展人工智能技术有利于地方利用自身优势实现跨越式发展、

---

① 《马克思恩格斯全集》第3卷,人民出版社2002年版,第306页。

② [美]大卫·哈维:《跟大卫·哈维读〈资本论〉》第1卷,刘英译,上海译文出版社2014年版,第230页。

③ [美]大卫·哈维:《马克思与资本论》,周大昕译,中信出版社2018年版,第193页。

有效化解地方社会发展中的许多困境,使人们生活得更加美好。但是,人工智能发展本身并不能自动地解放人类,它也有可能带来"因技术发展而造成的一切劳动的非人异化"①。

事实上,任何机器技术都是一把双刃剑,人工智能也一样。我们要清醒地认识到人工智能的负面影响。人工智能的迅速发展,可能带来资本的急剧集中,人与人之间的收入差距会进一步拉大;人工智能也会带来有关人权、责任、道德等社会问题。机器无非人类的手创造出来的人类头脑的器官,是物化的知识力量。人是社会发展的主体,人工智能只是让我们人类的生活变得更舒适的工具和手段,我们需要把人工智能技术紧紧地限制在正义的框架之内,实现城市正义。人工智能技术的发展,要有利于广大人民群众特别是弱势群体的利益。为此要特别注重以发展为中心的政策导向,加快智能制造与产业转型升级,积极引导企业生产从资源型生产升级为科研型生产,实现中国"制造"到中国"智造"。坚持以人为本,发挥人物质自主重组技能的能动性,重视人才培养、技术的提升,提高劳动者的劳动幸福感,注重眼前利益与长远利益相结合,保障弱势群体的当下权益,关注代际公平和可持续发展等问题。健全相关的法律法规,加强人控制机器的能力,加大惩处利用人工智能技术做不正义的行为的力度。

第三,提升城市治理能力,保障城市民生幸福。城市权利关涉如何在城市的空间生产中实现利益和政治权力的合理分配,保障每个人在城市生产生活中实现自我发展需要的权利。提升城市治理能力、保障民生幸福是城市空间生产与消费内在隐含的前提,正是建构公平正义的城市权利基本诉求。

其一,基于城市空间正义的权利与平等,实现城市发展的现代制度转型。通过深化制度和政策建设、体制改革,逐步建立起以公正为价值取向的制度和政策体系,实现以"美好生活"为目标的社会发展模式,是维护和实现空间正义的根本保证。为此,要改革城市土地有偿使用制度、住房制度、财政制度和户籍制度,建立信息公开制度、听证制度与集体协商机制,健全法律法规。政府要依法执政、依法行政,保障公民的合法空间权益,特别是贫困人口、弱势群体的空间权益得到切实维护和保障。

其二,基于"包容性"发展理念,建立多元主体协同共治的城市。城市的

---

① [美]大卫·哈维:《马克思与资本论》,周大昕译,中信出版社 2018 年版,第299 页。

发展应注重"包容性",即每个人不论性别、种族、财富和宗教信仰,都能享有城市发展所提供的机会,共享城市发展所取得的成果。走向空间正义的城市,是多元利益主体从空间生产、空间分配和价值正义的维度促进多元化的空间利益平衡。这就要求政府、市场、社会与个人协同互动、共同治理城市,形成政府引导市场、市场服务社会(民众)、社会(民众)监督政府和市场的有效空间治理路径。要注重效率与公平的统一,使市场在资源配置中起决定性作用,更好地发挥政府制约资本、平衡劳资之间的利益冲突的作用,有效防范资本主义市场经济的弊端;要推动社会力量的加强以及社会角色的互动,利用法律的力量、社会和公众的力量规约政府的权力,把权力关进制度的笼子里,充分发挥政府服务于大众社会的职能,不断推进城市治理体系和治理能力的现代化。总之,协同共治的城市应该反对一切形式的空间剥夺和空间排斥,坚持民主开放、包容共享,切实提高城市发展质量,增进人民的幸福感、获得感。

其三,寻求城市空间正义的微观基础,经由社区建设推动社会重建。哈维强调"地方"建设的重要性也启示我们,在后单位时代公众的参与必须以"社区"为载体,自觉建构"集体行动",才能有力克服在城市发展过程中权力和资本联结形成的强大结构性力量。事实上,作为城市居民日常活动基本场所的社区不仅是国家治理的载体,也是社会大众长期公共生活所积淀下来的精神纽带以及所有社会成员相互信任、休戚与共的关系共同体,社区应该具有整体的社区意识、认同感、归属感和凝聚力。社区建设还可以培养、维护并发展公民精神与实现社会价值,可以恢复个人自由、重建社会道德方案的基础,面对现代城市发展过程中城市空间正义的破坏,社区建设是解决现代都市发展问题、实现社会和谐的最有效的手段。为此,我们要增强社区服务功能,实现政府治理和社会调节、居民自治良性互动;要积极构建社区服务体系,开展丰富多彩的社区活动,加强社区成员之间的沟通互动和交流,切实增强"社区意识"和"社区情感"。要积极发展社区群众性自治组织,如物业管理公司、业主委员会和社区居民委员会,促进解决各方的矛盾和冲突,降低谈判协商成本。建立外来流动人口和城市底层群众社会保障组织,建构真正属于他们共同的或差异共存的社会空间。

总之,空间正义是城市治理的价值要素,实现城市空间正义意味着逐渐缩小地区发展差距、城乡之间的差距以及贫富之间的差距,逐步缩小空间的差异程度。逐渐弥合地区之间的空间割裂趋向、减少地区空间摩擦与预防社会不稳定的空间失衡危机现象,减少社会排斥、歧视以及对社会的反动和仇视等,从而真正解决空间的不平衡以及引发出的各种矛盾,最终实现所有人的共享发展,共享改革发展成果,实现共同富裕的和谐社会。当下我们要推进并落实好科学的城市建设,就是要"依法规划、建设和管理城市,贯彻'适用、经济、绿色、美观'的建筑方针,着力转变城市发展方式,着力塑造城市特色风貌,着力提升城市环境质量,着力创新城市管理服务,走出一条中国特色城市发展道路"。①

三、落实生态文明建设新举措

生态正义是社会正义思想向生态方面的延伸,体现在人类在生态方面的整体的平等、公正、权利义务的对等性。生态正义一方面指人类正当合理地开发利用生态资源并承认自然的内在价值,另一方面指在对待生态问题上,不同国家、地区或群体之间拥有的权利与承担的义务必须公平对等。从本质上讲,生态正义思想要解决的就是人与自然之间的关系问题,而人与自然的关系本身就是人与人、人与社会之间关系的充分体现。人与自然并不是完全对立的,而是在人类实践进程中形成的一种辩证统一关系。恩格斯指出:"因此我们每走一步都要记住:我们决不像征服者统治异族人那样支配自然界,决不像站在自然界之外的人似的去支配自然界——相反,我们连同我们的肉、血和头脑都是属于自然界和存在于自然界之中的;我们对自然界的整个支配作用,就在于我们比其他一切生物强,能够认识和正确运用自然规律。"②事实上,生态正义反对的是将人类置于大自然之上的现代性观念,强调的是人与自然"休戚与共""和谐共生"的"辩证统一"关系。生态正义对人类生存和发展具有重要意义,成为生态文明建设的重要目标。由此,我们务必要树立生态正义的核心理念,遵守生态权利和义务两者对等的理念,构建配套的"矫治"体系,切实解决生态失衡的问题,促进生态文明建设的长远发展。

第一,以观念变革凝聚生态正义共识。马克思恩格斯早就告诉我们不能持有"控制自然"的思想,否则就会遭到自然界的"报复"。事实上,人施加于自然或他人的不当行为正是生态危机的原因。生态正义是生态文明的应有之义,体现了人类活动在自然资源配置过程中,实现自身的需求与自然的

---

① 《关于进一步加强城市规划建设管理工作的若干意见》,《人民日报》2016年2月22日第6版。

② 《马克思恩格斯文集》第9卷,人民出版社2009年版,第560页。

实际承载能力之间的动态平衡关系。生态正义是建构生态文明的内蕴价值原则和价值目标,是人类在处理人和自然关系时应该持有的道德底线,生态正义观念的树立需要在生态文明观念的建构过程中得以实现。生态文明作为人与自然和谐相处、人与社会全面进步的文明状态,是人类社会的价值目标,更是中国特色社会主义的发展目标。中国特色社会主义生态正义是在中国特色社会主义事业的总体布局中,在生态文明建设和推进社会主义公平正义价值实现的双重视域中展开的。

在我国,虽然生态文明建设取得了可喜的进展,但是还有相当多的人思想观念停留于传统工业文明时代。重经济轻环境、重速度轻效益、重局部轻长远、重利益轻民生的发展观、政绩观和价值观,在一些地方和单位仍然占主导地位,它们还在不惜以牺牲生态、环境为代价,追求 GDP 的高速增长。大力推进生态文明建设是我国当前着重落实的重要问题。要以树立与生态文明相适应的思想意识和观念为先导,引领和推动建立健全与生态文明相适应的制度体制和机制,不断规范人们的生产生活行为,使之更加符合生态正义的价值取向。"大自然是人类赖以生存发展的基本条件。尊重自然、顺应自然、保护自然,是全面建设社会主义现代化国家的内在要求。必须牢固树立和践行绿水青山就是金山银山的理念,站在人与自然和谐共生的高度谋划发展。"①建设生态文明的关键环节是转变经济发展方式,走低消耗、低污染、高效率、集约型的新型工业化道路,将生态文明理念贯穿于、落实到经济和社会生活的各个方面,统筹经济发展、社会进步、资源节约和环境保护之间的关系,构建人与自然、人与社会永续发展的新型生态文明道路。

第二,以制度建构保障生态正义权益。正义与空间、时间和自然一样,"是一组社会地构成的信仰、话语和制度"②。正义一旦制度化,正义体系便成为社会进程所有方面不得不为之争斗的"永恒"。资本主义制度的本性是反生态的,消灭资本主义私有制,建立社会主义新制度,在不断解放和发展社会生产力的基础上逐步实现人人参与、人人共享、人人受益,实现社会公平正义,这是科学社会主义的基本原则,也是中国特色社会主义的内在要求。实现生态正义的过程内含于生态文明建设的全方位和全过程,也内在

---

① 习近平:《高举中国特色社会主义伟大旗帜 为全面建设社会主义现代化国家而团结奋斗——在中国共产党第二十次全国代表大会上的报告》,人民出版社 2022 年版,第 49~50 页。

② [美]戴维·哈维:《正义、自然和差异地理学》,胡大平译,上海人民出版社 2015 年版,第 380 页。

于整个社会公平正义的实现过程。公平正义作为社会主义的本质属性和内在要求,是一种理想目标和价值取向,也是社会主义制度优越性的体现。但是,在生产力相对落后的中国进行社会主义建设,决定了公平正义这种政治制度优越性的彰显,还需要经过长期的艰苦努力。我们要通过坚持和完善社会主义根本制度和基本制度,筑牢生态正义的基础。同时,要以正义贯穿生态文明制度建构始终,彰显生态正义权益。

其一,从具体和现实的目标追求来看,生态文明制度体系要体现一种明确的正义价值导向。由于我国生态问题在部分地区较为严重,长期的"生态受损"既需要扎实推进制度体系的建构和强力实施生态补偿机制,包括代际补偿、流域补偿等,也需要采取一些特殊措施扭转和改变已有的严重生态非正义性。

其二,从生态文明制度的正义价值和精神追求来看,既要使市场在资源配置中起决定作用,充分发挥非公有制经济对物质生产发展的积极作用,又要尽可能地降低资本的负效应,特别是生态负效应,实现经济发展与人口、资源、环境相协调。要积极维护和伸张公民的生态正义权利,使全体社会成员都能在生产过程中处于平等的地位、获得平等的尊重。要建立健全权力约束制度,确保在社会成员间公平分配经济资源和政治资源。要兼顾不同人群的劳动付出,建立健全有助于产品公平分配同时又可以避免或缩小贫富差距的利益分配制度机制。

第三,强化生态治理彰显生态正义价值。推进国家治理体系和治理能力现代化,是坚持和发展中国特色社会主义的必然要求,也是社会正义得以彰显的应有之义。生态治理是推进国家治理体系和治理能力现代化的重要内容,也是生态文明建设的关键环节之一。当今生态环境问题的主要诱因在于资本的逐利逻辑和市场机制的"推波助澜"。资本主义国家利用其在国际产业链中的优势,垄断产业技术,大肆推行生态霸权,牢牢控制生态话语权。主要表现在以下方面:一是发达资本主义国家想方设法把生态污染转嫁到发展中国家;二是发达资本主义国家对广大发展中国家推行生态殖民主义,剥夺发展中国家生态资源并限制和控制其产业发展。面对由资本空间化所致的这种"生态帝国主义"全球扩张趋势,我们在利用外资时必须保持足够的警惕,防范它对我国生态安全可能造成的威胁和损害。同时,我们又要积极发挥好资本高效配置资源的正面效应,讲好生态治理的中国故事,充分释放出社会主义生态文明建设中国道路的世界历史意义,推进公平正义的国际生态秩序的实践进程。

第四,实施以公平正义为导向的综合治理。生态治理问题要放在国家治理现代化的总体性要求、进程中来思考,从目标任务的确立到制度机制构建再到分步落实、持续推进等,都要放到国家治理现代化的总体性构架中。将生态成本核算制度纳入社会主义市场之中,形成中国特色的绿色生产和交易市场,进而构建一种兼顾经济效益和生态效益的生态文明现代化模式。从具体实施环节来说,要重点抓好生态保护制度的完善和落实,与时俱进修订和完善生态治理的制度体系,增强生态保护主体参与机制的针对性和实效性,完善并细化生态奖惩制度和机制,坚持生态破坏"零容忍"态度,在生态治理中坚持标本兼治、综合施治,切实彰显生态公平正义。

四、推进当代全球治理新思维

随着全球化进程的不断深入,正义问题逐渐突破民族国家的边界,成为理论界关注的焦点。全球正义指有关正义问题的讨论扩展到开放性的全球系统中去,在全球范围内探讨正义的内涵及其实现的问题。新世纪,经济全球化带来了世界经济的发展,也带来了发达国家的相对衰落趋势。2008年金融危机打破了国际经济持续增长的幻象,致使"逆全球化"现象出现,各种形式的保护主义抬头,全球政治经济格局不确定性不断增长:从欧洲到美国,"黑天鹅"事件层出不穷。但动荡只是表象,其背后是全球红利分配的高度不平衡,资本全球化和生产链条的全球分布全面重塑了劳资结构、政商关系以及经济上的中心与边缘格局,导致了全球性的贫富分化和社会分裂,进而使得传统的经济治理模式和经验无法调节全球性的社会、政治矛盾。因此需要能为世界经济谋增长、为各国人民谋福祉、为全球经济治理谋动力的全球治理新思维。坚持共商、共建、共享原则,立足于补齐全球或地区治理的短板,为全球和地区人民谋福祉,这种责任意识应当成为全球合作的旗帜,成为化解矛盾、扩大共赢的稳定器和加速器。

第一,认清"逆全球化"的实质,促进"人类命运共同体"建设。20世纪70年代,为了应对国家垄断资本主义阶段的滞胀危机,以英美为代表的发达国家,兴起了旨在重新恢复阶级计划的新自由主义主流意识形态,即要求各国开放商品和资本市场,打破一切阻碍商品和资本自由运动的壁垒。由此,引发商品和资本的全球空间增长,一度在全球出现了资本的繁荣景象。哈维敏锐地意识到,新自由主义政治经济必然会在实践中遭遇发展的界限,因为资本逻辑是一种"剩余价值至上"的逻辑,资本的增长是一种无止境指数增长模式,这种增长模式是不可持续的,随着时间的推移资本必然破坏它之前创造出来的旧景观,经济危机不可避免。比如,20世纪30年代的大萧条,最终通过40年代的"二战"才得以走出危机,而2008年的金融危机也正是新自由主义失败的例证,必然导致全球经济的衰退和两极分化的加剧。金融危机使原本以美国为主导的最高效的资本增殖体系和社会发展模式趋于瓦解,致使作为全球化倡导者的美西方大国反而成了当下"逆全球化"的推动者和鼓动者。这一角色的转变,正是西方发达国家希望继续通过"剥夺性积累"的制度体系巩固全球资本主义自身阶级力量和获取高额剩余价值。

在现实性上,"逆全球化"带来了全球价值链分工的新定位和结构性变化的新趋势。这种"逆全球化"与其说是全球化终结的产物,不如说是全球化进入了调试和整合期后所产生的结果。西方资本主义国家所开启的"全球化"或"逆全球化",其目的不过是把危机和剥削转嫁给以经济全球化为背景的第三世界国家和人民,为新一轮的资本积累和扩张做好准备,以缓和国内矛盾。但正如哈维所指出的,固有的矛盾和危机并不会因为转移而消除,反而随着时间推移而加剧。作为一种"空间修复"手段,发达国家往往将资源密集型、劳动密集型等生产链低端的产业转向发展中国家,而自身转向发展金融业等虚拟经济。也就是说,当主导国家可以运用金融手段进行直接赢利并成为主要方式的时候,其实体产业便会转移、萎缩而虚拟资本就会不断膨胀扩张,一旦超出实体经济发展所能承载的极限,一场导致资本主义空间重构的全球性"大危机"就会爆发。"用暴力消灭资本,——这不是通过资本的外部关系,而是被当作资本自我保存的条件,——这是忠告资本退位并让位于更高级的社会生产状态的最令人信服的形式。"①新自由主义危机产生的根源在于资本主义社会的内在矛盾,要想铲除价值生产与实现的危机,实现空间正义的社会,从根本上来说就是要解决资本主义社会的结构性矛盾。

当下,全球资本仍居于统治地位,全球正义只有在消灭西方国家主导的不正义的全球经济体系时才能完全实现。顺应时代发展需要,中国推动构建"人类命运共同体",坚定地走"全球增长共赢链"之路。"这个世界,各国相互联系、相互依存的程度空前加深,人类生活在同一个地球村里,生活在历史和现实交汇的同一个时空里,越来越成为你中有我、我中有你的命运共

---

① 《马克思恩格斯全集》第46卷下,人民出版社1980年版,第268～269页。

同体。"①携手构建"人类命运共同体"倡议代表着新的全球平等发展方向，为重塑新型国际秩序提供了新思路，它强调在尊重文化多元性和异质性的基础上探讨与人类共同命运息息相关的共同价值，也体现了中国作为一个"负责任的大国"，引领构建一个相互尊重、公平正义、合作共赢的新型国际关系。中国积极倡导以联合国宪章宗旨和原则为基础的国际空间关系基本准则和以联合国为核心的国际空间体系，共同践行真正的多边主义，让经济全球化更好造福世界各国人民。

第二，把握新自由主义全球化的发展规律，加快完善社会主义市场经济体制。新自由主义国家的世界奠基于"剥夺性积累"国家运行机制之上，为了克服资本逻辑的强势地位而造成的资本主义经济危机、延续资本主义统治，服务于资本积累的干预主义国家由此诞生。干预主义的国家治理手段是推行私有化、金融化以及危机的管理与操纵、重分配政策，以便使资本家更好地从事"剥夺性积累"而又尽可能避免全面崩溃。国家试图从重分配政策中逆转过来，积极推行私有化方案，然后删减支持社会工资的国家支出。新自由主义最终毁伤了弱势人群和地区的尊严与福祉。新自由主义的规律是以日益增长的财富积累和资本家阶级中的上流集团对剩余价值越来越多的占有为方向的。"新自由主义国家的口号就是'弹性'（呈现于劳动市场和投资资本的部署方面）。它大力宣传竞争的好处，实际上却打开市场，供集中化资本和垄断势力驰骋。"②从某种意义上说，新自由主义政策的实施在短期内确实有利于促进资本流动和缓解过度积累危机，但它是以高失业、低福利甚至是生态危机和社会动荡为代价的，这必将造成资本主义严重的两极分化和社会冲突。可见，新自由主义的实质不过是统治精英建立或重建的阶级力量，为维护资本主义私有制和实现资本主义国家霸权服务的工具。政治与市场及贸易自由的结合，向来是新自由主义政策的主要角色。

哈维对新自由主义的批判，使我们加深了对资本主义及其发展形态的认识，具有重要的启示意义。像拉丁美洲的阿根廷和巴西，在20世纪70年代由于全面实行自由化、私有化和市场化的新自由主义政策，致使本国市场受外国资本操纵，国内消费不足、经济发展停滞甚至倒退、政治动荡不安，深

---

① 习近平：《顺应时代前进潮流促进世界和平发展——在莫斯科国际关系学院的演讲》，《人民日报》2013年3月25日第2版。

② ［美］大卫·哈维：《新自由主义化的空间：迈向不均地理发展理论》，王志弘译，台北群学出版有限公司2008年版，第21页。

陷"中等收入陷阱"。在今天全球化的背景下,中国作为全球生产体系中一个环节,也无法摆脱新自由主义的冲击和影响。我们仍需要深入揭示新自由主义的本质和那些伪善的意识形态面目,从而以更坚定的决心、更大的勇气和更多的智慧,加快完善社会主义市场经济体制改革。

社会主义的本质是公平公正条件下的社会生产力大发展,中国的社会主义市场经济要将个人的自由创造、国家的宏观调控和社会的安全保障统筹考虑,实现市场、国家和社会三者之间的有机结合。在经济发展方面,要使有效市场在资源配置中发挥决定性作用,夯实社会发展的经济根基,加速自主创新、科技创新,在资本生产的全球化链条上向生产的上游环节发展,不断扩大内需对经济的拉动作用。在促进社会公平正义方面,政府要规范、引导资本为社会服务,提高知识资本、人力资本比例,保障人民平等参与、分享发展成果的权利,使发展成果更加公平地惠及全体人民。在对外开放的过程中,坚持独立自主、自立自强,坚持把国家和民族发展放在自己力量的基点上,把我国发展进步的命运牢牢掌握在自己手中,注重发展实体经济,着力推进民族工业现代化、产业化、品牌化,积极输出资本,占领全球价值洼地,支持民族工业走出去;要不断扩大高水平对外开放,提升贸易投资合作质量和水平,稳步扩大规则、规制、管理、标准等制度型开放,推动共建"一带一路"高质量发展,优化区域开放布局,实施自由贸易试验区提升战略,扩大面向全球的高标准自由贸易区网络,深度参与全球产业分工和合作,维护多元稳定的国际经济格局和经贸关系,拓展中国式现代化的发展空间。

第三,维护"数据主权",构建自己的大数据空间。随着大数据、人工智能、5G、物联网、云计算等信息智能技术持续落地,人类社会开始向信息化社会更高、更深层次的阶段迈进,社会生活进一步线上化、虚拟化、网络化。催生了客观世界向虚拟世界、物理空间向数字空间的衍生。大数据的形成是人的本质力量的对象化,体现为人的关系性社会存在。一旦脱离人的现实的社会关系,大数据也就成了一个抽象的毫无意义的符号。建立在快速发展的大数据技术之上的人的社会实践活动,已经构建出一种新的空间形态,我们可以把它称为"数据空间"。正如社会正义逻辑地包含了空间正义一样,空间正义也必然逻辑地包含着数据空间正义问题。中国作为一个在世界舞台上崛起的大国,亟待提高自己的数据掌控分析能力。

其一,维护"数据主权"的重要性。当前的大数据和云处理的发展已经超越了国土空间的安全概念,挑战了空间主权。所谓数据主权,就是一个国家对其政权管辖地域范围内个人、企业和相关组织所产生的数据拥有的最高权力。① 数据资源和钢铁、石油等战略资源一样,都应归属于主权国家,并且已成为未来支撑国家安全和可持续发展的重要战略资源与全球空间关系中需要重点关注的新竞争领域。马克思说道:"在平等的权利之间,力量就起决定作用。"②数据空间的背后是权力的资本逻辑操控,数据成为资本获取剩余价值的新工具,广大发展中国家的数据主权往往被发达资本主义国家所瓦解。国家主权是国家独立自主地处理内外事务的最高权力,"数据主权"的提出反映了信息弱国对于信息强国垄断数据资源的一种正义诉求。一方面大数据确实为人们提供强有力的新工具,使人们能更加容易地把握事物规律,更准确地认识世界、预测未来和改造世界;另一方面新的数据鸿沟、数据霸权和数据的跨国安全威胁将对全球空间关系的平等性、民主性与合作性诉求形成新挑战。

其二,构建自己的大数据战略体系。政府需要从顶层设计和战略性高度着力应对大数据挑战,推动大数据行业的科技发展,培养高水平相关人才,并不断开拓创新引领大数据发展前沿;推进技术创新,支持新兴产业,力争快速进步,缩小技术差距,赶超发达国家,实现国家、企业与个人协调发展、动态平衡。提高政府利用数据的决策能力,加快推进相关法律的修改和制定,注重个人隐私与商业秘密保护。我们在重视利用数据、维护数据安全的同时,又要警惕唯数据主义的思维,即把数据当作迷信、当作信仰、当作判断一切的唯一标准,以防对数据的过分依赖而导向一种"数据独裁"。

其三,着力推进"数字中国"建设。任何技术都是服务于人的工具,都必须为人类服务,而不能成为限制人的自由、异化人的本性的手段。当下,数字空间的加速推进,确实为我们创造了更高效、更便捷、更丰富的全新空间。但数字空间的开放性、去中心性,又给传统观念和固有价值带来了挑战,给社会带来了新的隐患,比如,数字身份风险、数据隐私风险、虚拟现实风险、技术公平风险等。加之,全球数字空间竞争加剧,不仅造成经济的失衡,更是加剧了国家间阶级矛盾与意识形态矛盾。我们要着力推进"数字中国"的部署,加强数字政府建设,构建数字化、智能化的政府运行新形态,全面提升政府履职效能。建立健全数据治理机制,规范数据处理活动,加快数据要素市场培育,促进数据有序流动和开发利用。强化保障数据安全运行的行业

---

① 沈国麟:《大数据时代的数据主权和国家数据战略》,《南京社会科学》2014年第6期。

② 马克思:《资本论》第1卷,人民出版社2004年版,第272页。

监管和跨行业协同监管,压紧压实数字安全管理责任,加快"数字中国"建设。数字经济将成为经济高质量发展的核心,数字政府将在体制、理念、技术和管理上全面转型,数字社会将更亲民、更便民、更惠民。政府公务人员要积极转向完善社会与市场的各项体制机制,树立数据意识、算法意识,专注于个性化、精细化的公共服务,保障各类市场主体公平竞争,营造良好的发展环境。

其四,共建普惠共享的"数字世界"。数字文明新时代,将是数字化、科技化、智能化的崭新时代,也是人类将要踏入的全新领域。中国每年一度的互联网大会就是为了推动国与国之间携手共进、迈向未来,全球都能够互信共治,让互联网便利联通整个地球村,让数字文明之光照亮每个角落。中国始终坚持携手共建网络文明共同体,以开放和包容拥抱世界,携手世界各国探索、发展互联网的同时共同做好管网、治网、用网,推动互联网惠及全球人民。建立"数字走廊",加强区域的技术联通,大力推动各国在信息通信领域的互利合作,特别是基础设施的互联互通,在消除"硬鸿沟"的基础上,填平互联网"数字素养"上的"软鸿沟",防止南北差距在新一轮技术变革中再度扩大,让更多人搭乘"数字快车",共享"数字红利"。

第四,推动共建"一带一路"高质量发展,构建新型全球关系。哈维认为中国提出共建"一带一路"方案与自己的"空间修复"理论相契合。他说道:"从地理政治角度来看,这不是一种纯粹的理论观点,而是说中国共产党也是有一个地理政治观念的。中国共产党在制定政策的时候就会考虑是在沿海拓展还是在陆地拓展,这就涉及空间修复问题。在沿海必然遇到美国,就会与美国针锋相对,后来就选择了陆地扩展。中国的'一带一路'就是绕过美国,让中国的资本成功输出的方案。中国政府有着这样的地理政治的观念,而且与我的理论比较相契合。"①哈维对"一带一路"的解读有些"牵强附会",并没有很好地理解中国推动共建"一带一路"的意蕴。

"一带一路"是我国空间实践转向的初步探索,是对中国特色社会主义空间正义理论的创造性运用。通过共建"一带一路",中国对外开放的大门越开越大。从 2013 年中国倡议共建"一带一路"至今,"一带一路"建设已由点到面、由理念到行动、由愿景到现实。中国旨在借用古代"丝绸之路"的历史符号,在"新全球化时代"背景下,大力倡导并推动共建"一带一路"的中国

① 张一兵、[美]大卫·哈维、杨乔喻:《空间塑形与非物质劳动——张一兵与大卫·哈维对话之一(2017)》,《人文杂志》2017 年第 11 期。

方案,将中国与周边作为一个整体进行区域化规划,在政治空间互信的基础上开展经济空间的深度整合和开发,实现经济网络在更大空间的范围内生长。推动共建"一带一路"寻求的是一条不同于传统资本主义空间生产的人类社会发展新方案,开辟出一条不同发展水平、不同文化传统、不同资源禀赋、不同社会制度国家间开展平等合作、共享发展成果的有效途径。中国强调推动不同文明相互尊重、和谐共处,让文明交流互鉴成为增进各国人民友谊的桥梁、推动人类社会进步的动力、维护世界和平的纽带。从空间延展来看,"一带一路"以绿色低碳景观的开发、以沿线支点国家和城市体系与海陆联系体系的网络构建为抓手,致力于文化扩散的空间链接,不仅形成了丝绸之路历史地理位置的延伸,海陆联运改变交通运输方式,重塑以交通区位为基础的生产组织关系,推动人、物、资本在全球化格局下的重新组织与安排。中国坚持共商共建共享原则,不打地缘博弈小算盘、不搞封闭排他小圈子、不做凌驾于人的强买强卖。中国积极优化互联互通网络,推动共建基础设施更加通畅,推动与"一带一路"合作伙伴产业和项目合作、促进人文交流,努力帮助合作地人民解决民生问题,让当地人民共享经济合作高质量发展成果。

第五,尊重各民族国家所选择的发展道路和独特文化。民族国家总是占据或控制着一定的地理空间范围,这正是民族国家得以发展的前提条件。从国家的诞生及其所支配的空间来看,民族国家指在一定的政治地理空间范围内,由一个或几个民族为国民主体建立起来的政治实体,其本质属性就是民族认同、政治组织形式和利益共同体以及政治地理空间单位。民族国家是现代国家的主要政治类型,但现代全球资本的空间扩展又不断摧毁各民族国家的发展根基。民族国家一方面得益于资本主义空间生产所催生出的工业生产和城市化进程,实现了权力的统一和集中,另一方面追逐利润的资本逻辑越来越对民族国家空间发展构成严重的威胁,造成了民族国家空间资本化、空间殖民化和不平衡地理发展,使民族地区空间发展陷入资本逻辑而偏离了空间正义。

空间正义不是要消除差异性,更不是要以那种抽象的普遍性价值来压制和融化差异。正义内容的多样性或差异化是正义自身的组成部分,空间的差异性是空间正义社会的活力源泉。需要看到的是,新世纪广大新兴市场国家和发展中国家崛起,已经成为国际体系的一个重要特征。历史经验表明,当今世界并没有可以放之四海而皆准的发展模式,各民族国家只有探求适合自身国情并能持续造福人民的发展道路,才能走上最有生命力的发展道路。尊重各民族国家所选择的发展道路和独特文化是实现全球空间正义的应有之义,也是解决好民族冲突和矛盾的根本之道。这就要求国际社会应尊重民族国家的差异性文化样态。各民族国家在长期的历史发展过程中,形成各具特色的民族传统、习俗和文化以及各不相同的政治制度,各民族国家独有的文化特性都应得到尊重和传承,这也是民族国家空间发展的基本权益。不同文明文化多元共生才是常态,"世界上没有完全相同的政治制度模式,政治制度不能脱离特定社会政治条件和历史文化传统来抽象评判,不能定于一尊"①。

民族国家要在增进民族文化认同中坚定文化自信。民族国家对本民族文化的认同事关国运兴衰和本民族精神独立,因此,民族国家在融入全球化发展过程中,始终要以铸牢民族意识为根基,加强本民族文化建设和价值认同意识建构。民族意识是民族国家建构的凝聚力,也是民族国家发展的觉醒力和激励力,民族国家要努力提高本民族的文化自觉性,积极吸收世界文明成果,加强对本民族文化的输出和改造,从而实现自身发展的空间正义。具体到我国而言,围绕国家发展和全球治理的难题,建立起更能反映人类普遍意愿、更能为新世纪普遍认同和遵循的共同价值体系,已成为全球化背景下文化自信的应有之义。正在走近世界舞台中央的中国,意在消解而不是捍卫资本主义世界化造成的中心—边缘结构,意在打破而不是固化依附型世界体系,意在终结而不是延续霸权主义和强权政治,其目的就是要在去中心化的追求中建构起一个世界多元、国家平等、文明互鉴、包容发展、互利普惠、充满正义的世界。

总之,关于全球正义的主体是谁、如何实现全球正义等问题还需要进一步讨论。但我们可以明确,国际社会不可能成立一种超国家的共同体,更加不可能依靠一个主权国家来实现全球正义,否则将导向由少数精英国家主导的全球空间霸权。今天中国正致力于全球正义的发展方向,中国倡导以人为本的全球空间发展实践,不断提升人的生活满意度的空间生产方式,秉承共商、共享、共建原则,推动建设"相互尊重、公平正义、合作共赢"的新型国际关系,致力于消除区域发展不平衡、减小贫富差距、实现最大多数人的共同富裕。可以肯定,这样的全球空间发展实践将会为全球正义理论的发展提供更多的素材,有助于建立一种更加合理的国际新秩序、保证正义在全球空间范围内推进。

---

① 《习近平谈治国理政》第 3 卷,外文出版社 2020 年版,第 28 页。

五、加强主流意识形态新启示

马克思在分析意识形态问题时具有价值论的重要维度,提出意识形态作为一种观念体系,本质上反映的是统治阶级的思想意识。作为马克思主义的坚定信仰者,哈维在空间正义视野下批判了资本主义社会意识形态的虚假性和隐蔽性,揭露了新自由主义、新帝国主义的真实意图。"大卫·哈维继承了马克思对资本主义批判的思想精髓,从不均衡地理发展等理论出发阐释晚期资本主义如何以'增进全人类的自由和幸福'为名义,而实质上进行的却是剥夺性积累和统治阶级力量的重建。在此基础上,哈维将空间、意识形态与政治经济学批判完美地结合在一起。"①无疑,哈维的批判精神和斗争勇气值得肯定,也为我们开展意识形态研究提供重要的启示。

空间是人类生存与发展的重要场所,也是意识形态斗争的重要场域和判断意识形态教育实效性的重要依据。马克思认为,世界是客观存在的物质空间,空间和时间是客观存在的基本表现形式,它的存续不以人的意志为转移,具有独立的客观规律性。空间是政治性的、意识形态性的,空间正义本质上就是一种意识形态。加强空间正义的历史唯物主义研究,有助于推动马克思主义意识形态理论在空间视域中的发展,发挥马克思主义理论对实践的指导作用,有助于坚持高举马克思主义旗帜、强化新时代主流意识形态建设。新时代新形势下,经济全球化、城镇化、网络化正在影响我国主流意识形态,中国的空间、中国特色社会主义的空间、中国精神的空间正在发生新的变化。为了适应这个变化,我国主流意识形态将不断丰富自身的功能,拓展其影响力。

1. 推动空间正义观对中国特色社会主义新时代的诠释

中国特色社会主义已经进入了新时代,需要我们基于大的历史唯物主义空间视野系统思考和回答"中国从哪里来""中国处于什么历史方位""中国向何处去"等重大问题。作为一般社会科学所使用的"历史方位",主要指某种社会历史事件所处的时空阶段或状态,它关注"从哪里来""现在在何处""到哪里去"。"经过长期努力,中国特色社会主义进入了新时代,这是我国发展新的历史方位。""我国社会主要矛盾已经转化为人民日益增长的美

---

① 顾友仁:《新自由主义意识形态的空间化批判》,《马克思主义与现实》2018年第2期。

好生活需要和不平衡不充分的发展之间的矛盾。"①"中国特色社会主义进入新时代"这一"历史方位"来自40多年改革开放的伟大实践。从时间起止来说,这一"历史方位"指自党的十八大至21世纪中叶这一历史区间;从空间占位来说,这一"历史方位"则是指"我国发展起来以后",中国特色社会主义实现"强起来"的实践过程,而且是国家富强、民族振兴、人民幸福之全面"强起来"的过程。作为整体的"历史方位","未来去处"将是走向共产主义或者说更高级的社会主义。在全面建成小康社会的历史性任务之后,当下中国正向第二个百年奋斗目标进军。中国特色社会主义正全面"强起来",其奋斗目标就是全面建设社会主义现代化,实现中华民族的伟大复兴,使人民过上美好生活,其根本路径是完善和发展中国特色社会主义制度,推进国家治理体系和治理能力现代化。其中"制度成熟"和"治理现代"是起决定作用的,它为人民生活更美好提供了根本遵循和根本保障。

伴随空间生产力的发展,社会主要矛盾以空间现实的变化为基础,围绕人民日益增长的美好生活需要和不平衡不充分的发展这一社会主要矛盾的变化,成为影响空间正义实现的现实逻辑。从现实来看,当今我国社会主要矛盾的需要方和供给方都发生了部分质变,表现为"发展失衡、大而不强",这也需要我们从空间视野来考察。发展不平衡实质上是发展问题在空间上的具体体现。空间作为社会关系的聚集体,并非发展过程中一个简单的场景或维度,它有多重表现形式,如地域空间、生活空间、价值空间、发展空间等。不平衡的空间发展状态是生产力和生产关系矛盾运动对空间生产的不协调影响。发展是否充分主要看发展的程度和质量,即发展的样态与生产方式是否一致、发展的成果是否与人们的需求相匹配。"我国发展不协调是一个长期存在的问题,突出表现在区域、城乡、经济和社会、物质文明和精神文明、经济建设和国防建设等关系上。"②从历史上看,历史的转变必然带来社会主要矛盾的转化,是社会主义初级阶段即"不发达"状态下的不同历史方位中的矛盾,是从"欠发展"的历史方位中的社会主要矛盾到"发展起来使大国成为强国"历史方位中的社会主要矛盾的转化。

中国特色社会主义是全面发展、全面进步的社会主义。它强调加强中国特色社会主义事业"五位一体"的总布局,加强"四个全面"的战略布局,坚持和完善社会主义制度,提升国家治理体系和治理能力现代化,推动生产关

---

① 《习近平谈治国理政》第3卷,外文出版社2020年版,第8、9页。

② 《习近平谈治国理政》第2卷,外文出版社2017年版,第198页。

系与生产力、上层建筑与经济基础相适应。它为人们描绘了未来社会物质生活方面的目标,也为人们指出未来社会精神价值的归宿。中国共产党自成立以来,"始终把为中国人民谋幸福、为中华民族谋复兴作为自己的初心使命,始终坚持共产主义理想和社会主义信念,团结带领全国各族人民为争取民族独立、人民解放和实现国家富强、人民幸福而不懈奋斗"①。党始终依靠人民创造历史伟业,把人民放在心中最高位置,把人民幸福镌刻在通向中华民族伟大复兴的里程碑上。需求的增长和自我发展的需要,对美好生活追求的质和量都提出了更高的要求。新时代,中国共产党提出要通过创新、协调、绿色、开放、共享的新发展理念追寻美好生活。生活富裕富足、精神自信自强、环境宜居宜业、社会和谐和睦、公共服务普及普惠,追求人的全面发展和社会的全面进步,共享改革发展成果和美好生活。中国共产党人将人民对美好生活的向往作为奋斗目标。新时代美好生活价值观的确立,重新确立起以人民为中心的发展观,也矫正了以"增长"为发展本质的发展观,实现了发展对人的主体地位的彰显。②

2. 促进空间正义观与社会主义核心价值观内涵的高度契合

哈维认为资产阶级的文化—意识形态可以被转变成一套完全不同的价值,新自由主义为推行全球化而散播各种价值观念,比如,专注于争取社会平等以及经济、政治和文化上的所谓"正义""开放的民主""全面的、真正的普遍权利"等。"人权问题很容易就被'帝国之剑'……利用。比如,美国的所谓'自由之鹰'(liberal hawks)就诉诸人权,将对科索沃、东帝汶、海地以及阿富汗和伊拉克的帝国主义干涉'正义化'。"③哈维把正义作为政治驱动力量,引入批判资本积累过程进而反抗资本主义生产方式,空间正义建构的主要立足点就是为了从价值的维度批判资本主义主导下的空间生产过程。当然,这些资产阶级价值观念归根到底是为维护资本主义政治统治与权力扩张服务的,但是,这些价值观念同时也在资本主义内部孕育了大量的潜在的对抗性诉求,无形中为无产阶级联合的行动提供了思想文化的支持。

---

① 《中共中央关于党的百年奋斗重大成就和历史经验的决议》,人民出版社 2021年版,第 1 页。

② 钟明华、董扬:《美好生活的时代意蕴与价值》,《高校马克思主义理论研究》2017年第 4 期。

③ [美]戴维·哈维:《新自由主义和阶级力量的重建》,吴志峰译,许纪霖:《帝国、都市与现代性》,江苏人民出版社 2006 年版,第 126 页。

这也启示我们,新形势下牢牢掌握意识形态工作领导权和话语权尤为重要,对空间正义观的培育和发展是大力弘扬社会主义核心价值观的内在要求。党的二十大报告提出:"以社会主义核心价值观为引领,发展社会主义先进文化,弘扬革命文化,传承中华优秀传统文化,满足人民日益增长的精神文化需求,巩固全党全国各族人民团结奋斗的共同思想基础,不断提升国家文化软实力和中华文化影响力。"

第一,空间生产实践过程是消除空间异化、追求自由全面发展的过程。自由是马克思主义的终极价值追求,是社会主义的内在逻辑。资本主义社会普遍存在压迫、片面化、异化等不自由的现象,而社会主义和共产主义将是人类自由解放的基本趋向。资本家正是通过无偿占有工人创造的剩余劳动而发财致富,资产阶级也就剥夺和垄断了工人阶级占有劳动成果的权利,生产劳动沦为异化劳动、生存性劳动,而对于广大劳动者来说,他们并没有感受到自由和快乐,与之相反,他们普遍感受到压抑与厌烦。为了劳动的自由和解放,无产阶级必将通过社会革命逐步实现人的全面发展,共产主义社会将成为"一切人的自由发展的必要的团结一致以及在现有生产力基础上的个人的共同生活方式"①,到那时,自由劳动也将成为人的"生活的第一需要"。社会主义是共产主义的第一阶段,消除空间生产中的异化现象正是当下培育和践行空间正义观的应有之义,这就需要坚持发展人们的空间创造力,使人们能够享有空间劳动成果并脱离空间产品的束缚,消除空间中人和人的分层,让空间不再成为权力分配和行使的工具。

当今是一个经济全球化进入资源深度整合的新时代,深度参与全球合作和政治对话,有助于促进我国扩大开放,推动加快构建开放型经济新体制,释放更大开放红利。同时,西方资本逻辑仍是资本在自身矛盾运动中呈现出来的一种内在动力机制和外在发展趋势,是资本创造文明的逻辑和自我增殖的全球性霸权扩张逻辑。资本逻辑背后暗含着"消费主义"陷阱,更潜藏"新自由主义"的意识形态召唤。我们在积极融入全球空间开放发展的过程中,要高度警惕西方新自由主义意识形态的"召唤",因为新自由主义对于社会主义中国而言,"不管它的形式如何,本质上都是资本主义的机器,资本家的国家,理想的总资本家"②。当然,我们又要在驾驭和超越资本逻辑之间保持一个合理的张力,抵制新自由主义并不等于否定市场经济体制改革。

---

① 《马克思恩格斯全集》第3卷,人民出版社1960年版,第516页。
② 《马克思恩格斯文集》第9卷,人民出版社2009年版,第295页。

对于西方资本主义经济主张中的某些合理元素,甚至西方意识形态建设中某些可供借鉴的规律性认识,可大胆吸收借鉴,注重将其转化为中国特色社会主义理论的有机要素,以增强中国特色社会主义理论对当下中国改革开放实践的解释力和渗透力。

第二,空间正义呼应了社会主义核心价值观中的平等、公正、法治内涵。空间正义观彰显了"崇正义"的时代价值,坚持中国特色社会主义制度下培育和践行的空间正义观必须着眼于国家发展的新特征新要求,坚持好、维护好社会平等和公正,促进空间的均衡协调发展。平等是社会主义制度的基本原则。社会主义运动的根本目标在于摆脱和超越资本主义制度造成的人压迫人、人剥削人的现象,让人民共同占有生产资料、共同支配国家权力。社会主义民主政治的本质和核心是人民当家作主,这就要求人民群众能平等地参与政治、经济生活。市场经济以身份平等和规则公平为基本前提,平等也是完善社会主义市场经济体制的前提条件。

公正是中国特色社会主义的内在要求,也体现出人民在社会中的主体地位。公正是一种社会价值,是衡量一个社会制度安排是否正当合理的重要标准。中国特色社会主义要坚持维护公平正义原则,坚持以人民为中心,推动发展成果更多更公平地惠及全体人民。在社会主义初级阶段,为了最大限度地合理配置资源、发展生产力,我们确立了社会主义市场经济制度。然而,按照市场经济的自发逻辑,社会成员的利益迟早会分化。在经济发展的不同阶段有不同的侧重点,在经济发展的初期要突出地反对平均主义,在经济发展起来之后就要把重点放到解决贫富差距问题上来。因此,需要把握好时机,面对今天社会利益的急剧分化,我们已经到了一个关键时刻,如果不采取果断有效的措施,努力推进社会公平正义,使利益分配更多地向困难群体和贫困地区倾斜,就会背离共同富裕的长远目标。当下,"公平正义"这一价值目标的凸显,既是中国社会发展的客观需要,又具有现实的可能性。只有切实维护和实现社会公平正义,人与人之间的关系才能得到恰当的调整,人们的积极性、主动性、创造性才能充分发挥出来。

法治是现代社会治理的基本方式。"法治"是一种治国理念或治国方略,就在于强调法律的权威性和普遍适用性,依靠的是法律的理性。运用法律规范来调节社会生活、维护社会秩序,是古今中外的通用手段,应有效发挥法治固根本、稳预期、利长远的保障作用。法治为社会主义所倡导的自由、平等、公正等核心价值提供可靠的制度基础。法治是实现社会公平正义的有效途径,是现代文明的标志,法治的推进有助于推进自由、平等和公正价值的实现。法律体现人民意志,规定并保护公民的基本自由和权利,确保法律面前人人平等。由此,我们要坚持走中国特色社会主义法治道路,建设中国特色社会主义法治体系、建设社会主义法治国家,围绕保障和促进社会公平正义,坚持依法治国、依法执政、依法行政共同推进,坚持法治国家、法治政府、法治社会一体建设,全面推进科学立法、严格执法、公正司法、全民守法,全面推进国家各方面工作法治化。

推行"平等""公正""法治"是市场经济和民主政治基本要求,是维护空间正义的基本手段。其一,维护社会秩序离不开"平等"价值观。"平等"是社会主义的内在要求,是解决社会不公、促进社会和谐的基本理念。依法体现和实现正义,首要的问题就是要致力于消除社会基本结构上的不平等,建立和完善法律系统,也就是要综合运用多种手段,依法逐步建立以权利公平、机会公平、规则公平、分配公平为主要内容的社会公平保障体系。其二,公正是法治的生命线。司法公正对社会公正具有重要引领作用,司法不公对社会公正具有致命破坏作用。必须完善司法管理体制和司法权力运行机制,规范司法行为,加强对司法活动的监督。其三,维持社会秩序需要加强法治建设。社会秩序和社会正义需要法律的确认和调节,而社会正义是制定法律的前提,又是执法的尺度。加强法治建设要以保障人民根本权益为出发点和落脚点,这既是中国共产党全心全意为人民服务的根本宗旨的需要,也必将激励全体人民积极投身推进全面依法治国伟大实践。拓宽渠道切实保障公民基本权利的实现是新时代加强法治建设的基本要求。事关民生的一些公共政策,就应当通过听证会、咨询会、协商座谈等形式,充分听取利益相关者的意见。在现实生活中,法制虚置的现象也不少,社会生活的许多方面仍存在有法不依的现象。因此,要加强民主监督,深入推进司法体制改革,从制度上落实有法可依、有法必依、执法必严、违法必究,保证政治、经济、司法等领域的不公正问题得以解决,严格公正司法,努力让人民群众在每一项法律制度、每一个执法决定、每一宗司法案件中都感受到公平正义。

第三,追求空间正义以践行社会主义核心价值观的和谐理念。空间正义观强调了空间生产实践中人与自然的和谐、人与人关系的和谐,因此,培育践行空间正义观是构建社会和谐的重要支撑。

其一,社会和谐是中国特色社会主义的本质属性。虽然资本主义制度的建立空前地提高了社会生产力,是以往任何社会所不可比拟的,显示了巨大的历史进步性,但资本主义社会存在不可克服的固有矛盾,造成单向度的片面和畸形的发展,两极分化、阶级对抗严重。资本主义基本矛盾不可克服性、不可抗拒性,决定了资本主义制度必然要被比它更先进的社会制度所代替,资本主义必然灭亡、社会主义必然胜利。未来的理想社会——共产主义社会是人的自由全面发展的和谐社会。社会主义社会,随着阶级剥削和阶级压迫的消灭,人们的生产关系和社会关系发生了根本的变化,具备了人与人、人与社会的相互促进、和睦相处的社会关系的前提和基础。"和谐"内在地包含着消除差异、创造平等、追求自由发展的内容。同时,在社会主义社会里,虽然多种利益主体之间有利益分歧但它们在根本利益上是一致的,社会主义社会的各种矛盾是人民内部的矛盾,可以也应该通过非对抗性的手段来解决。和谐社会是事物存在的一种状态,是不断发展完善的、保持多样性统一的、动态的平衡状态。注重发展的协调性、整体性、有序性和合规律性是"和谐"价值观应有之义。

其二,推动构建和谐社会体系是空间正义价值观的体现。社会主义及其制度的建立为"和谐"奠定了政治和制度基础,中国特色社会主义制度的根本制度、基本制度、重要制度为实现社会和谐提供了制度支撑,这正是空间正义理念在制度层面上的体现。中国特色社会主义制度下培育和践行的空间正义观必须着眼于国家发展的新特征、新要求。努力从只注重社会的一维发展,走向经济、政治、文化、社会、生态多维文明繁荣,实现经济效益、社会效益和生态效益的统一,走出一条生产发展、生活富裕、生态良好的文明发展之路。要把工业和农业、城市和乡村作为一个整体统筹谋划,促进城乡在规划布局、要素配置、产业发展、公共服务、生态保护等方面相互融合和共同发展。要以公平正义理念为指导推进我国社会制度的改革与完善,构建以民主法治、公平正义、诚信有爱、充满活力、安定有序、人与自然和谐为主旋律的和谐社会体系。

其三,落实空间正义理念就是要努力实现发展成果由全体人民共建共享。社会主义作为高于资本主义的社会制度,它的全部合理性和优越性,都植根于实现最大多数人的幸福生活。人民对美好生活的向往就是中国共产党人的奋斗目标。党把社会和谐作为中国特色社会主义的本质属性予以彰显,最大限度激发社会活力,最大限度增加和谐因素,最大限度减少不和谐因素。社会主义制度的实践主体和价值主体都是人民群众,而人民群众的主体作用发挥程度,又直接决定着社会主义制度优越性的实际显现程度。为此,要保障每个劳动者通过诚实劳动、合法劳动都有出彩的机会;强调不断满足人民日益增长的民主、法治、公平、正义、安全、环境等方面的美好生活新期待,努力实现人民普遍关注的权利平等、机会平等、规则平等;建立健全有助于产品公平分配同时又可以避免或缩小贫富差距的利益分配制度机制,确保人民共享改革发展成果,如农村义务教育公平保障、普惠型医疗保险、覆盖全民的多层次社会保障体系、推进乡村振兴战略等。

第四,全面践行并大力传播社会主义核心价值观,有利于推动人类共同价值观的形成。社会主义核心价值观要取得比较优势必须践行平等性、差异性、开放性的空间正义原则,在坚持社会主义基本原则的前提下,"大胆吸收和借鉴人类社会创造的一切文明成果,吸收和借鉴当今世界各国包括资本主义发达国家的一切反映现代社会化生产规律的先进经营方式、管理方法"①。资本主义价值观并不像资产阶级意识形态家所宣传的那样,是"永恒的真理""永恒的正义""基于自然的平等和不可剥夺的人权",实质上,它是建立在生产资料私有制基础上,为维护资产阶级利益服务的,具有阶级性和虚伪性。社会主义核心价值观是在继承人类优秀价值成果的基础上,在符合当代中国实际中创新发展,社会主义核心价值观应该是也必然成为人类社会的共同价值。社会主义是灵魂,中国特色是基础,人类共同价值是前提。没有社会主义,社会主义核心价值观的性质就得不到保证;没有中国特色,社会主义核心价值观的群众基础和时代特征就不够稳固和鲜明;没有体现人类共同价值,社会主义核心价值观就是自说自话,就是无源之水、无本之木,必然故步自封,死路一条。② 中国坚定不移走符合自身国情的发展道路,在相互尊重和平等对话的基础上,同世界各国一道,积极开展国际交流合作,深入参与全球治理,不仅有利于增强国家文化软实力、扩大社会主义影响力,也有利于弘扬和平、发展、公平、正义、民主、自由的全人类共同价值观,推动构建一个和谐繁荣的人类命运共同体。

3. 发挥空间能动性以增强社会主义意识形态凝聚力引领力

空间是人们的社会关系和思想意识的物化,呈现出社会属性与政治属性。发挥空间作为社会力量的能动性,强化政治文化的空间赋义和释义,既是社会意识形态再生产的重要途径,也是发挥意识形态的导向、约束和动员作用的重要手段。正如哈维所指出的,"任何社会的意识形态的和政治的霸权,都取决于控制个人与社会体验的物质语境的能力。由于这个原因,物质

---

① 《邓小平文选》第 3 卷,人民出版社 1994 年版,第 373 页。

② 朱延华:《论凝练概括社会主义核心价值观的十个原则》,《淮阴师范学院学报(哲学社会科学版)》2012 年第 2 期。

化以及赋予金钱、时间和空间的意义,对于维持政治权力来说就不止是有一点点意义"①。当我们赋予空间积极的时代意义和内涵时,空间就能够发挥其能动作用,从而增强社会主义意识形态凝聚力引领力。新时代,我们需要将治国理政的新理念新思想新战略赋义于空间中,注重场所政治教化、红色教育基地的修建,积极拓展思想引导工作空间,通过空间意识形态、内涵精神的释义,增进人们对空间形态和空间秩序的认知、认同,从而自觉接受社会主义意识形态,坚定"四个自信"。

第一,以政治中心场所的建设推进场所政治教化和意识形态引领。各国在推进意识形态建设过程中,要关注场所空间的意识形态赋义与阐释。场所作为一种独特的人工构造物,是由它的时间和空间、形式和制度决定的。"时空性的社会构造不可能与价值创造分开,或者同样,与话语、权力关系、记忆、制度以及实际的物质实践形式分割开来,借助那些要素,人类社会使自身永久性地存在下去。"②大型纪念场馆、集会场地、政治活动舞台能够有效地将意识形态具体地嵌入空间场所中,丰富其意识形态意蕴,促进场所意识形态传播和教育。特定场所需要依赖那些重大历史事件而使自身具有精神蕴涵,进而使意识形态的空间文化得以保存和张扬。"城市是一个民族文化和情感记忆的载体,历史文化是城市魅力之关键。"③比如,作为首都的北京,其空间设计和筑造处处展示着社会政治、国家意识的统领地位与深厚的历史意蕴,这带来了政治活动空间文化形象、氛围的大气、雄伟、庄严、肃穆、崇高。同时,国家往往在特殊纪念日,在天安门广场举行隆重的阅兵式或庆祝联欢会等大型政治活动,通过对这些活动的赋义和解读,进而达到弘扬社会主义核心价值观、固本培元、守正创新、凝心铸魂的国民教育效果。

从更大更高的空间布局来看,在实现中华民族伟大复兴中国梦的进程中,首都北京要"立标杆""树旗帜"。首都北京进一步做好城市发展和管理工作,这是党中央赋予北京的重大政治使命,也是首都应该肩负的重大政治责任。《北京城市总体规划(2016年—2035年)》中明确提出,从政治高度、时代高度、历史高度考虑功能定位,坚持和强化首都全国政治中心、文化中心、国际交往中心、科技创新中心定位。实施"将北京纳入京津冀和环渤海

---

① [美]戴维·哈维:《后现代的状况:对文化变迁之缘起的探究》,阎嘉译,商务印书馆2013年版,第283页。

② [美]戴维·哈维:《正义、自然和差异地理学》,胡大平译,上海人民出版社2015年版,第263页。

③ 习近平:《坚定文化自信,建设社会主义文化强国》,《求是》2019年第12期。

经济区的战略空间加以考量"的重大国家战略,面向未来打造新的首都经济圈,疏解北京非首都功能,高起点规划、高标准建设雄安新区,促进环渤海经济区发展,带动北方腹地发展;加快推进京津冀三地产业对接协作,形成区域间产业合理分布和上下游联动机制,为重点突破、协同推进解决"大城市病"问题提供了战略指引。

第二,以红色教育基地的修建及其内涵精神的释义促进思想政治教育。历史文化代代相传,有利于坚定人民的政治立场,稳固国家政权。红色教育基地不仅是参观的"景点",更是接受精神洗礼、进行爱国主义教育的重要场所。爱国主义是中华民族的民族心、民族魂,是中华民族最重要的精神财富,是中国人民和中华民族维护民族独立和民族尊严的强大精神动力。红色教育基地记录了我们伟大民族的丰功伟绩、救亡图存的奋斗历程、敢于牺牲的大无畏精神,记录了中国共产党成立后前赴后继、不屈不挠的奋斗历史,记录了"坚持真理、坚守理想,践行初心、担当使命,不怕牺牲、英勇斗争,对党忠诚、不负人民"的伟大建党精神。为此,要系统性地依托红色资源,以实物、实景、实例、实事为载体,借助已有便利场馆,深度挖掘和传播红色力量,将历史事件、革命人物、革命精神融入城市建设、融入现时代党性教育中,从而提升城市文化底蕴、提升全民素质。

新时代,我们要通过挖掘红色教育基地的思想政治教育价值,更好地激励年轻人传承红色文化精神,实现中华民族的伟大复兴梦。中宣部印发《关于在重大活动中进一步发挥全国爱国主义教育示范基地作用的通知》指出,全国爱国主义教育示范基地是激发爱国热情、凝聚人民力量、培育民族精神的重要场所,在党员干部和广大群众中深入开展爱国主义教育、理想信念教育和革命传统教育,对巩固党的执政地位、筑牢意识形态阵地,大力弘扬爱国主义精神、培育和践行社会主义核心价值观作出重要贡献。推进文物保护利用和文化遗产保护传承,提高文物研究阐释和展示传播水平,让文物真正活起来,成为加强社会主义精神文明建设的深厚滋养。在景区开发过程中,要注意保护好文物,突出文物的历史性并深入挖掘红色精神气质;注重展馆空间的科学规划,挖掘本地特色红色资源的独有内涵,加强科技融入,增加展览陈列的视觉体验;打造良好的红色教育品牌,利用网络优势建构多元化的传播形式。

第三,拓展思想引导工作空间以增加全体人民社会主义核心价值观认同。面对当下诸多社会矛盾,宣传思想领域需要拓展思想引导空间视域。当前我国正在步入新的发展阶段,既处在重要的战略机遇期,同时也处在一个矛盾激发期,新情况、新问题、新矛盾不断涌现,挑战依然严峻。在坚持和发展中国特色社会主义道路上,如何进一步增强民族的凝聚力、向心力,有效地调动人民群众的积极性、主动性和创造性,是摆在我们面前的一项重要的现实任务。

其一,增进民生福祉,巩固社会主义核心价值观社会认同的合法性。民生是广大人民群众最关心最直接最现实的利益问题,民生工作离老百姓最近,同老百姓生活最密切。要坚持发展为了人民、发展成果由人民共享,努力在推动高质量发展过程中办好各项民生事业、补齐民生领域短板。加大保障和改善民生力度,切实健全覆盖城乡居民的社会保障体系,完善公共服务体系,建设服务型政府,调节国民收入分配差距,使全体社会成员共享改革发展成果。要更加聚焦人民群众普遍关心关注的民生问题,采取更有针对性的措施,一件一件抓落实,一年接着一年干,让人民群众获得感、幸福感、安全感更加充实、更有保障、更可持续。

其二,进一步强化社会矛盾中人们的思想宣传和引导工作,柔性缓解矛盾。从大力弘扬友善精神、树立大局意识、构建精神家园等方面入手,提高人们的思想觉悟、道德水准和文明素养,促使人们在空间规划和生产中对美好生活的积极作用达成价值共识,增加对中国特色社会主义的价值认同,在国家建设和发展事业上同心同德、团结奋斗。满足人民群众对美好生活的需要,把握好生产空间、生活空间、生态空间的内在联系,实现生产空间集约高效、生活空间宜居适度、生态空间山清水秀,以生产、生活和生态领域取得的伟大成就和人民群众从中得到的具体实惠来增强坚持中国特色社会主义道路的自信自觉;以实现空间生产力的提高,提高人民生活幸福指数,构建生态安全屏障,并通过正确科学的发展理念引领现代化强国建设实践,突显中国特色社会主义优势。

其三,尊重差异、包容多样,最大限度地形成社会思想共识。尊重差异、包容多样,就是既保护人民群众的合理利益诉求,又剥离不合时宜的利益要求,使群众的利益表达在有序的政治参与中得到保障,以社会主义核心价值观引领社会思潮,努力实现"最大限度地形成社会思想共识"。一是坚持马克思主义话语权为指导的主流意识形态建设,这是主导性前提。对人民群众普遍存在的思想困惑、理论困惑和现实困惑予以解答,以提高人民群众的思想认识与辨别能力;对于那些反马克思主义、反社会主义思潮,必须旗帜鲜明地给予批判和斗争。二是在坚持主导性的前提下,发展文化的多样性。伴随着世界经济全球化和我国改革开放进程,社会转型不断推进,文化多元化已成为我国社会发展的客观现实。继承中华优秀传统文化,吸收借鉴西方优秀文明成果,培育理性平和、开放包容的大众文化,形成有利于社会主义文化发展繁荣的新局面。三是坚定文化自信,推动中华文化更好走向全球空间。当前,我们正以中国式现代化全面推进中华民族伟大复兴,"中国式现代化"符合中国国情,具有中国特色,也体现中国力量、中国精神、中国效率。实现中华民族伟大复兴需要强大的精神动力,我们的文化发展要植根本土、关切现实,也要面向世界、展现中国,让新时代新征程的中华文化发展成果有更远的传播、更广的影响、更多元的价值。要增强中华文明传播力影响力,"坚守中华文化立场,提炼展示中华文明的精神标识和文化精髓,加快构建中国话语和中国叙事体系,讲好中国故事、传播好中国声音,展现可信、可爱、可敬的中国形象"。①

4. 增强空间演变中的斗争意识以坚守主流意识形态主阵地

人们越来越清楚地认识到,当前我们所生活的世界是一个充满矛盾、变幻莫测又丰富多彩的时空。经济基础和上层建筑诸因素形成一种历史的合力,共同推动着时代向前发展,而在推动时代发展诸因素中,意识形态起着极其重要的作用。哈维在考察资本主义空间重构过程时认识到,现阶段资本主义正在企图架构"拥有不透明的权力、支配着(有时是搞混)我们的思想和政治学逻辑的空间"②。事实上,意识形态阵地作为充满利益交织与观念博弈的权力场域,无产阶级不去占领,资产阶级就必然会去占领;马克思主义如果不去占领,各种非马克思主义甚至反马克思主义就必然要去占领。意识形态决定文化前进方向,是为国家立心、为民族立魂的工作,事关旗帜和道路,事关党和国家前途命运。新时代,在百年未有之大变局背景下,中国日益扩大对外开放并走近世界舞台中央,同世界的联系更加紧密、相互影响更加深刻,意识形态安全问题也更加突出。为此,在意识形态领域必须发扬斗争精神,认识西方意识形态本质,坚定政治立场,既敢于斗争,又善于斗争,坚守主流意识形态主阵地。

第一,正确认识西方意识形态空间渗透性隐蔽性,提升主流意识形态安全和防范化解能力。西方文化的主体是资本主义文化,西方资本主义意识

---

① 习近平:《高举中国特色社会主义伟大旗帜 为全面建设社会主义现代化国家而团结奋斗——在中国共产党第二十次全国代表大会上的报告》,人民出版社2022年版,第45~46页。

② [美]大卫·哈维:《希望的空间》,胡大平译,南京大学出版社2006年版,第56页。

形态是资本主义生产关系的产物,是对资本主义经济基础和政治制度的反映。"占统治地位的思想不过是占统治地位的物质关系在观念上的表现"①,在资本逻辑的主导下,社会经济中的自由流通遮蔽了生产资料私人占有下的"物的依赖",等价交换掩盖着资本对劳动的剥削,民主选举成为财团上位谋求政治空间的幌子,个体人权不过是特殊利益集团突破集体底线的借口。

从逻辑维度审视,西方资本主义价值观在建构与推行的过程中暴露出其理论基础与社会性质的根本局限。在资产阶级心目中,最符合人性的社会就是资本主义社会。资本主义意识形态是以抽象人性论和价值绝对化为基础的,是一种历史唯心主义的意识形态。抽象人性论的根本特点是脱离人的社会性和历史性来谈论普遍的人性,它撇开了人的具体历史条件和社会关系,离开了社会发展而大讲人性、人道和人权,以抽象的、永恒不变的"人性"作为观察历史的准绳和社会发展的动力。

在理论阐释上,资产阶级思想家是立足于自然权利学说对自由、民主、平等、人权等价值范畴进行论证的。在制度性质上,资本主义国家的核心价值观建立于私有制的基础之上,以保障私有财产神圣不可侵犯为前提,演化为资产阶级利益不可侵犯。在资本逻辑的主导之下,自由是有产者对无产者进行剥削的自由,资产阶级才是民主的主体,平等仅限于资产阶级集团内部,人权则完全忽视集体人权而贴上个人主义的标签。

在理论推广上,资产阶级向全世界兜售所谓的"普世价值"。资产阶级以抽象的人性论为依据,以绝对的普遍性为方法,对内超阶级地宣扬自由、民主、平等、人权以掩饰阶级矛盾;对外借助其话语霸权,把反映资产阶级整体利益和价值诉求的价值观说成是代表整个人类社会普遍利益的"普世价值"。这种用"普遍"的形式掩盖其"特殊"的阶级诉求和阶级内容的方式,具有很强的虚伪性与欺骗性。在制度实践上,西方国家还竭力推行自由市场、制度模式等,由于罔顾其存在的"土壤"——社会发展阶段、政治文化传统、社会文化基因等因素,往往造成水土不服,给许多国家带去混乱,甚至是灾难。②

事实上,无论是从学理层面还是实践层面来看,民主在资本主义的冷酷现实下可能实现的只能是"钱主",而被疏离于民主过程之外的大多数人只能是"沉默的大多数",打着"自由民主""票决民主"的幌子,民主成为"富人

---

① 《马克思恩格斯文集》第1卷,人民出版社2009年版,第550页。
② 袁银传:《认清资本主义核心价值观》,《理论导报》2015年第4期。

俱乐部"内部自私的游戏与狂欢。这正如列宁所批判的："资产阶级民主同中世纪制度比较起来,在历史上是一大进步,但它始终是而且在资本主义制度下不能不是狭隘的、残缺不全的、虚伪的、骗人的民主,对富人是天堂,对被剥削者、对穷人是陷阱和骗局。"①

在社会主义与资本主义两种制度并存的今天,资本主义意识形态渗透必然对我国社会主义文化产生巨大冲击。西方发达资本主义国家利用现代传媒、文化思潮和文化产品向社会主义国家推广其社会思想和价值理念,企图在潜移默化中实现其文化霸权,对此,我们应高度警惕。"历史和现实都警示我们,思想舆论阵地一旦被突破,其他防线就很难守得住。在意识形态领域斗争上,我们没有任何妥协、退让的余地,必须取得全胜。"②站在总体国家安全的战略全局高度,在顶层设计层面意识形态工作被定位为一项"极端重要的工作","坚持增强忧患意识和保持战略定力相统一、坚持战略判断和战术决断相统一、坚持斗争过程和斗争实效相统一"③,加强社会主流意识形态安全防御工作。其一,要牢固树立阵地意识,夯实社会主义意识形态安全建设的基础。我们要从战略和全局的高度,充分认识意识形态安全工作的极端重要性,牢牢掌握意识形态工作的主导权。其二,要统筹管理,增强大众主动防御意识。将意识形态安全纳入国家安全的范畴,提高民众辨别是非的能力,增强对大众传播媒介的管控力度,提高党对社会舆论信息的敏感度和反馈力;要借力新媒体新平台,建立多层次多渠道的管理方式和合作机制。其三,要统筹发展和安全,防范化解重大风险。贯彻总体国家安全观,健全国家安全体系,增强维护国家安全能力,坚定维护国家政权安全、制度安全、意识形态安全和重点领域安全;提高公共安全治理水平,完善社会治理体系,提升社会治理效能;正确处理新形势下人民内部矛盾,努力把矛盾纠纷化解在基层、化解在萌芽状态,教育引导人民群众通过理性合法途径表达利益诉求、维护合法权益;强化社会治安整体防控,依法严惩群众反映强烈的各类违法犯罪活动,确保人民安居乐业。

第二,回应意识形态社会空间的时代变迁,增强主流媒体的社会舆论引导能力。伴随着交通运输技术、新一代信息技术和人工智能技术等方面的快速发展,人们对时间和空间的体验发生巨大变化,人们的思想观念、思想

---

① 《列宁选集》第3卷,人民出版社2012年版,第601页。
② 习近平:《论党的宣传思想工作》,中央文献出版社2018年版,第23页。
③ 《习近平谈治国理政》第3卷,外文出版社2020年版,第227页。

活动与价值诉求日益活跃,社会成员的层次性、分散性、流动性等特点日益凸显。意识形态阵地建设需要回应社会空间的时代变迁,把社会主义意识形态的先进内容传播到社会各个角落、落实到每一个社会成员,从而实现意识形态阵地建设向社会空间拓展,与鲜活的社会生活相结合,赢得人民真正认同的目标。

其一,在构建意识形态工作大格局中增强党的凝聚力。办好中国的事情,关键在党。坚定不移地把党领导的意识形态工作引向深入,坚持“一盘棋”工作导向,充分调动各部门共同参与,统筹实现对各领域舆论工作全覆盖,始终与党的中心工作同频共振、同心同向。必须树立宽广视野,强化战略思维,强化担当意识,按照新时代新要求新任务,落实党的意识形态工作责任制。

其二,在强化“党媒平台”中加强时、度、效的有机统一。坚持党管媒体原则不动摇,坚持政治家办报、办刊、办台、办新闻网站。党的宣传思想部门应做到守土有责、守土负责、守土尽责,充分利用大众媒介开展政治立场、方针政策、理想信念、价值信仰的传播,做到时、度、效的有机统一。“时”要求平台信息实时发布和平台内容及时更新,注重在重要事件和重大问题上第一时间发布更新,获取点击量和关注度,赢得主动权;“度”追求平台建设的融合度和平台推广的知名度,加深思想宣传媒介融合程度,扩大覆盖面,打造媒介共同体,为党媒赋能;“效”提高党媒平台的工作效率和现实效益,强化党媒的内容生产能力和舆论引导效果,使其成为主流意识形态传播的重要阵地。

其三,在强化网络空间管理中畅通舆情疏导渠道。牢固树立守土有责的理念,把网络思想文化阵地建设工作纳入党建工作责任制,密切关注网络思想文化发展的新动向,建设和掌握可信、可管、可控的网络阵地;加强对突发事件的网上引导,完善快速反应机制,推动网下处置和网上引导相结合,积极掌握网上舆论主导权,不断提高网络舆情突发事件应急处置的能力和水平;健全网络思想文化的管理队伍,组建信息安全员或网格员队伍,加强信息传播和接收过程中的安全机制建设,加强公民网络素养教育;建立网络舆情沟通疏导渠道,科学把握网络信息安全研判的“时、度、效”,着力化解网络意识形态领域的突出矛盾和问题,扎实做好风险防控。

第三,加强意识形态“话语生产”,提升主流意识形态凝聚力和引领力。话语权是一种权力关系,话语权的争夺本质上是意识形态争夺。切实加强马克思主义在意识形态舆论场的话语权,是新时代我国意识形态领域主导权建构的政治担当。话语生产主要呈现为话语生产者和话语内容之间的互动关系。新时代意识形态的话语生产者必须有较高的政治站位,站稳政治立场,明确自身的价值取向,不断提高自身的业务能力。

其一,加强社会主义核心价值观对社会思潮的引领。社会主义核心价值观凝结着整个中国人民的共同价值追求,体现了社会主义的本质要求。保障社会主义核心价值观在价值观领域的主导权和主旋律,就要坚持马克思主义在意识形态领域的绝对指导地位,把握社会主义文化的先进性、前进性,倡导和谐精神、培育和谐文化,进一步形成引领全社会的价值导向,引导全民确立积极的价值目标和价值取向。要坚持不懈培育和弘扬社会主义核心价值观,引导高校师生做社会主义核心价值观的坚定信仰者、积极传播者、模范践行者。作为践行社会主义核心价值观前沿阵地的高校,积极探索培育和弘扬社会主义核心价值观在青年大学生中的实现路径,是国家培育人才的现实需求,也是高校思想政治工作的关键所在。要把握教育规律、创新方式方法,以理想信念为核心,以道德素质为重点,注重对大学生进行科学的理论宣传、舆论引导、实践养成、文化涵养,将社会主义核心价值观培育融入教育教学各个环节,使其成为每个青年大学生的精神追求和自觉行动,内化于心、外化于行。

其二,注重话语的转换和宣传教育。在新媒体时代各种意识形态传播的空间增大,群众接触的传播话语增多。在这种情形下要发挥主流意识形态的主导作用,就要坚持理论性和大众化的统一,分析、了解和熟悉老百姓心理,用听得进、听得懂、听得高兴、听得相信和听得服气的话语进行意识形态的转换与宣传教育,努力寻求将理论话语、文件话语和官方话语转化为日常生活话语的方式方法。各级政府部门和主流媒体协同持续推进"最美"系列活动,弘扬优秀传统文化和社会主义核心价值观,组织好"文化下乡"活动,通过丰富多样、群众喜闻乐见的文化形式展现当代中国马克思主义意识形态的丰富内涵。重视群众的首创精神,实现主流意识形态的大众化、群众化、生活化,注重吸纳流行话语、大众话语,塑造既有官方权威、准确、明晰的传统,又有简洁、个性和亲民的时代气息的形象。

其三,推动构建中国特色意识形态话语体系"传播空间"。加速自然科学和哲学社会科学的"话语生产",着力打造反映中国特色社会主义的伟大实践和理论创新,努力做到中国话语、世界表达;要把创新摆在国家发展全局的突出位置,顺应时代发展要求,着眼于解决重大理论和实践问题,积极识变应变求变,大力推进理论创新、实践创新、制度创新、文化创新以及其他各方面创新,积极营造崇尚创新、鼓励创新、勇于创新的浓厚氛围;积极发展各种互动式、服务式、体验式新闻信息服务,实现新闻传播的全方位覆盖、全天候延伸、多领域拓展。要不断推动哲学社会科学的创新发展,打造具有中国气派、风格的意识形态话语说理体系。促进主流意识形态表现形式和内容上的创新,努力争取用国际社会容易接受的表现方式,打破西方的话语垄断、舆论垄断,掌握话语权、赢得主动权;在内容上,要着眼于今天新时代新思想新需要,把传统文化和现代文化有机融合,扩大中华文化影响力,增进国际社会对中国的理解,增强文化自觉,坚定文化自信。

理性重建文化自信,要在多种思想文化的整合中进行"综合创新"。在全球化语境下,不同思想文化既有相互冲突的一面,又有相互融合、相互补充的一面,呈现出差异性、开放性和兼容性特点。这就要求我们处理好马克思主义指导思想一元化与诸多思想观点多样性的关系,从古今中外文明成果中吸收营养,合理地博采异质思想文化之长。我们要以历史的、世界的和未来的视野,保持开放态势,正确对待本土文化和外来文化,与时俱进、不断创新,兼收并蓄、丰富完善,保持客观、辩证的态度对待多元文化。同时,西方文化又是一种强势的资本主义意识形态文化,在当前往往以更隐蔽和非强制的途径,以大众化、生活化、娱乐化的形式对青少年群体进行渗透,对此我们要保持高度的警惕。切实加强对非主流意识形态的驾驭和整合能力,深入研究和科学阐释重大理论和现实问题,着力提升主流意识形态在竞争比较中的主导力、凝聚力和整合力。

参考文献

《马克思恩格斯选集》第 1 卷,人民出版社 2012 年版。

《马克思恩格斯选集》第 3 卷,人民出版社 2012 年版。

《马克思恩格斯选集》第 4 卷,人民出版社 2012 年版。

《马克思恩格斯文集》第 1 卷,人民出版社 2009 年版。

《马克思恩格斯文集》第 2 卷,人民出版社 2009 年版。

《马克思恩格斯文集》第 3 卷,人民出版社 2009 年版。

《马克思恩格斯文集》第 5 卷,人民出版社 2009 年版。

《马克思恩格斯文集》第 7 卷,人民出版社 2009 年版。

《马克思恩格斯文集》第 8 卷,人民出版社 2009 年版。

《马克思恩格斯文集》第 9 卷,人民出版社 2009 年版。

马克思:《资本论》第 1 卷,人民出版社 2004 年版。

马克思:《资本论》第 3 卷,人民出版社 2004 年版。

《列宁选集》第 3 卷,人民出版社 2012 年版。

《邓小平文选》第 2 卷,人民出版社 1994 年版。

《邓小平文选》第 3 卷,人民出版社 1993 年版。

《习近平谈治国理政》第 2 卷,外文出版社 2017 年版。

《习近平谈治国理政》第 3 卷,外文出版社 2020 年版。

《习近平谈治国理政》第 4 卷,外文出版社 2022 年版。

习近平:《论坚持人与自然和谐共生》,中央文献出版社 2022 年版。

《中共中央关于党的百年奋斗重大成就和历史经验的决议》,人民出版社 2021 年版。

习近平:《高举中国特色社会主义伟大旗帜 为全面建设社会主义现代化国家而团结奋斗——在中国共产党第二十次全国代表大会上的报告》,人民出版社 2022 年版。

张佳:《大卫·哈维的历史—地理唯物主义理论研究》,人民出版社 2014

年版。

唐旭昌:《大卫·哈维城市空间思想研究》,人民出版社 2014 年版。

钱厚诚:《辩证的乌托邦理想——大卫·哈维空间理论的文本解读》,中国社会科学出版社 2016 年版。

尹保红:《西方马克思主义空间理论建构及其当代价值》,光明日报出版社 2016 年版。

李春敏:《马克思的社会空间理论研究》,上海人民出版社 2012 年版。

张笑夷:《列斐伏尔空间批判理论研究》,社会科学文献出版社 2014 年版。

冯雷:《理解空间:20 世纪空间观念的激变》,中央编译出版社 2017 年版。

童强:《空间哲学》,北京大学出版社 2011 年版。

孙江:《"空间生产":从马克思到当代》,人民出版社 2008 年版。

林密:《意识形态、日常生活与空间——西方马克思主义社会再生产理论研究》,中国社会科学出版社 2016 年版。

任政:《空间正义论——正义的重构与空间生产的批判》,上海社会科学出版社 2018 年版。

王志刚:《社会主义空间正义论》,人民出版社 2016 年版。

庄友刚:《空间生产的历史唯物主义阐释》,苏州大学出版社 2017 年版。

曹顺庆主编:《中外文化与文论》(34),四川大学出版社 2016 年版。

周延云、闫秀荣:《数字劳动与卡尔·马克思——数字化时代国外马克思劳动价值论研究》,中国社会科学出版社 2016 年版。

汪晖、王湘穗:《新周期》,辽宁人民出版社 2017 年版。

朱健刚:《公共生活评论》第 1 辑,中国社会科学出版社 2010 年版。

上官燕:《空间正义与城市规划》,中国社会科学出版社 2017 年版。

胡波:《社会正义的思想追寻》,黑龙江教育出版社 2013 年版。

胡毅、张京祥:《中国城市住区更新的解读与重构——走向空间正义的空间生产》,中国建筑工业出版社 2015 年版。

廖小明:《生态正义——基于马克思恩格斯生态思想的研究》,人民出版社 2016 年版。

包亚明主编:《后现代性与地理学的政治》,上海教育出版社 2001 年版。

包亚明主编:《现代性与空间的生产》,上海教育出版社 2003 年版。

包亚明主编:《后大都市与文化研究》,上海教育出版社 2005 年版。

许纪霖主编：《帝国、都市与现代性》，江苏人民出版社 2006 年版。

汪民安主编：《身体、空间与后现代性》，江苏人民出版社 2006 年版。

汪民安：《现代性》，南京大学出版社 2012 年版。

夏铸九编译：《空间的文化形式与社会理论读本》，台北明文书局有限公司 1994 年版。

高鉴国：《新马克思主义城市理论》，商务印书馆 2006 年版。

王雨辰：《中国语境中的西方马克思主义哲学研究》，人民出版社 2010 年版。

孙伯鍨、侯惠勤主编：《马克思主义哲学的历史与现状》，南京大学出版社 2004 年版。

张一兵主编：《资本主义理解史》第 5 卷，江苏人民出版社 2009 年版。

张一兵主编：《当代国外马克思主义哲学思潮》，江苏人民出版社 2010 年版。

张一兵：《回到马克思：经济学语境中的哲学话语》，江苏人民出版社 2014 年版。

刘怀玉：《现代性的平庸与神奇：列斐伏尔日常生活批判哲学的文本学解读》，中央编译出版社 2006 年版。

张一兵主编：《社会理论论丛》第二辑，南京大学出版社 2004 年版。

胡大平：《后革命氛围与全球资本主义：德里克"弹性生产时代的马克思主义"研究》，南京大学出版社 2002 年版。

徐向东主编：《全球正义》，浙江大学出版社 2011 年版。

张二芳：《自由、平等与社会公正》，中国社会科学出版社 2011 年版。

肖前：《马克思主义哲学原理》，中国人民大学出版社 1994 年版。

周穗明：《20 世纪西方新马克思主义发展史》，学习出版社 2004 年版。

俞吾金主编：《国外马克思主义研究报告》，人民出版社 2011 年版。

陈学明主编：《20 世纪西方马克思主义哲学历程》，天津人民出版社 2013 年版。

吴苑华：《重建历史唯物主义研究》，天津人民出版社 2014 年版。

吴苑华：《世界体系的马克思主义研究》，天津人民出版社 2014 年版。

董慧：《基于空间正义的城市治理研究》，中国社会科学出版社 2022 年版。

顾海良：《马克思主义发展史》，中国人民大学出版社 2009 年版。

朱继东：《新时代党的意识形态思想研究》，人民出版社 2018 年版。

侯惠勤:《国外马克思主义意识形态评析》,中国社会科学出版社 2015 年版。

马俊峰:《马克思主义价值理论研究》,北京师范大学出版社 2012 年版。

[英]大卫·哈维:《地理学中的解释》,高泳源、刘立华、蔡运龙译,商务印书馆 1996 年版。

[美]戴维·哈维:《后现代的状况:对文化变迁之缘起的探究》,阎嘉译,商务印书馆 2013 年版。

[美]大卫·哈维:《希望的空间》,胡大平译,南京大学出版社 2006 年版。

[美]大卫·哈维:《新自由主义化的空间:迈向不均地理发展理论》,王志弘译,台北群学出版有限公司 2008 年版。

[英]大卫·哈维:《新自由主义简史》,王钦译,上海译文出版社 2016 年版。

[英]大卫·哈维:《新帝国主义》,初立忠、沈晓雷译,社会科学文献出版社 2009 年版。

[美]大卫·哈维:《巴黎城记:现代性之都的诞生》,黄煜文译,广西师范大学出版社 2010 年版。

[美]戴维·哈维:《资本的空间:批判地理学刍论》,王志弘、王玥民译,台北群学出版有限公司 2010 年版。

[美]戴维·哈维:《正义、自然和差异地理学》,胡大平译,上海人民出版社 2015 年版。

[美]大卫·哈维:《资本之谜:人人需要知道的资本主义真相》,陈静译,电子工业出版社 2011 年版。

[美]戴维·哈维:《叛逆的城市:从城市权利到城市革命》,叶齐茂、倪晓晖译,商务印书馆 2014 年版。

[美]大卫·哈维:《跟大卫·哈维读〈资本论〉》第 1 卷,刘英译,上海译文出版社 2014 年版。

[美]大卫·哈维:《跟大卫·哈维读〈资本论〉》第 2 卷,谢富胜、李连波等译,上海译文出版社 2016 年版。

[美]大卫·哈维:《资本社会的 17 个矛盾》,许瑞宋译,中信出版社 2016 年版。

[美]大卫·哈维:《寰宇主义与自由地理》,王志弘、徐苔玲译,台北群学出版有限公司 2014 年版。

[美]大卫·哈维:《资本的限度》,张寅译,中信出版社 2017 年版。

［美］大卫·哈维:《资本的城市化:资本主义城市化的历史与理论研究》,董慧译,苏州大学版社 2017 年版。

［美］大卫·哈维:《世界的逻辑》,周大昕译,中信出版社 2017 年版。

［美］大卫·哈维:《马克思与〈资本论〉》,周大昕译,中信出版社 2018 年版。

［英］戴维·哈维:《社会正义与城市》,叶超、张林、张顺生译,商务印书馆 2022 年版。

［美］大卫·哈维:《反资本世界简史》,陈诺译,广东人民出版社 2023 年版。

［匈］卢卡奇:《历史与阶级意识》,杜章智、任立、燕宏远译,商务印书馆 2011 年版。

［美］赫伯特·马尔库塞:《单向度的人:发达工业社会意识形态研究》,刘继译,上海译文出版社 2014 年版。

［法］居伊·德波:《景观社会》,张新木译,南京大学出版社 2006 年版。

［法］让·鲍德里亚:《消费社会》,刘成富、全志钢译,南京大学出版社 2014 年版。

［法］亨利·列斐伏尔:《空间与政治》,李春译,上海人民出版社 2015 年版。

［法］米歇尔·福柯:《疯癫与文明》,刘北成、杨远婴译,生活·读书·新知三联书店 2003 年版。

［法］米歇尔·福柯:《规训与惩罚》,刘北成、杨远婴译,生活·读书·新知三联书店 2012 年版。

［美］爱德华·W.苏贾:《后现代地理学》,王文斌译,商务印书馆 2004 年版。

［美］爱德华·W.苏贾:《寻求空间正义》,高春花、强乃社等译,社会科学文献出版社 2012 年版。

［美］曼纽尔·卡斯特:《网络社会的崛起》,夏铸九、王志弘等译,社会科学文献出版社 2001 年版。

［美］曼纽尔·卡斯特:《认同的力量》,曹荣湘译,社会科学文献出版社 2006 年版。

［美］罗伯特·戴维·萨克:《社会思想中的空间观:一种地理学的视角》,黄春芳译,北京师范大学出版社 2010 年版。

［英］斯各特·拉什:《信息批判》,杨德睿译,北京大学出版社 2009 年版。

[英]多琳·马西:《劳动的空间分工:社会结构与生产地理学》,梁光严译,北京师范大学出版社 2010 年版。

[美]艾拉·卡茨纳尔逊:《马克思主义与城市》,王爱松译,江苏教育出版社 2013 年版。

[美]弗朗西斯·福山:《历史的终结及最后之人》,黄胜强、许铭原译,中国社会科学出版社 2003 年版。

[英]安东尼·吉登斯:《第三条道路:社会民主主义的复兴》,郑戈译,北京大学出版社 2000 年版。

[美]塞缪尔·亨廷顿:《文明的冲突与世界秩序的重建》,周琪、刘绯等译,新华出版社 2004 年版。

[美]塞缪尔·亨廷顿:《变化社会中的政治秩序》,王冠华、刘为等译,上海人民出版社 2008 年版。

[美]弗雷德里克·詹明信:《晚期资本主义的文化逻辑》,陈清侨等译,生活·读书·新知三联书店 1997 年版。

[美]阿里夫·德里克:《全球现代性:全球资本主义时代的现代性》,胡大平、付清松译,南京大学出版社 2012 年版。

[埃及]萨米尔·阿明:《全球化时代的资本主义:对当代社会的管理》,丁开杰等译,中国人民大学出版社 2013 年版。

[英]戴维·麦克莱伦:《马克思以后的马克思主义》,李智译,中国人民大学出版社 2004 年版。

[德]罗莎·卢森堡:《资本积累论》,董文琪译,商务印书馆 2020 年版。

[美]约翰·罗尔斯:《正义论》,何怀宏、何包钢等译,中国社会科学出版社 1988 年版。

[美]罗伯特·诺齐克:《无政府、国家和乌托邦》,姚大志译,中国社会科学出版社 2008 年版。

斯拉沃热·齐泽克等:《图绘意识形态》,方杰译,南京大学出版社 2002 年版。

[德]哈贝马斯:《作为"意识形态"的技术与科学》,李黎、郭官义译,学林出版社 1999 年版。

[英]安东尼·吉登斯:《现代性的后果》,田禾译,译林出版社 2011 年版。

[美]弗雷德里克·杰姆逊、三好将夫:《全球化的文化》,马丁译,南京大学出版社 2002 年版。

[美]米歇尔·J.迪尔:《后现代都市状况》,李小科等译,上海教育出版社

2004 年版。

习近平:《正确认识和把握我国发展重大理论和实践问题》,《求是》2022年第 10 期。

习近平:《推进中国式现代化需要处理好若干重大关系》,《求是》2023 年第 19 期。

冯雷:《当代空间批判理论的四个主题——对后现代空间论的批判性重构》,《中国社会科学》2008 年第 3 期。

郑震:《空间:一个社会学的概念》,《社会学研究》2010 年第 5 期。

赵景来:《历史唯物主义与空间化问题研究述要》,《马克思主义研究》2012 年第 7 期。

邹诗鹏:《空间转向的生存论阐释》,《哲学动态》2012 年第 4 期。

邹诗鹏:《空间转向与激进社会理论的复兴》,《天津社会科学》2013 年第 3 期。

邹诗鹏:《马克思对欧洲中心主义的批判与超越》,《哲学研究》2018 年第 9 期。

刘红雨:《论马克思恩格斯空间正义思想的三个维度》,《西北师大学报》2013 年第 1 期。

王文东、赵艳琴:《〈英国工人阶级状况〉中的空间生产与空间正义思想解读》,《苏州大学学报(哲学社会科学版)》2016 年第 4 期。

王文东:《〈德意志意识形态〉中的空间正义思想解读》,《哲学研究》2016年第 4 期。

强乃社:《历史—地理唯物主义及其意义》,《现代哲学》2011 年第 3 期。

强乃社:《资本主义的空间矛盾及其解决——大卫·哈维的空间哲学及其理论动向》,《学习与探索》2012 年第 12 期。

强乃社:《习近平国家空间治理思想发微》,《湖南工业大学学报(社会科学版)》2018 年第 1 期。

胡大平:《社会批判理论之空间转向与历史唯物主义的空间化》,《江海学刊》2007 年第 2 期。

胡大平:《"空间转向"与社会理论的激进化》,《学习与探索》2012 年第 5 期。

胡大平:《从历史唯物主义到历史地理唯物主义——哈维对马克思主义的升级及其理论意义》,《南京大学学报(哲学·人文科学·社会科学)》2004年第 5 期。

胡大平:《社会空间元理论与解放政治学前提重建——西方马克思主义的经验》,《社会科学家》2017年第9期。

刘怀玉:《论马克思哲学的再生产实践概念》,《天津社会科学》2007年第2期。

刘怀玉:《不平衡发展的"现在"历史空间辩证法》,《学习与探索》2011年第6期。

刘怀玉:《历史唯物主义为何与如何面对空间化问题?》,《天津社会科学》2011年第1期。

刘怀玉:《〈空间的生产〉的空间历史唯物主义观》,《武汉大学学报(人文科学版)》2015年第1期。

仰海峰:《弹性生产与资本的全球空间规划——从马克思到哈维》,《江海学刊》2008年第2期。

仰海峰:《资本逻辑与空间规划——以〈资本论〉第一卷为核心的分析》,《苏州大学学报(哲学社会科学版)》2011年第4期。

胡海峰:《福特主义、后福特主义与资本主义积累方式——对法国调节学派关于资本主义生产方式研究的解读》,《马克思主义研究》2005年第2期。

孙全胜:《论马克思社会空间批判理论的三重主题》,《中共福建省委党校学报》2016年第10期。

乔洪武、师远志:《经济正义的空间转向——当代西方马克思主义的空间正义思想探析》,《哲学研究》2013年第12期。

张文喜:《马克思所有权批判及其相关的公平正义观》,《中国社会科学》2016年第8期。

张文喜:《马克思对正义观的重新表达》,《北京大学学报(哲学社会科学版)》2017年第4期。

王志刚:《历史唯物主义与空间政治思想:以索亚为例》,《天津社会科学》2014年第4期。

王志刚:《当代中国空间生产的矛盾分析与正义建构》,《天府新论》2015年第6期。

庄友刚:《西方空间生产理论研究的逻辑、问题与趋势》,《马克思主义与现实》2011年第6期。

庄友刚:《何谓空间生产——关于空间生产问题的历史唯物主义分析》,《南京社会科学》2012年第5期。

陈良斌:《边缘空间的差异政治——图绘福柯的空间批判叙事》,《天府新论》2013年第1期。

梁苗:《空间政治与认知图绘——詹姆逊晚期马克思主义文化政治学探析》,《江海学刊》2013年第4期。

蔡运龙、陈忠、胡大平等:《马克思主义地理学及其中国化:"跨国、跨界、跨代"知识行动》,《地理研究》2016年第7期。

刘宝、赵冰:《世界问题与中国方案——中外学者对话哈维实录》,《湘潭大学学报(哲学社会科学版)》2017年第1期。

段忠桥:《资本帝国主义视野下的美国霸权——戴维·哈维的〈新帝国主义〉及其意义》,《中国社会科学》2009年第2期。

郇庆治:《"碳政治"的生态帝国主义逻辑批判及其超越》,《中国社会科学》2016年第3期。

徐海红:《历史唯物主义视野下的生态正义》,《伦理学研究》2014年第5期。

张一兵、[美]大卫·哈维、杨乔喻:《空间塑形与非物质劳动——张一兵与大卫·哈维对话之一(2017)》,《人文杂志》2017第11期。

张一兵、[美]大卫·哈维:《自然、非物质与人本学浪漫主义——张一兵与大卫·哈维对话之二(2017)》,《现代哲学》2017年第6期。

张一兵、[美]大卫·哈维:《历史地理唯物主义与关系性存在论——张一兵与大卫·哈维的对话》,《南京大学学报(哲学·人文科学·社会科学)》2017年第1期。

张一兵:《全球规训与走向资本帝国的全球布展——奈格里、哈特〈帝国〉解读》,《福建论坛(人文社会科学版)》2018年第4期。

张一兵:《心灵无产阶级化及其解放途径——斯蒂格勒对当代数字化资本主义的批判》,《探索与争鸣》2018年第1期。

李春敏:《大卫·哈维的空间正义思想》,《哲学动态》2012年第4期。

李春敏:《乌托邦与"希望的空间"——大卫·哈维的空间批判理论研究》,《教学与研究》2014年第1期。

张佳:《大卫·哈维的空间正义思想探析》,《北京大学学报(哲学社会科学版)》2015年第1期。

张佳:《论大卫·哈维的社会变迁共同演化理论》,《哲学动态》2017年第6期。

张佳:《论大卫·哈维的资本积累危机理论及其当代价值》,《北京大学学报(哲学社会科学版)》2017 年第 4 期。

　　赫曦滢:《空间转向:大卫·哈维辩证的时空观窥见》,《前沿》2011 年第
20 期。

　　赫曦滢:《马克思空间正义思想及其当代价值》,《理论探索》2018 年第
3 期。

　　郭彩霞:《论资本主义的空间殖民》,《中共福建省委党校学报》2017 年第
1 期。

　　支运波:《空间殖民、景观社会与国家装置》,《浙江师范大学学报(社会
科学版)》2011 年第 5 期。

　　刘莉:《西方文化霸权的历史性、根源性和空间性——马克思主义流派
的后殖民主义的历史价值》,《广州大学学报(社会科学版)》2009 年第 2 期。

　　吴红涛:《空间的去人性化——从大卫·哈维看空间理性的缘起》,《安
徽大学学报(哲学社会科学版)》2013 年第 3 期。

　　吴红涛:《他者之痛与空间正义——大卫·哈维空间理论的"人"之关
照》,《江南大学学报(人文社会科学版)》2014 年第 3 期。

　　董慧:《空间、生态与正义的辩证法——大卫·哈维的生态正义思想》,
《哲学研究》2011 年第 4 期。

　　董慧:《公共空间:基于空间正义的一种尝试性思考》,《华中科技大学学
报(社会科学版)》2017 年第 4 期。

　　李秀玲:《空间正义理论的基础与建构——试析爱德华·索亚的空间正
义思想》,《马克思主义与现实》2014 年第 3 期。

　　李秀玲:《大卫·哈维不平衡空间发展理论及其意义》,《理论月刊》2013
年第 7 期。

　　尹才祥:《论大卫·哈维的环境正义思想》,《学海》2012 年第 5 期。

　　尹才祥:《乌托邦重建与解放政治哲学——对大卫·哈维资本主义空间
批判的反思》,《哲学研究》2016 年第 11 期。

　　任政:《资本、空间与正义批判——大卫·哈维的空间正义思想研究》,
《马克思主义研究》2014 年第 6 期。

　　崔丽华:《寻求政治解放的新可能性——论大卫·哈维空间正义理论》,
《教学与研究》2016 年第 5 期。

　　崔丽华:《试论大卫·哈维空间思维范式的基本原则》,《哲学研究》2014
年第 11 期。

　　温权:《资本主义城市化格局下西方社会正义理念的空间限度——从大

卫·哈维空间政治哲学批判的中观视角谈起》，《社会科学研究》2017 年第 1 期。

温权：《从城市的空间革命到社会关系的激进重构——一种反思当代资本主义危机的批判性理路》，《云南社会科学》2016 年第 4 期。

薛稷：《空间批判与正义发掘——大卫·哈维空间正义理论的生成逻辑》，《马克思主义与现实》2018 年第 4 期。

薛稷：《21 世纪以来国外马克思主义空间批判理论的发展格局、理论形态与当代反思》，《南京社会科学》2019 年第 8 期。

刘丽：《空间物化与剥夺性积累——大卫·哈维对全球资本主义的批判》，《江海学刊》2019 年第 6 期。

胡潇：《空间正义的唯物史观叙事——基于马克思恩格斯的思想》，《中国社会科学》2018 年第 10 期。

胡潇：《意识形态的空间形塑》，《江海学刊》2019 年第 5 期。

孔明安：《空间正义的批判及其限度》，《苏州大学学报（哲学社会科学版）》2013 年第 4 期。

孙全胜：《论列斐伏尔"空间生产"的生态批判》，《江汉大学学报（社会科学版）》2017 年第 1 期。

王中江：《关系空间、共生和空间解放》，《中国高校社会科学》2017 年第 2 期。

王雨辰、高晓溪：《空间批判与国外马克思主义解放政治的逻辑》，《哲学研究》2016 年第 11 期。

王雨辰：《历史唯物主义的空间化与差异政治学的重构——哈维〈希望的空间〉的解放政治学》，《社会科学辑刊》2018 年第 2 期。

汪民安：《空间生产的政治经济学》，《国外理论动态》2006 年第 1 期。

任平：《空间的正义——当代中国可持续城市化的基本走向》，《城市发展研究》2006 年第 5 期。

车玉玲：《空间修复与"城市病"：当代马克思主义的视野》，《苏州大学学报（哲学社会科学版）》2017 年第 5 期。

任平：《论差异性社会的正义逻辑》，《江海学刊》2011 年第 2 期。

曹现强：《空间正义：形成、内涵及意义》，《城市发展研究》2011 年第 4 期。

曹现强、朱明艺：《城市化进程中的城乡空间正义思考》，《理论探讨》2014 年第 1 期。

高春花:《居住空间正义缺失的表现、原因及解决路径——以爱德华·苏贾为例》,《伦理学研究》2015 年第 1 期。

高春花:《习近平总书记关于首都建设思想的哲学意蕴》,《前线》2018 年第 8 期。

李武装:《中国特色社会主义空间正义论》,《马克思主义哲学》2023 年第 3 期。

张荣军:《当代中国城市空间生产与空间正义》,《学术探索》2015 年第 8 期。

陈忠:《空间辩证法、空间正义与集体行动的逻辑》,《哲学动态》2010 年第 6 期。

陈忠、[美]爱德华·索亚:《空间与城市正义:理论张力和现实可能》,《苏州大学学报(哲学社会科学版)》2012 年第 1 期。

钱振明:《走向空间正义:让城市化的增益惠及所有人》,《江海学刊》2007 年第 2 期。

李建华、袁超:《空间正义:我国城乡一体化价值取向》,《马克思主义与现实》2014 年第 4 期。

陈建华:《中国城市空间生产与空间正义问题的资本逻辑》,《学术月刊》2018 年第 7 期。

陈进华:《中国城市风险化:空间与治理》,《中国社会科学》2017 年第 8 期。

潘泽泉、杨金月:《寻求城市空间正义:中国城市治理中的空间正义性风险及应对》,《山东社会科学》2018 年第 6 期。

叶险明:《马克思超越"西方中心论"的历史和逻辑》,《中国社会科学》2014 年第 1 期。

叶险明:《"西方中心主义"的本体论批判——关于"西方中心主义"的三个前提性问题》,《中国高校社会科学》2017 年第 5 期。

傅歆:《空间批判理论与城市正义的建构》,《浙江社会科学》2018 年第 5 期。

唐正东:《当代资本主义的全球化:一种批判性的解读》,《河海大学学报(哲学社会科学版)》2015 年第 4 期。

詹小美、王仕民:《空间交融视阈下的战略互信》,《中国社会科学》2017 年第 10 期。

詹小美:《"一带一路"文明互鉴的空间延展》,《陕西师范大学学报(哲学社会科学版)》2017 年第 4 期。

毛勒堂:《资本逻辑与全球经济正义》,《武汉大学学报(人文科学版)》2016 年第 3 期。

沈斐:《〈资本论〉视野下的全球化困境与中国方案》,《马克思主义研究》2017 年第 7 期。

张彦、金梦佳:《协调发展需构建"空间正义"》,《重庆大学学报(社会科学版)》2018 年第 5 期。

陆军:《空间正义与中国的新发展观》,《群言》2016 年第 6 期。

蓝江:《数字资本、一般数据与数字异化——数字资本和政治经济批判导引》,《华中科技大学学报(社会科学版)》2018 年第 4 期。

黄欣荣:《大数据技术的伦理反思》,《新疆师范大学学报(哲学社会科学版)》2015 年第 3 期。

沈国麟:《大数据时代的数据主权和国家数据战略》,《南京社会科学》2014 年第 6 期。

茹婧、杨发祥:《迈向空间正义的国家治理:基于福柯治理理论的谱系学分析》,《探索》2015 年第 5 期。

林青:《空间视域下的民族国家》,《现代哲学》2015 年第 5 期。

刘俊祥:《论国家治理的公平化》,《福建论坛(人文社会科学版)》2014 年第 2 期。

朱大鹏:《社会主义正义观视阈中的国家治理》,《当代世界与社会主义》2014 年第 4 期。

桑明旭:《资本逻辑、公平正义与国家治理现代化——中国特色社会主义的实践和理论探索》,《求索》2017 年第 3 期。

顾友仁:《新自由主义意识形态的空间化批判》,《马克思主义与现实》2018 年第 2 期。

袁银传:《认清资本主义核心价值观》,《求是》2015 年第 8 期。

袁三标:《资本逻辑背后的意识形态迷雾》,《社会主义研究》2017 年第 1 期。

钱美玲、丁三青:《思想政治教育空间化的意识形态逻辑论析》,《理论导刊》2021 年第 8 期。

卢岚:《思想政治教育空间转向的理论阐释与实现路径》,《中国矿业大学学报(社会科学版)》2019 年第 3 期。

李辉、庄新岸:《马克思空间思想及其思想政治教育价值》,《思想教育研究》2019 年第 2 期。

张文树:《马克思新世界观的思维逻辑》,《甘肃理论学刊》2018 年第

2 期。

张文树:《论大卫·哈维对〈资本论〉空间思想的解读及其现实意义》,《东南学术》2020 年第 4 期。

张文树:《迈向空间正义的民族国家发展探析》,《南昌航空大学学报(社会科学版)》2021 年第 4 期。

[美]大卫·哈维、张一兵等:《马克思与当代资本主义的普遍异化》,杨乔喻译,《天津社会科学》2018 年第 4 期。

[美]大卫·哈维:《列菲弗尔与〈空间的生产〉》,黄晓武译,《国外理论动态》2006 年第 1 期。

[意]安东尼奥·奈格里、[美]大卫·哈维、张一兵等:《马克思的〈大纲〉与当代资本主义——纪念马克思〈1857—1858 年经济学手稿〉160 周年》,杨乔喻译,《南京大学学报(哲学·人文科学·社会科学)》2018 年第 4 期。

[英]朱迪·考克斯:《如何理解当前阶段的帝国主义——评〈新帝国主义〉等四本著作》,王占宇译,《国外理论动态》2004 年第 11 期。

习近平:《推动媒体融合向纵深发展 巩固全党全国人民共同思想基础》,《人民日报》2019 年 1 月 26 日。

《中共中央关于坚持和完善中国特色社会主义制度 推进国家治理体系和治理能力现代化若干重大问题的决定》,《人民日报》2019 年 11 月 6 日。

高春花、孙希磊:《城市空间正义的伦理反思》,《光明日报》2011 年 4 月 26 日。

张文树:《发掘马克思主义哲学生活意蕴》,《中国社会科学报》2018 年 10 月 9 日。

David Harvey, *Social Justice and the City*, Edward Arnold, 1973.

David Harvey, Social Justice, Postmodernism the City, *International Journal of Urban and Regional Research*, 1992(16).

David Harvey, *The Limits to Capital*, Oxford: Basil Blackwell, 1982.

David Harvey, *Consciousness and the Urban Experience: Studies in the History and Theory of Capitalist Urbanization*, John Hopkins University Press, 1985.

David Harvey, *The Urban Experience*, Blackwell, 1989.

David Harvey, Considerations on the Environment of Justice, *Ecocentric Versus Anthropocentric Views*, 1999.

David Harvey, The Enigma of Capital and the Crises of Capitalism,

Socialist Studies, 2012.

David Harvey, The Right to the City, *International Journal of Urban & Regional Research*, 2003, 27(4).

Henri Lefebvre, *The Production of Space*, Blackwell, 1991.

Henri Lefebvre, *Everyday Life in the Modern World*, Translated by New Brunswick, Transaction Publishers, 1994.

Henri Lefebvre, *State*, *Space*, *World*: *Selected Essays*, London: University of Minnesota Press, 2009.

Mike Crang & Nigel Thrift, *Thinking Space*, Routledge, 2000.

参
考
文
献

后　记

　　光阴荏苒，日月如梭，转瞬博士毕业已数年。回首自己求学之路艰辛曲折，不禁感慨万千，有探索中的沉思、迷茫中的徘徊、坚守中的挣扎、收获中的喜悦。期盼"冷板凳"坐出"热效应"，出一部有分量的专著。现书稿顺利出版，欣喜、感激，又心怀忐忑。

　　念兹在兹，唯有感恩。本书在写作、修改和完成过程中得到我的博士生导师吴苑华教授的精心指导，吴老师学养深厚、知识渊博、治学严谨、宽厚仁慈，他时刻关心着我的学习和生活，在我求学、研究过程中给予无私帮助。感谢华侨大学哲学与社会发展学院许斗斗教授、刘荣军教授、周世兴教授、张禹东教授、薛秀军教授、王福民教授，以及最初引领我走上学术研究的硕士生导师——福建师范大学郑又贤教授。从老师们身上，我学到了对待科研严谨的态度，对待名利淡然处之的情怀，对待职业一丝不苟、兢兢业业的作风。这些都是我人生最宝贵的财富，无不时刻唤醒自己对人生事业的积极与热情！

　　感谢南京大学刘怀玉教授，他的学术讲座视野广阔、知识丰富，拓宽了我的研究视野，在我写作迷惑的时候，我也经常请教于他，使我受益匪浅！感谢两位学术"大咖"、教育部"长江学者"——中国人民大学张文喜教授和复旦大学邹诗鹏教授，他们在我的论文答辩期间，对我论文加以肯定并提出很好的建议，使我有了继续"往下做""往深走"的信心。

　　感谢厦门城市职业学院的领导和同事们，对我工作、学习和科研给予莫大的关怀、帮助和支持，特别是我所在的马克思主义学院诸位同人，对我工作学习的支持以及在与他们不断思想交锋中所产生的火花，受益匪浅。感谢我的家人，他们的支持和鼓励使我能在面对巨大的写作压力和焦虑感时，始终保持一份从容和淡定，他们的体谅和包容使我能够全身心投入工作和写作，让我在高标准完成本职工作的同时，还能顺利完成学业和本书的写作。

致敬过往，实干今朝。本书是在博士论文的基础上继续推进的结果，虽然完稿，但由于自身水平有限又忙于事务性工作，本书难免存在疏漏和不足，对一些问题的把握还不到位，不深不透，还有很大可以继续提升的研究空间，恳请各位专家、学者不吝赐教。当然，我坚信拙作会成为我走向研究之路的新起点，激励我做好今后的理论研究和教学工作，坚持读马克思主义经典、悟马克思主义原理，夯实马克思主义理论功底，争做"政治强、情怀深、思维新、视野广、自律严、人格正"的新时代马克思主义理论教育者、传播者。

面对所有帮助过我的人，我只有常怀感恩之心，更加勤奋地工作学习和生活。治学之路，路曼曼其修远兮，我愿以此为新的起点，继续前行！